中国国情调研丛书·企业卷
China's national conditions survey Series · Vol enterprises
主　编 陈佳贵
副主编 黄群慧

锦西天然气化工公司考察

Study of JinXi Natural Gas Chemical Co. Ltd.

杨世伟 刘德言 等/编著

经济管理出版社
ECONOMY & MANAGEMENT PUBLISHING HOUSE

《中国国情调研丛书·企业卷》

序 言

　　企业是我国社会主义市场经济的主体，是最为广泛的经济组织。要对我国经济国情进行全面深刻的了解和把握，必须对企业的情况和问题进行科学的调查和分析。深入了解我国企业生存发展的根本状况，全面把握我国企业生产经营的基本情况，仔细观察我国企业的各种行为，分析研究我国企业面临的问题，对于科学制定国家经济发展战略和宏观调控经济政策，提高宏观调控经济政策的科学性、针对性和可操作性，具有重要的意义。另外，通过"解剖麻雀"的典型调查，长期跟踪调查企业的发展，详尽反映企业的生产经营状况、改革与发展情况、各类行为和问题等，也可以为学术研究积累很好的案例研究资料。

　　基于上述两方面的认识，中国社会科学院国情调查选择的企业调研对象，是以中国企业及在中国境内的企业为基本调查对象，具体包括各种类型的企业，既包括不同所有制企业，也包括各个行业的企业，还包括位于不同区域、具有不同规模的各种企业。所选择的企业具有一定的代表性，或者是在这类所有制企业中具有代表性，或者是在这类行业中具有代表性，或者是在这个区域中具有代表性，或者是在这类规模的企业中具有代表性。我们期望，通过长期的调查和积累，中国社会科学院国情调查之企业调查对象，逐步覆盖各类所有制、各类行业、不同区域和规模的代表性企业。

　　中国社会科学院国情调查之企业调查的基本形式是典型调查，针对某个代表性的典型企业长期跟踪调查。具体调查方法除了收集查阅各类报表、管理制度、文件、分析报告、经验总结、宣传介绍等文字资料外，主要是实地调查，实地调查主要包括进行问卷调查、会议座谈或者单独访谈、现场观察写实等方式。调查过程不干扰企业的正常生产经营秩序，调查报告不能对企业正常的生产经营活动产生不良影响，不能泄露企业的商革命、建设和改革的基本经验和基本工作方法。进行国情调研，也必须深入基层，只有深入基层，才能真正了解我国国情。

为此，中国社会科学院经济学部组织了针对我国企业、乡镇和村庄三类基层单位的国情调研活动。据国家统计局的最近一次普查，到2005年底，我国有国营农场0.19万家，国有以及规模以上非国有工业企业27.18万家，建筑业企业5.88万家；乡政府1.66万个，镇政府1.89万个，村民委员会64.01万个。这些基层单位是我国社会经济的细胞，是我国经济运行和社会进步的基础。要真正了解我国国情，必须对这些基层单位的构成要素、体制结构、运行机制以及生存发展状况进行深入的调查研究。

在国情调研的具体组织方面，中国社会科学院经济学部组织的调研由我牵头，第一期安排了三个大的长期的调研项目，分别是"中国企业调研"、"中国乡镇调研"和"中国村庄调研"。"中国乡镇调研"由刘树成同志和吴太昌同志具体负责，"中国村庄调研"由张晓山同志和蔡昉同志具体负责，"中国企业调研"由我和黄群慧同志具体负责。第一期项目时间为三年（2006~2009年），每个项目至少选择30个调研对象。经过一年多的调查研究，这些调研活动已经取得了初步成果，分别形成了《中国国情调研丛书·企业卷》、《中国国情调研丛书·乡镇卷》和《中国国情调研丛书·村庄卷》。今后，这三个国情调研项目的调研成果还会陆续收录到这三卷书中。我们期望，通过《中国国情调研丛书·企业卷》、《中国国情调研丛书·乡镇卷》和《中国国情调研丛书·村庄卷》这三卷书，能够在一定程度上反映和描述在21世纪初期工业化、市场化、国际化和信息化的背景下，我国企业、乡镇和村庄的发展变化。

国情调研是一个需要不断进行的过程，以后我们还会在第一期国情调研项目基础上将这三个国情调研项目滚动开展下去，全面持续地反映我国基层单位的发展变化，为国家的科学决策服务，为提高科研水平服务，为社会科学理论创新服务。《中国国情调研丛书·企业卷》、《中国国情调研丛书·乡镇卷》和《中国国情调研丛书·村庄卷》这三卷书也会在此基础上不断丰富和完善。

中国社会科学院副院长、经济学部主任

陈佳贵

2007年9月

《中国国情调研丛书·企业卷·乡镇卷·村庄卷》

序 言

为了贯彻党中央的指示，充分发挥中国社会科学院思想库和智囊团的作用，进一步推进理论创新，提高哲学社会科学研究水平，2006 年中国社会科学院开始实施"国情调研"项目。

改革开放以来，尤其是经历了近 30 年的改革开放进程，我国已经进入了一个新的历史时期，我国的国情发生了很大变化。从经济国情角度看，伴随着市场化改革的深入和工业化进程的推进，我国经济实现了连续近 30 年的高速增长。我国已经具有庞大的经济总量，整体经济实力显著增强，到 2006 年，我国国内生产总值达到了 209407 亿元，约合 2.67 万亿美元，列世界第四位；我国的经济结构也得到了优化，产业结构不断升级，第一产业产值的比重从 1978 年的 27.9%下降到 2006 年的 11.8%，第三产业产值的比重从 1978 年的 24.2%上升到 39.5%；2006 年，我国实际利用外资为 630.21 亿美元，列世界第四位，进出口总额达 1.76 万亿美元，列世界第三位；我国人民生活水平不断改善，城市化水平不断提升。2006 年，我国城镇居民家庭人均可支配收入从 1978 年的 343.4 元上升到 11759 元，恩格尔系数从 57.5%下降到 35.8%，农村居民家庭人均纯收入从 133.6 元上升到 3587 元，恩格尔系数从 67.7%下降到 43%，人口城市化率从 1978 年的 17.92%上升到 2006 年的 43.9%以上。经济的高速发展，必然引起国情的变化。我们的研究表明，我国的经济国情已经逐渐从一个农业经济大国转变为一个工业经济大国。但是，这只是从总体上对我国经济国情的分析判断，还缺少对我国经济国情变化分析的微观基础。这需要对我国基层单位进行详细的分析研究。实际上，深入基层进行调查研究，坚持理论与实际相结合，由此制定和执行正确的路线方针政策，是我们党领导业秘密，"研究无禁区，宣传有纪律"，这是我们进行企业调研活动遵循的基本原则。

中国社会科学院国情调查之企业调查的研究成果主要包括两种形式：一是内部调研报告，主要是针对在调查企业过程中发现的某些具体但具有普遍意义的问题进行分析的报告；二是全面反映调研企业整体情况、生存发展状况的长篇调研报告。这构成了《中国国情调研丛书·企业卷》的核心内容。《中国国情调研丛书·企业卷》的基本设计是，大体上每一家被调研企业的长篇调研报告独立成为《中国国情调研丛书·企业卷》中的一册。每家企业长篇调研报告的内容，或者说《中国国情调研丛书·企业卷》每册书的内容，大致包括以下相互关联的几个方面：一是关于企业的发展历程和总体现状的调查，这是对一个企业基本情况的大体描述，使人们对企业有一个大致的了解，包括名称、历史沿革、所有者、行业或主营业务、领导体制、组织结构、资产、销售收入、效益、产品、人员等；二是有关企业生产经营的各个领域、各项活动的深入调查，包括购销、生产（或服务）、技术、财务与会计、管理等专项领域和企业活动；三是关于企业某个专门问题的调查，例如企业改革问题、安全生产问题、信息化建设问题、企业社会责任问题、技术创新问题、品牌建设问题，等等；四是通过对这些个案企业的调查分析，引申出这类企业生存发展中所反映出的一般性的问题、理论含义或者其他代表性意义。

中国正处于经济高速增长的工业化中期阶段，同时中国的经济发展又是以市场化、全球化和信息化为大背景的，我们期望通过《中国国情调研丛书·企业卷》，对中国若干具有代表性的企业进行一个全景式的描述，给处于市场化、工业化、信息化和全球化背景中的中国企业留下一幅幅具体、生动的"文字照片"。一方面，我们努力提高《中国国情调研丛书·企业卷》的写作质量，使这些"文字照片"清晰准确；另一方面，我们试图选择尽量多的企业进行调查研究，将始于2006年的中国社会科学院国情调研之企业调研活动持续下去，不断增加《中国国情调研丛书·企业卷》的数量，通过更多的"文字照片"来全面展示处于21世纪初期的中国企业的发展状况。

中国社会科学院经济学部工作室主任

黄群慧

2007 年 9 月

目　录

第一章 锦天化公司的历史沿革和管理概况

锦西天然气化工有限责任公司（以下简称"锦天化"）隶属于中国兵器华锦（化工）集团，是 1990 年由国家批准兴建的我国第一个利用海底天然气为原料的大型化工生产企业，公司坐落于辽宁省西部的葫芦岛市。

锦天化工程项目是根据国民经济长远规划，为合理利用新探明的辽东湾油气资源，从增强农业发展后劲这一战略目标出发，经原国家计委于 1987 年正式批准立项。该项目由辽宁省地方投资，于 1989 年 3 月由国务院批准可行性研究报告；同年 5 月 13 日在人民大会堂与外商正式签约；1989 年 8 月 8 日，中法双方政府批准正式生效；1990 年 11 月 8 日，主题装置开工；1993 年 6 月 10 日，化工投料；1993 年 8 月 18 日，装置产出合成氨；8 月 28 日，产出尿素；1994 年 4 月，通过装置性能考核验收。

锦天化厂区占地 23 公顷，主体装置占地 15.4 公顷，现有员工 1836 人。自 1987 年国家批准立项以来，锦天化历经了工程建设、建厂转制、重组改制和创新发展四个重要历史阶段，现已步入良性发展轨道。锦天化是中国石化行业的中小企业，主要从事合成氨、尿素和甲醇的生产，累计生产合成氨 586.1572 万吨、尿素 1001.6219 万吨和甲醇 37.7774 万吨。实现销售收入近 146.5 亿元，利润近 24.74 亿元，是葫芦岛市重要的经济增长点和利税企业之一，为地方经济建设和辽宁老工业基地振兴做出了重要贡献。近年来，锦天化荣获国家和省市级科技成果 20 多项，对引进装置进行重大技术创新 50 余项，使装置设计产能提高 10%左右，能耗持续下降。其中，锦天化利用法国政府贷款引进装置，以辽东湾海底天然气为原料的大型化肥生产企业，设计能力为年产 30 万吨合成氨、52 万吨尿素，总投资 21.3 亿元。合成氨装置采用美国布朗公司深冷净化工艺，尿素装置采用意大利斯那姆公司氨气提工艺，整套装置由 DCS 系统控制，具有20 世纪 90 年代初国际先进水平。装置具有生产能力大、综合能耗低、自控水平高、满足环保要求等特点。

一方面，锦天化将"自主创新"的管理理念引入其发展中。一是根据客户和市场的需求在产品、技术和服务上不断创新，追求创意经济；二是根据环境的变化，对企业的内部流程、组织结构、产业布局等不断创新，提高企业的管理创新能力；三是培育创新变革文化，通过营造创新的氛围，培养员工的创新意识和能力，提高企业的创新变革力。锦天化结合企业自身的发展状况和经营概况，在公司党委的领导下，创造性提出"以文化创新引领管理创新和科技创新"的发展路径，通过管理、战略、文化和人的一体化变革，搭建信息化管理平台、重构人力资源管理体系，实施相关多元化战略、绿色化工战略、联盟战略、创新战略，培育"学习型"企业文化，创建学习型企业，努力实现"管理国际化、发展多元化、产品科技化、服务个性化"的企业愿景。特别值得注意的是，锦天化不断推行技术创新。通过技术创新和产品市场的不断深入开发，企业的最终目标是打造一个以生态科技为主的"绿色化工"生产基地，由此促进企业与社会的可持续发展。锦天化曾先后荣获"中国石化行业技术创新企业"、"中国石化行业设备管理优秀奖"和"辽宁省石化行业信息化百户示范企业"等荣誉称号。企业生产的缓释尿素产品被国家四部委联合授予"国家重点新产品"称号和第六届"辽宁省优秀新产品奖"一等奖两项殊荣。二代缓释尿素的后续研发课题已被列入国家"863"计划引导项目。在文化建设方面，锦天化主导的创建学习型企业与企业文化建设取得阶段性成果，在第二届中国学习型组织大会上获"特殊贡献奖"，并连续保持"全国五一劳动奖状"、"全国模范职工之家"、"全国思想政治工作优秀企业"的荣誉称号。

另一方面，锦天化寻求企业的可持续发展。锦天化通过实施创新战略提升企业核心竞争力，寻求企业可持续发展的过程，不仅是一个企业寻求环境和资源和谐的过程，还是一个企业发展战略、跨越管理、技术变革的过程，更是一个企业通过文化创新，提升学习力、创新力的过程。锦天化通过企业科技创新、管理创新和文化创新，形成了以文化创新为引领，以技术创新为支撑，以包括信息化建设、精益生产和精细化管理以及 6S 管理在内的管理创新为保障的创新体系，不断提高企业的竞争力。锦天化通过文化创新，用"求实创新，以人为本"的核心价值观重塑企业文化，培育了以创新为核心的企业文化，从而形成了具有本企业文化特色的核心竞争力。通过技术创新，不但实现了企业在技术上的突破，形成了本企业的核心技术，而且提高了核心员工的研发和技术创新能力；通过管理创新，培育和强化了以管理为特色的核心竞争力。经过 30 多年的经营和发展，在管理创新、科技创新和文化创新方面，锦天化成为我国化工行业的典范企业。

一、锦天化公司发展历程

锦西天然气化工有限责任公司原为锦西天然气化工总厂，前身是锦西大化肥工程建设指挥部。企业发展至今，历经了工程建设、建厂转制、重组改制和创新发展四个重要历史阶段。

（一）工程建设

1. 工程立项及前期准备

1986 年 4 月，省政府从增强辽宁农业发展后劲的战略出发，决定利用新探明的辽东湾海底天然气，依托锦西化工总厂建设大化肥装置。

1987 年 11 月 7 日，国家计委正式批准立项建设。

1988 年 9 月，锦西大化肥工程可行性研究报告通过国家有关部委的审查。与此同时进行对外技术交流和技术考察，并完成了对外商务谈判和技术谈判。

1989 年 5 月 13 日，国务委员邹家华在人民大会堂主持合同签字仪式。锦西市政府常务副市长兼大化肥工程总指挥李子彬、承包商法国德希尼布公司副总裁玛卡尔先生分别代表中法双方在合同书上签字。

合同的总价值 55990 万法郎，由法国政府提供低息贷款，还款期 20 年。

2. 配套工程建设

1989 年 4 月 8 日，包括"三通一平"在内的配套工程正式破土动工。

1989 年 10 月 26 日，朱家甄副省长亲自主持召开辽宁省锦西大化肥领导小组第一次会议，重新组建锦西大化肥工程建设指挥部，任命了正副总指挥。

1992 年 8 月 1 日，施工难度最大的散装库和造粒塔两项工程按期竣工，被评为部、省级优质工程。17 项国内配套工程也如期完成。

3. 主体工程建设

1990 年 11 月 8 日，锦西大化肥工程主体装置开工奠基典礼隆重举行。

1989 年，法方对合同执行产生了迟疑，在观望中错过了欧洲设备采购最佳期，不但延误了订货，而且带来了造价的增长。最终致使空压机、燃气透平机、冰机等 10 台关键设备推迟 10~11 个月。

指挥部及时采取"三交叉四同步"的办法，同时加强施工组织，实行战区负责人制度，定期组织大会战，大力保证物资供应。并成立特供办，在国内、国外采购工程急需的设备材料供应现场。

1993 年 3 月，主装置的土建安装工作基本结束。

4. 冬季试车

因国外设备材料交货期严重推迟，造成工程拖期，迫使试车工作在冬季进行。在充分咨询、讨论和细致研究的基础上，指挥部会同相关部门进一步完善冬季试车方案，对整个冬季试车做出安排和部署。在试车过程中，全体参战人员不畏艰苦，不畏严寒，不怕疲劳，连续作战，没有冻坏一台设备、一条管线、一个阀门、一块仪表，取得了冬季试车的成功，为装置化工投料赢得了 3 个月的时间，开创了国内北方同类装置冬季试车的先例。

（二）建厂转制

1. 完成性能考核并通过国家验收

1994 年 4 月 28 日零时~4 月 30 日 24 时，对装置的生产性能进行了考核。经过 72 小时的考核，认定合成氨装置的产品、产量、综合能耗、单位产品、生产成本基本达到设计保证值。尿素装置某些关键设备在设计、制造上存在问题，但扣除工艺与蒸气放空等因素，其生产能力、成本等经济技术指标基本达到或超过了设计保证值。

1996 年 10 月 8 日，锦西大化肥装置通过国家验收，正式转入生产经营。

2. 装置技术改造

锦天化公司在经过对装置进行深入细致研究的基础上，结合试车和生产实践，对部分装置进行了大胆改进和完善。对引进装置进行重大技术改造 50 余项，获省市科技成果奖 17 项。其中，合成氨/尿素装置扩能改造项目（预转化扩能）成功地解决了长期困扰装置运行的"瓶颈"问题。

3. 业绩逐步突出

公司曾荣获"全国化肥行业生产先进单位"、"全国工会工作先进单位"、"全国化肥企业先进单位"等称号，保持了省"安全文明单位"、"全国思想政治工作先进企业"、"全国模范职工之家"荣誉称号；荣获"中国石化行业技术创新企业"、"中国石化行业设备管理优秀奖"和"辽宁省石化行业信息化百户示范企业"等荣誉称号。缓释尿素产品被国家四部委联合授予"国家重点新产品"称号和第六届"辽宁省优秀新产品奖"一等奖两项殊荣。第二代缓释尿素的后续研发课题已被列入国家"863"计划引导项目。

（三）重组改制

由于投资体制问题，企业转入生产经营后便背上了沉重的债务包袱，资产负债率几乎达到了 100%。1994 年、1995 年，企业处于还贷高峰期，不但到期贷款利息无法偿还，甚至连简单的再生产都无法维持。省政府提出：辽河化工集团与锦天化实行强强联合，实现资产重组。1996 年 10 月 11 日，锦西天然气化工有限责任公司正式挂牌成立。1997 年 2 月，辽河化工集团公司以"辽通化工"名称在深圳成功发行 1.3 亿股 A 股，募集资金 6.994 亿元，全部投资锦天化，有效缓解了企业的债务负担。

1998 年 11 月 24 日，时任国务院总理的朱镕基视察锦天化，对企业的改制及生产经营工作给予了充分肯定。

（四）创新发展

1. 技术创新

在稳固主业的基础上，公司大力实施产品结构调整与技术升级，先后建成年产 6 万吨甲醇装置和 1.5 万吨碳酸二甲酯装置。

（1）甲醇装置。甲醇是用途十分广泛的基础有机化工原料，可制取多种化工产品，还可以作为能源。2001 年 9 月 12 日，年产 3 万吨的甲醇工程开始施工建设，同年 11 月 8 日，装置开车成功投产。2004 年 8 月 7 日，甲醇装置"3 扩 6 改造"试车投产。该项目获"欧盟—中国辽宁综合环境项目"贴息贷款 150 万欧元。

（2）碳酸二甲酯装置。碳酸二甲酯是近年来备受国际化工界关注的绿色化工产品，市场潜力巨大。2003 年 9 月 4 日，碳酸二甲酯工程破土动工，同年 10 月 17 日，装置试车投产。碳酸二甲酯工艺采用华东理工大学第三代酯交换技术，装置设计能力为年产 1.5 万吨，是国内最大的单套生产装置之一。

（3）缓释尿素。2002年9月，公司与中国科学院沈阳应用生态研究所签订了合作开发缓释尿素的协议。2004年，第一代缓释尿素成功投放市场。截至2008年底，公司累计生产缓释尿素50余万吨。在第一代缓释尿素研制成功的基础上，公司又进行了第二代缓释尿素的研制，该新型缓释尿素为硝化抑制剂产品。自2007年起，公司与辽宁省土肥站、黑龙江省土肥管理站、沈阳农业大学等单位合作，在辽宁、黑龙江等地进行了大面积示范和小区试验以及氮素利用率试验。试验结果表明：与第一代缓释尿素相比，第二代缓释肥提高尿素料利用率8%～10%，作物平均增产4%以上。公司又与东北大学、沈阳化工学院等院校合作研发出第二代缓释剂的合成路线，并进行了中试放大工作，成功生产出合格的第二代缓释剂。2008年12月，公司的长效缓释肥料研制与应用项目荣获国家科学技术进步二等奖。

（4）40万吨/年大颗粒尿素。大颗粒尿素具有强度高、缓释的特点。既可作为缓释肥料，又可作氮磷钾掺混肥料的原料，且在生产过程中添加脲酶抑制剂可使其成为长效肥料。40万吨/年大颗粒尿素项目的生产工艺由清华大学提供，该生产工艺具有低能耗、低投入、建设周期短等特点。项目于2008年10月开工建设，2009年9月投产。

2. 实施信息化，打造"数字化工厂"

锦天化公司积极探索新型工业化的道路，大力倡导精细化管理理念，通过整合信息资源，建立起了分工明确、职责清晰、反馈及时、解决迅速、监督有力的信息化管理平台，有效地降低了运营成本，提高了管理效率，增强了企业综合竞争力。在信息化建设中，公司遵循"适度投资、实用为主、效率优先、管理导向"的指导方针，坚持有计划、有步骤、分阶段实施的原则，规划了3～5年乃至更远的实施目标。自2002年公司提出信息化建设初步设想以来，经过几年的扎实建设，目前已基本实现了全面信息化管理，建立了刚性约束机制，优化了企业组织架构和管理流程，真正实现了物流、资金流、信息流三流合一。公司已被省信息产业厅、省科技厅纳入辽宁省化工行业信息化优秀示范企业之一。

自1989年建厂开始，公司生产过程就采用DCS、PLC控制，经过多年改造，系统不断升级。另外，随着公司管理局域网建设和RTDB实时数据库应用，从物理网络到局部应用实现了互联互通，企业生产管理水平有较大提高。

自 2003 年开始,在企业需求和国家政策引导下,锦天化启动了大规模信息化建设,从网络基础建设到各个管理系统的实施,历时 5 年,已经投入使用了包括 ERP、CRM、全面计划预算管理、合同管理、MES、EAM、OA、RTDB、HR、AMS、压力管道安全管理、进出厂物资检斤管理、产品包装计数、振动监测、刷卡考勤管理、生产安全管理、视频监控系统、市场准入证管理、党务管理等在内的 22 套管理系统,这些系统的实施和运用,切实提高了锦天化的管理水平,降低了经营成本,提高了经济效益,也推动企业管理方式和管理理念的进步。

2003~2008 年,历时 5 年的信息化建设总共划分为三期工程:信息化一期工程(2003 年 10 月~2004 年 3 月):主要实现了财务业务一体化,强化了财务监督控制,减少了库存盘亏,堵塞了管理漏洞,实现了较好的经济效益;信息化二期工程(2004 年 10 月~2005 年 1 月)主要是将全面计划预算管理加入到信息化系统当中,整合企业内外部资源;信息化三期工程(2005 年 9 月~2006 年 3 月)将客户关系管理(CRM)、办公自动化(OA)、设备资产管理(EAM)、压力管道安全管理系统加入进来,基本建成了具有锦天化特色的面向客户的基于流程的"研、供、产、销"一体化的信息化管理系统。经过上述三期建设,锦天化已经基本上完成了信息化工程的建设,为锦天化带来巨大的经济效益和应用效益,也为锦天化实现企业资源共享、决策优化提供了巨大的支持。锦天化完成了上述的信息化建设的前期建设,在利用信息化的设备和软件实现了生产经营管理的科学化和现代化之后,一方面如何"以人为中心"创造更大的企业效益成为企业发展的一个当务之急,另一方面原有的不同厂家的不同技术的信息系统实现了部分的业务集成之后也带来了"局部信息孤岛"的问题。在这种背景之下,锦天化开始重新审视,决定从管理基础开始,通过应用信息化系统对企业的员工进行革命性的改造,以使得企业的员工可以跟得上信息化的步伐。

2010 年,锦天化重新审视了管理信息系统存在的问题和现状,正式开始信息化系统的集成项目,前三期的信息化工程可以称为信息化建设,信息化系统的集成可以说是又一次的信息化管理。在前期信息化基础上,公司充分利用原有的软件、硬件及用户的熟练操作等资源与优势,从实用性出发,以业务流程梳理和优化为主导,建立了一个整体适应新需求与新技术、高效优化的管理系统,实现了锦天化系统、流程、业务、数据等多个方面的无缝连接,打通了操作层、管理层与决策层的业务和管理,打造了全局共享的"数字工厂",实现了企业的运营综合自动化。锦天化信息化建设不断推向深入,在荣获辽宁省石化行业信息化示范单位的同时,又被中国化工行业信息化建设信息中心评为"中国化工行业信息化建设优秀企业",被国家信息产业协会授予"全国优秀示范企业"的荣誉称号,并得到了国家发展改革委员会专项科研基金的支持。

二、锦天化公司组织结构

企业组织管理的本质是为了有效地配置企业拥有的资源,无论何种企业组织形式,都是为了完成企业战略和实现企业使命而工作。组织要求其各组成部分互相结合、明确职责、分工合作、协调行动。由于企业配置企业权力和各种要素的方式和过程不同,理论界把企业组织归纳为直线制、职能制、直线职能制、矩阵制、事业部制等基本类型。锦天化的组织由三个层级组成,同一层级之间相互配合,各有分工,是典型的直线职能制类型,组织结构如图 1-1 所示。

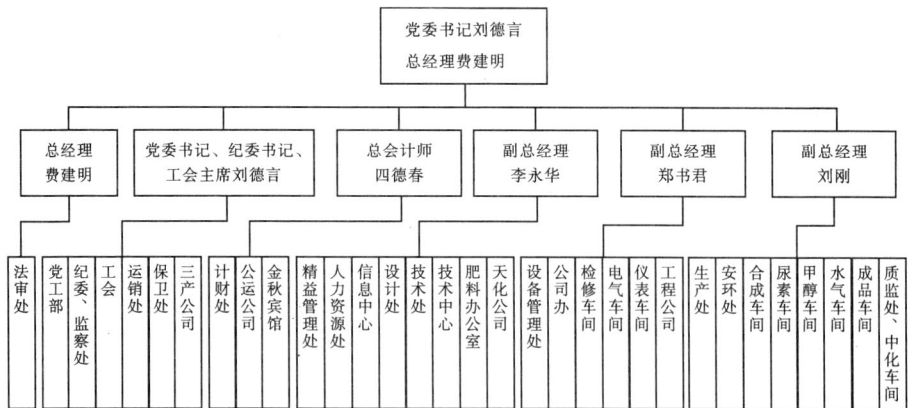

图 1-1 锦天化的组织结构

(一)锦天化组织结构的特点

从组织结构类型来看,其更接近于直线职能型组织结构。直线职能制是一种以直线制结构为基础，在厂长（经理）领导下设置相应的职能部门，实行厂长（经理）统一指挥与职能部门参谋、指导相结合的组织结构形式。直线职能制是一种集权与分权相结合的组织结构形式，如图1-2所示。

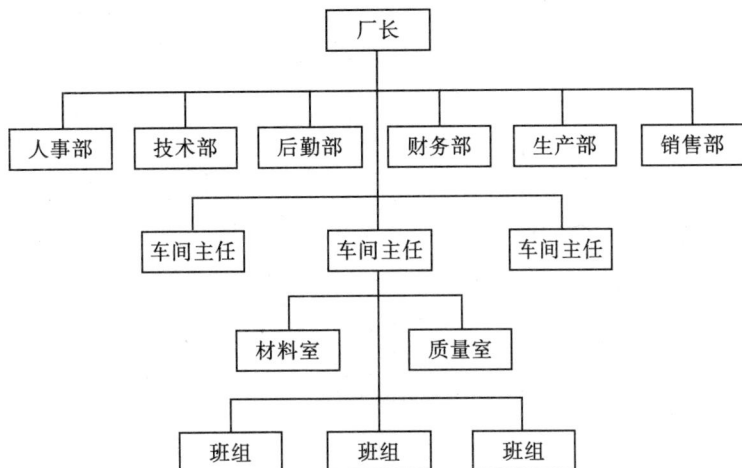

图1-2　直线职能制组织结构

特点：厂长（经理）对业务和职能部门均实行垂直式领导，各级直线管理人员在职权范围内对直接下属有指挥和命令的权力，并对此承担全部责任。

职能管理部门是厂长（经理）的参谋和助手，没有直接指挥权，它与业务部门的关系只是一种指导关系，而非领导关系。

优点：既能保证统一指挥，又可以发挥职能管理部门的参谋、指导作用，可弥补不足。

缺点：横向联系、协作困难；请示，汇报，没大的问题。

适用范围：规模中等的企业。随着规模的进一步扩大，将倾向于更多的分权。

（二）与其他组织结构的对比

1.直线制

直线制是一种最简单的集权式组织结构形式，又称军队式结构。其领导关系按垂直系统建立，不设立专门的职能机构，自上而下形同直线，如图1-3所示。

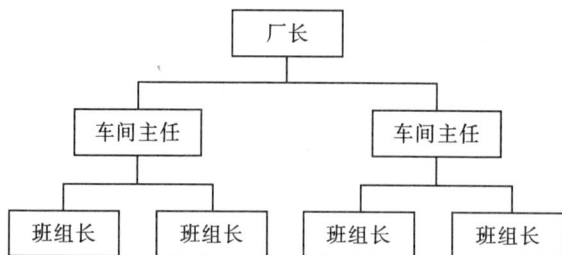

图 1-3　直线制组织结构

优点：结构简单、指挥系统清晰、统一；责权关系明确；横向联系少，内部协调容易；信息沟通迅速，解决问题及时，管理效率比较高。

缺点：缺乏专业化的管理分工，经营管理事务依赖于少数几个人，要求企业领导人必须是全才。当企业规模扩大时，管理工作会超过个人能力所限，不利于集中精力研究企业管理的重大问题。

适用范围：规模较小或业务活动简单、稳定的企业。

2.事业部制

事业部制也称分权制结构，是一种在直线职能制基础上演变而成的现代企业组织结构。事业部制结构遵循"集中决策，分散经营"的总原则，实行集中决策指导下的分散经营，按产品、地区和顾客等标识将企业划分为若干相对独立的经营单位分别组成事业部。各事业部可根据需要设置相应的职能部门，如图 1-4 所示。

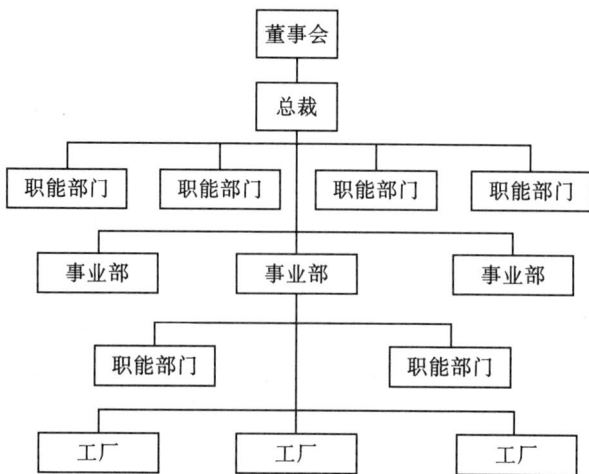

图 1-4　事业部制组织结构

优点：权力下放，有利于管理高层人员从日常行政事务中摆脱出来，集中精力考虑重大战略问题。

各事业部主管拥有很大的自主权，有助于增强其责任感，发挥主动性和创造性，提高企业经营适应能力。

各事业部集中从事某一方面的经营活动，实现高度专业化，整个企业可以容纳若干经营特点且有很大差别的事业部，形成大型联合企业。

各事业部经营责任和权限明确，物质利益与经营状况紧密挂钩。

缺点：容易造成机构重叠，管理人员膨胀；各事业部独立性强，考虑问题时容易忽视企业整体利益。

适用范围：规模大、业务多样化、市场环境差异大、要求具有较强适应性的企业。

3. 分权化组织结构

分权化组织结构包括联邦分权化结构与模拟分权化结构两种。联邦分权化组织是在公司之下有一群独立的经营单位，每一单位都自行负责本身的绩效、成果以及对公司的贡献；每一单位都具有自身的管理层；联邦分权化组织的业务虽然是独立的，但公司的行政管理却是集权化的。模拟分权化组织是指组织结构中的组成单位并不是真正的事业部门，而组织在管理上却将其视之为一个独立的事业部；这些"事业部"具有较大的自主权，相互之间存在供销关系等联系。

优点：可以降低集权化程度，弱化直线制组织结构的不利影响；提高下属部门管理者的责任心，促进权责的结合，提高组织的绩效；减少高层管理者的管理决策工作，提高高层管理者的管理效率。

4. 矩阵制

矩阵制由职能部门系列和为完成某一临时任务而组建的项目小组系列组成，它的最大特点在于具有双道命令系统，如图1-5所示。

优点：将企业横向、纵向进行了很好的联合；能在不增加人员的前提下，将不同部门专业人员集中起来；较好地解决了组织结构相对稳定和管理任务多变之间的矛盾；实现了企业综合管理与专业管理的结合。

缺点：组织关系比较复杂。

5. 几种组织结构比较分析

对比发现，几种组织结构各有优缺点，适用于不同的企业类型。一方面，锦天化隶属于中国兵器华锦（化工）集团，执行命令时需要高度的统

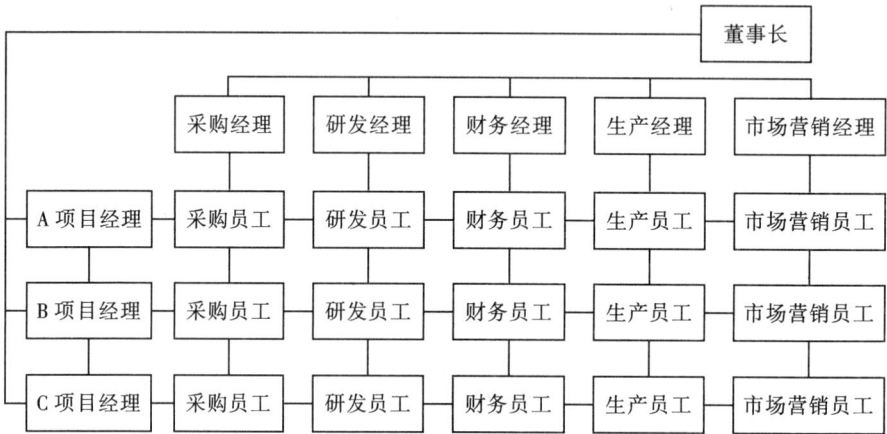

图 1-5　矩阵制组织结构

一性，也需要高度的稳定性；另一方面，锦天化具有自主经营权，在自主经营中需要分工明晰、权责明确，这些都决定了锦天化实行直线职能结构较为合理，符合公司发展的现实需求。但是，由于直线职能结构缺乏部门沟通、统一协调缺乏灵敏性，这是锦天化在其公司治理中需要重点防范的问题。

三、锦天化公司战略管理

从战略管理的角度出发，锦天化在其企业愿景、使命和价值观方面都有清晰的界定和规划；在其管理理念上，重点是"两化"，即精益化生产和精细化管理；在其管理方式上，突出之处是技术创新管理、以 6S 为核心的现场管理、以全面信息化为依托的信息化管理。

（一）企业的愿景、使命和价值观

锦天化的企业愿景是实现管理国际化、发展多元化、产品科技化、服务个性化。企业愿景描述的是全体员工共同希望并创造的未来景象，锦天化在上述愿景的指导下，不断追求管理创新、制度创新和科技创新，在稳固主业的基础上实施相关多元化战略，有选择地进入精细化工领域，实现产品和技术的双重升级。与此同时，锦天化不断完善自身的产品结构和种类，以高质量、低成本、科技含量高的产品契合不同客户的需求，通过科技化的产品和个性化的服务提高企业的竞争力，打造品牌的忠诚度。"不断创新、追求完美"是锦天化在企业和核心价值观、企业利益相关者最大化和企业以及核心竞争力三者重叠之处定义而来的企业使命。锦天化依托现有能力，整合内、外部资源，在专注化工产品生产的同时倡导环境友好，实现利益相关者价值最大化。锦天化的创新企业文化不但是企业生存和发展的根本原则，也是企业全体员工的行为准则，使得企业以及其每一位成员拥有共同的价值追求和价值评价标准。锦天化将此定义为企业的核心价值观：求实创新、以人为本、客户满意、诚实共赢。锦天化的核心价值观是对企业愿景和使命的进一步陈述和阐释，锦天化秉承创新为核心的原则，关注员工和客户的个人发展空间，兼顾企业多方利益相关者的利益，以诚信和共赢的理念指导企业的具体工作。

总之，锦天化提出的这种以创新为核心的企业文化和核心价值观在潜移默化中影响员工的价值取向和行为方式，使广大员工形成了在创新中为企业创造价值和实现自我价值的价值取向，更激发了广大员工学习创新的热情。锦天化这种独特的创新文化已成为提高员工创新能力进而提升企业核心竞争力的源泉。

（二）战略管理的重点——实现"两化"

"两化"即精益生产化和精细化管理，是源于发达国家（日本 20 世纪 50 年代）的一种企业管理理念，是一种以最大限度地减少管理所占用的资源和降低管理成本为主要目标的管理方式。精细化管理的内涵包括精确预算、责任明确、贯彻执行和有效监督。锦天化实施精益化生产和精细化管理是为了积极响应集团公司实施精益化生产和精细化管理的需要，立足于公司现有状况。锦天化用精益的思想推进精益化生产和精细化管理，一切从基础改善开始，采取整体推进与试点推进相结合的方式，持续改进，通过明确的分工和全员参与，最终实现层层落实。

按照集团公司的要求和指导意见，锦天化将 2011~2015 年定为推进精益生产和精细化管理的第一个五年计划，分为三个阶段：2011 年，实现示范区的精益运行，包括 60% 以上的生产车间推行精益化生产和精细化管理，初步建立管理指标体系及考核办法，导入电子信息看板、6S 和 TQM

工具以及杜绝重大质量事故等；2012~2013年，实现精益化生产和精细化管理的全面导入，包括100%的二级单位推行精益化生产和精细化管理，建立完善的管理指标体系以及考核办法等；2014~2015年，完成精益化生产和精细化管理战略体系的构筑工作，在整个企业内实现精益化改善文化，并实现各个单位全面的精细化管理以适应集团的精益战略发展需要。

为了实现"两化"管理，锦天化结合自身的经营状况提出了诸多新型的管理工具，主要包括：6S改善活动（将"跑、冒、滴、漏"列入改善范围）、看板管理、全面质量管理（零缺陷）、班组建设、流程再造（管理流程再造和工艺流程优化）、设备管理、对标管理、PDCA循环以推动精益改善的课题。实现生产装置"安—稳—长—满—优"运行是搞好生产经营的基础，更是节本增效的重要保证。

锦天化开展"两化"管理活动的内容包括以下几个方面：

（1）持续开展安全管理整顿。从抓反"三违"行为、抓现场动火作业、抓重大危险源管理、抓事故应急演练等方面入手，认真排查安全隐患，积极防范，制定相应的整改措施，严格安全管理考核，确保生产安全。

（2）持续开展生产管理整顿。把岗位责任制、岗位交接班、岗位巡检作为生产管理整顿的重点和突破口，生产系统内部积极开展自检自查，要深入细致，不存遗漏，对存在问题要认真研究，落实措施，落实责任人，落实整改时间。

（3）持续开展设备管理整顿。主抓设备完好率和"跑、冒、滴、漏"，并以此为切入点，全面深入地排查设备隐患，从技术、管理等方面制定科学、合理、严密的各项措施，确保设备安全。

（4）持续开展产品质量管理整顿。加强监管力度、严格执行产品检验分析程序，保证产品优等品率达标，杜绝不合格品出厂，维护企业和用户的利益。

（5）持续开展基础管理整顿。完善规章制度，对现行规章制度进行全面的清理、修订；细分业务流程，对现有业务流程进行全面的梳理、细化；明确岗位职责和工作目标；规范员工操作和行为准则；强化各层级间的执行力，督促考核制度、准则和流程的执行。通过人的规范化、事的流程化、物的规格化，提高效率，保证质量，保障安全，使工作环境整洁有序，提高员工素养和企业形象。

（6）全力推行精细化管理。树立精细化管理的理念，抓好服务与生产过程中的细节。细节决定成败、细节体现管理水平，在生产生活中大力倡导节约每一滴水、每一张纸、每一度电、每一立方气（汽）等每一笔费用，要把精细化管理的要求落实到管理与生产的每个环节。

通过全力的推行实践和有效的考核体系，锦天化的精益生产和精细化管理已经取得了不俗的成绩。锦天化选择企管处、生产处、机动处、安全处、人力资源处、财务处、合成车间、尿素车间、甲醇车间为示范区。通过对陈旧设备、废旧物资的整理和分类，实现了厂区的干净化和办公区的整洁化。通过推行精益化生产，在设备管理工作方面收获显著。设备管理部门从专业角度出发，进一步制定和完善各类设备管理制度及相关考核办法，实现量化考核，全面提高公司设备管理工作水平。首先，建立完善的管理制度和监督机制。从设备采购到厂生产开始，形成一整套完善的自主保全管理流程并设置相应的管理工具。其次，建立相应的监督机制，制定了与上述规章制度和标准相适应的检查评估体系，防止规章制度和标准只停留在管理层面上，没有落实到作业现场。在安全生产管理方面，锦天化按照"精益化生产和精细化管理"的要求，对老旧、破损或规格过小，大小不统一的现场标志牌进行更换、增加，实现了可视化、规范化和标准化管理；实现了对危险化学品的台账管理，对公司内外的 54 个废弃物箱进行分类并统一刷漆，全部写上"有害"、"无害"字样；为了真正保护员工的利益，锦天化定期监测现场及工作场所的有毒、有害物质，并定期进行有毒、有害岗位的职业病健康检查；锦天化对全厂人员尤其是新进公司大学毕业生和岗位人员进行安全教育，总共进行一级安全教育 600 余人，气防培训人数 570 余人，另外车间和班组还进行了二级和三级安全教育。在管理流程再造和业务流程梳理方面，锦天化相关部门企管处配合集团外请咨询机构人员对各部门现有工作流程进行分析梳理，共与生产、机动、安环等 21 个部门梳理业务流程，并针对与实际工作不符的流程进行改进，以提高工作效率。

总之，锦天化在集团总部的正确领导和公司党委的全面指导下，以 6S 管理为基础，经过不断地深入实践，在生产、经营、管理、文化、技术等方面实现了向精细、精心、精益方向的发展，并逐渐让精细化管理从一个管理方式过渡成为一种意识和一种文化。

（三）战略管理的实施途径——技术创新管理、6S 管理、信息化管理

1. 技术创新管理

"科学技术是第一生产力"，技术创新是一个企业寻求整体创新的重点，也是企业创新战略中的重大支柱。所谓的技术创新并不仅仅停留在纯技术的理论范畴，而是包括研发体系、人员和设备配置、技术创新模式、产品技术创新与发展以及技术的产业化与商业化等诸多因素的系统化过程。企业在寻求产品创新和技术创新的同时更应该关注这些创新的应用性和产业化，切实探索出一条真正能提升企业竞争力的技术创新之路。锦天化在这一方面向行业做出了表率。锦天化在稳固主业的基础上，有效整合企业内外部资源，不断创新发展理念，加快产品结构调整与技术升级的步伐，重点研发高附加值、高品质、环境友好的绿色化工产品，由此促进企业与社会的可持续发展。为了将科技创新成果转化为企业生产力，锦天化加大了技术创新方面的投入，自 2002 年始固定将每年销售收入的 10% 用于科研投入，科研费用比例由原来的 2% 上涨到 8%，通过这种自主创新的投入使得其自主研发的产品成为了企业的核心产品。与此同时，锦天化还制定了一系列与技术创新成果相关的技术创新战略及措施。

首先是生产设备及流程的创新。锦天化的合成氨和尿素装置同时具有生产能力大、产品能耗低、自动化程度高三大显著特点，具有 20 世纪 90 年代国际先进水平。自 1994 年装置投产以来，锦天化荣获了众多奖项，并对引进的装置进行了 50 多项的重大技术改造，使得产能提高 10% 以上，多项产品和技术为产业带来一定程度的变革，成为化工业发展的里程碑。

其次是机制创新。锦天化一方面成立内部的研发机构——工程技术研究中心，另一方面与中国科学院沈阳应用生态研究所共同组建了外部研发机构——辽宁省新型肥料工程技术中心。这两个内外的研发机构强调产品创新，采取机制创新与技术创新并重的方针，在产品研发、专利和知识产权申请、实验和生产基地创建等方面不断突破，为锦天化科技创新不断注入新的活力，切实实现了技术创新对企业核心竞争力的补充和促进。

再次是创新模式的创新。单一的某一产品的创新或是生产线的优化无法实现整个企业竞争力的提升，只有形成有效的技术创新模式才可以为企业带来源源不断的技术创新理念或是实践。在技术创新模式上，锦天化结

合企业自身实际和行业发展的要求进行了极大的创新，除了上述内部研发机构以及同其他研究所共同建立新的研究组织以外，锦天化还与各大高校建立密切的联系，共同承担了国家级、省级项目，形成了"产、学、研"一体化的技术创新模式。在过去的实践中，锦天化分别与沈阳化工学院、中国农科院、沈阳农业大学以及清华大学结成战略联盟，从土壤、施肥、新型缓释剂、尿素生产等多个角度的问题进行研究，取得了诸多的科技创新成果，获得了省市各级的表扬和嘉奖，成为行业内科技创新管理体系的典范。

最后是理念的创新。作为国有大型化肥生产企业，锦天化在稳固主业的基础上，创新发展理念，强调以技术创新为基础，全面启动"绿色化工"战略，重点研发高附加值、高品质、环境好的绿色化工产品，全力打造企业与社会全面、协调、可持续发展的"绿色化工"生产基地，不仅为企业自身创造巨大的经济价值，也为整个社会带来社会价值，特别是绿色环保方面。锦天化以技术创新和产品创新为核心，全力践行生态文化观。一方面锦天化将环境保护、清洁生产的理念置于战略高度，利用自身优越的技术创新管理体系和创新成果生产污染小的精细化产品，另一方面使生产工艺中废物排放对环境造成的污染降到最低程度。包括国家"863"计划的产业项目成果缓释尿素、碳酸二甲酯等在内的一系列绿色化工产品的投产和商业化应用为企业创造了经济效益的同时也实现了对环境的保护，践行了企业社会责任。与此同时，锦天化的生态科技工业园区建设成为企业提升核心竞争力的必要手段。工业园区保持产品研发与生产技术的持续改进及创新，力争形成更具有竞争力的产业链和产品群，从而实现企业内外部资源的有效整合，加快"绿色化工"战略的实施步伐，早日建成技术含量高、产品附加值高、市场占有率高的绿色化工生产基地，打造一个具有较强竞争优势的生态科技工业园区。

综上所述，锦天化紧跟时代脉搏，在技术创新的过程中，同时关注新技术、新方法、新工艺的研究开发和应用，并强调以市场为导向，促进科技成果的转化，特别是技术创新对管理创新和文化创新的支撑和辅助，使得技术创新真正地成为了企业核心竞争力培育的战略支撑。在具体的实践中，锦天化不断进行技术变革与创新，产生了一大批科技创新成果，契合了企业精益化生产和精益化管理的战略方向，极大地增强了企业的核心竞争力，使企业获得不断前进的推动力，促进了企业运营效率和运营质量的增长，也向客户、政府、供应商、农民、社区群众等所有的利益相关者展示了一个大型化工企业的卓越姿态。

2. 6S 管理

对于企业而言，生产运作的效率高低和管理能力的大小直接影响着企业的盈利能力，进而影响企业的核心竞争力。为了助推"两化"实现，锦天化人臻于完美，精益求精，在细节管理方面，引入 6S 现场管理方式，不断提高产品和服务的品质及质量，坚信细节铸就辉煌，在企业范围内注重细节，提高了员工的品质，打造出优秀的人才队伍，并反过来促进文化和科技的协同创新，从而实现企业整体的跨越式发展。

6S 管理是我国企业在日本企业的 5S 管理的基础上发展而来的。所谓 5S 通常是指整理、整顿、清洁、清扫、素养，传入中国后，中国企业中加入了"安全"（Safety）要素，扩展成"6S"。6S 管理是在生产作业现场对人员、机器、材料、方法等重要因素进行有效管理的方法。锦天化于 2003 年初正式引入并全面推行 6S 管理，以"员工品质提升与公司发展同步"为推行理念，以"零杂物、零浪费、零事故、零违纪、零缺陷"为推行目标，通过整理、整顿、清扫、清洁、安全和素养来强化基础管理，以思想变革方式塑造一种文明之风，达到规范行为、提升素质、重塑团队、安全生产之目的。企业自编了 3 万余字的推行指导教材，进行三级培训，实施全员参与。在具体的推行过程中，锦天化规定了严密的 6S 推行步骤和推行要领，向员工及相关的负责人明确分摊了日常的检查要点以及各自的责任。锦天化引入 6S 管理并结合自身的管理特点，制定了包括上下两篇的核查标准和细则。其中，上篇准则包括"要"与"不要"制定标准；保管场所确定基准；标示线和颜色使用基准；定位基准；OA 机器清扫基准；安全作业标准；现场 6S 标准；办公室 6S 标准。下篇主要是针对 6S 现场管理的核心场所（车间和机关办公室）制定了详细的考核细则。除了上述内容之外，锦天化还针对车间和机关办公室的具体工作进行了详细而又明确的规定，使得任何一位员工或责任人都可以明确自身的责任和任务，从而保障 6S 管理的有效实施。在"6S"推行过程中，公司领导每周下到基层检查，督促落实。同时加强制度建设，对每一项工作都提出具体的时间、质量、安全要求，强化执行。

锦天化高层领导对 6S 的正确认识和态度以及企业自身良好的环境硬件、高素质的员工队伍和爱岗敬业的光荣传统使得锦天化的 6S 管理得到了顺利的推行。6S 管理的实施使得锦天化的员工行为得到规范，工作态度得到转变，员工养成了良好的工作习惯，生产事故和原材料浪费明显减少，企业工作环境得到改善。6S 管理的推行也有效地促进其他管理活动的深入开展。几年来，锦天化的环境发生了重大改变，员工已经养成了良好的工作和行为习惯，为推行精细化管理打下了基础。通过实施 6S 管理，锦天化提高了管理效率、生产效率和产品质量，实现了企业的规范化和标准化管理，培养员工按规矩办事的习惯，提升了员工品质，提升了企业形象，也提高了企业的竞争力，并降低了管理费用，每年为企业节省费用 5000 万元。

锦天化推行 6S 管理，不仅仅局限于推行它的方法，更重要的是推行它的思想。重视日常的小事、简单的事情，并持之以恒的坚持，可以培养良好的作业习惯，提高产品质量，进而改善人的品质，做好"大事情"。6S 管理正是这样一种以"小事成就大事，细致铸就完美"的现场管理方法。6S 管理方法的推行帮助锦天化塑造了高品质员工，打造了优秀的人才团队，突破了发展的"瓶颈"，实现了个人和组织的共同超越。6S 管理的推行使得锦天化和全体员工在思想上和行为上对细节的处理形成全新的认识，从而形成对信息化建设、精益化生产和精细化管理以及科技创新的支撑。

3. 信息化管理

随着中国"入世"后市场的逐步放开以及全球经济一体化进程的加快，我国的大型企业特别是在国民经济中占有重要地位的化工企业面临着巨大的机遇和挑战。与此同时，随着企业规模的逐渐增大，传统的管理方式已经无法满足企业发展的需求，也很难实现企业管理水平的提升。内外部经营环境和方式的改变对企业的管理方式和管理理念提出了巨大的挑战，如何在激烈的全球市场环境下保持自身的竞争优势并以此来提高市场占有率成为锦天化人必须认真思考的问题。互联网时代的到来揭开了互联网技术的神秘面纱，将其应用到企业管理的具体实践之中。信息技术和先进的指导技术能够帮助企业提高产品的制造能力和企业的管理水平，缩短产品与市场的距离，提高企业的人员队伍素质，提高企业的创新能力、生存能力和可持续发展能力，以在日益激烈的国际竞争中立于不败之地。信息技术的发展使得广大的管理者和企业家达成了"以信息化带动产业化"的共识，我国的化工流程企业纷纷加快了自身的信息化建设步伐。锦天化作为行业的优秀企业也加入到信息化建设的大军当中来。锦天化的管理者也早就认识到必须要借助先进的管理软件来提升企业的管理水平和提高生产效率。由此，锦天化在外部环境和内在管理需求的双重改变下开始了自身的信息化建设进程，实现了除 6S 现场管理和精细化管理的又一次管理创新，进而实现企业的管理现代化。

锦天化信息系统的建设和完善是实现企业总体战略的重要手段之一，也是辅助锦天化实现企业愿景和使命的重要工具，实现了企业管理模式的全新变革。随着企业信息化建设不断推进，企业管理不断升级，企业发展战略得以顺利实施，企业核心竞争优势也得到进一步提升。锦天化信息系统实现了生产控制的自动化，提高了生产装置的生产水平，降低消耗，保证长周期的安全生产和环保达标排放；实现了企业管理信息平台的建设，形成了网络化的企业管理模式，包括生产控制、管理网、互联网、包装计量、振动检测、企业基础办公等多项系统的集成，只要登录企业的内部网站即可完成企业各方面的管理工作；实现了企业节能减排，显著降低了企业生产的单位能耗，提高了产品的边际效益；实现了对生产和管理资源的整合，实时跟踪物流管理，及时地反映生产经营状况；实现了实时监控物料平衡、公用工程系统平衡，及时发现和堵"跑、冒、滴、漏"及管理上的漏洞。

从具体的数字来看，信息化系统取得了巨大的经济收益，包括降低人工成本 100 万元/年；降低采购费用 100 万元/年；降低库存资金占用约4000 万元；节约资金 200 万元/年；堵塞管理漏洞 300 万元/年；减少物耗消费 200 万元/年；降低人力资源成本 100 万元/年；降低能源消费成本566.08 万元/年。通过全方位的信息化，提高了管理效率，降低了管理成本；实现了管理的透明化，降低了运营成本；降低了物耗消费和能源消费；强化了财务监控，降低了财务风险，实现了较好的经济效益。

综上所述，锦天化面对公司建设发展的新形势、新要求、新任务，按照"用信息化推动企业管理进步、用信息化支持企业管理变革、用信息化服务企业战略实施"的原则，按照"适度投资、实用为主、效率优先、管理导向"信息化建设的指导方针，坚持有计划、有步骤、分阶段实施的原则，把企业信息化建设与"学习型企业"理念和标准量化管理紧密结合起来，并把信息化建设作为建设新的企业管理模式、管理方法和管理手段的良好契机，利用先进 IT 技术，全面提高企业的资源配置水平和核心竞争力。锦天化通过信息化建设，引进先进的管理理念，优化管理流程，提升管理水平、规范管理行为、提高管理效率、固化工作中的技术与经验，加快了企业反应能力。锦天化用信息化手段实现管理创新，并结合技术创新和文化创新解决企业发展、改革、管理等方面的问题。锦天化的信息化建设不仅是管理模式和管理方法的变革，而且也是管理思想的变革。信息化建设在锦天化能够成功实施，关键在于各级管理层的重视与有效参与。同时，锦天化的文化建设起到了巨大的作用。锦天化结合创建学习型企业和人力资源管理体系建设，消除了信息化实施的阻力，为信息化建设提供了强有力的保障。

第二章 锦天化公司生产流程管理

锦天化现有两大主要产品——尿素和甲醇，有三套装置——合成氨装置、尿素装置和甲醇装置，有三套工艺流程——30 万吨/年合成氨装置工艺流程、52 万吨/年尿素装置工艺流程、6 万吨/年甲醇装置工艺流程。

化肥装置以海底天然气为原料，设计规模为年产 30 万吨合成氨和 52 万吨尿素，其主体装置利用法国政府混合贷款引进，由法国 Technip 公司全部承担。合成氨部分采用美国布朗公司深冷净化工艺，尿素部分采用意大利斯那姆公司氨气提工艺，控制系统全部采用计算机集散控制系统（DCS）连锁，报警系统采用可逻辑控制系统（PLC），整套装置具有生产能力大，产品能耗低，自动化程度高三大显著特点，具有 20 世纪 90 年代初国际先进水平。甲醇装置是在西南院设计的年产 3 万吨甲醇装置的基础上，由成都通用工程技术公司修改设计为年产 6 万吨的甲醇装置。目前，三套装置已经达到满负荷生产。

为了实现三大工艺流程的优化操作，锦天化不仅优化生产流程，还在生产工艺、生产岗位、生产调度、装置控制、能源及辅料利用方面实行精细化管理。

一、生产流程管理

（一）30 万吨/年合成氨装置工艺流程

锦天化公司是我国第一个以海底天然气为原料的大型化肥生产企业，设计能力为年产 30 万吨合成氨，合成氨装置采用美国布朗公司深冷净化工艺，整套装置由 DCS 系统控制。整套生产装置的工艺流程如下：

原料气压缩和脱硫。原料气脱硫分两步完成：原料气与少量循环氢混合，然后气体通过钴钼加氢器，把原料气中的有机硫组分转化为硫化氢；所生成的硫化氢，由连接在钴钼加氢器后面的两个氧化锌脱硫槽将其从原料气中脱除。

一段转化。脱硫原料气与蒸气混合，其水/碳比为 2：7。原料气流量由原料气与工艺蒸气流量比例控制，进入一段炉转化管内，在镍催化剂上气体与蒸气反应，生成碳氧化合物和氢的混合物。

二段转化。在二段转化炉的上部，工艺空气中的氧与一段炉出口气反应，生成碳氧化合物和水，此混合气穿过下部镍转化催化剂床层。而氧化反应所释放的热，把更多的甲烷转化为氢和碳氧化合物。

变换工艺气通过传统的高温变换（HTS）催化剂床层和低温变换（LTS）催化剂床层。残余的一氧化碳含量约为 0.38%（干基）。出口气体被送到 CO_2 脱除系统。

二氧化碳脱除。在脱碳系统中分离出来的 CO_2 产品送到尿素装置。

甲烷化。由二氧化碳吸收塔顶出来的工艺气体经加热后，气体通过甲烷化炉。在镍催化剂上，气体中的碳氧化合物与氢化合，生成甲烷和水。甲烷化炉出口气体中，残留的碳氧化合物小于 10ppmV（干基）。

干燥。在干燥系统中，脱除工艺气中的水分。

深冷净化。干燥器出口气体在深冷净化器中经深冷处理，脱除来自二段炉的过量氮以及来自二段炉和甲烷化炉的甲烷、60%以上的氩和一半左右的残余一氧化碳。按准确维持氢氮比等于 3 操作的工艺气送往氨合成系统。

氨合成。氨是在三台串联排列的固定床合成塔（R-5、R-6、R-7）中产生，R-7 出口氨浓度为 21.01%。

冷冻。合成塔出口气流中的氨通过两级氨冷等设备而冷凝下来，然后到氨收集槽。

生成氨产品。氨产品由氨收集槽热氨区抽出，经氨产品泵（P-12A/B）送到尿素装置及氨球储存。如图 2-1 所示。

（二）52 万吨/年尿素装置工艺流程图

锦天化年产 52 万吨尿素装置采用意大利斯那姆公司氨气提工艺，整套装置由 DCS 系统控制，具有生产能力大，产品能耗低，自动化程度高

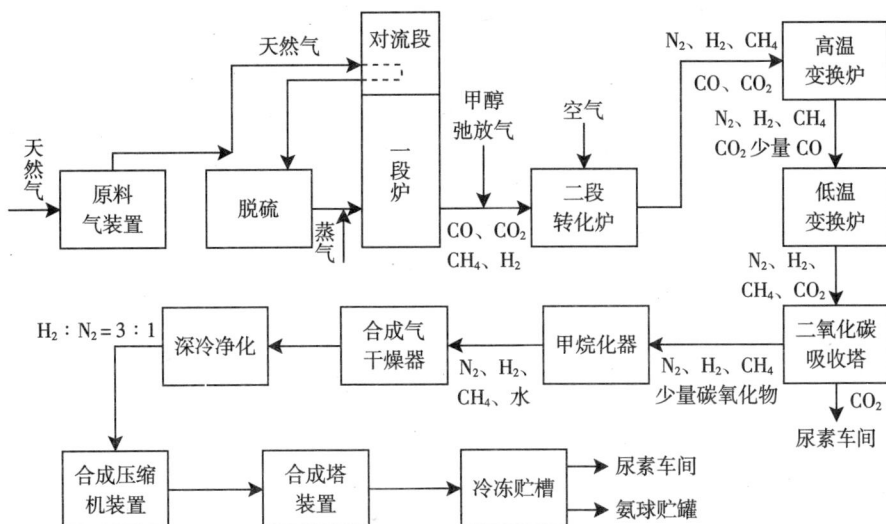

图 2-1 30万吨/年合成氨装置工艺流程

三大显著特点，具有20世纪90年代初国际先进水平。整套生产装置的工艺流程如下：

二氧化碳的压缩。由合成氨厂送来的约0.6bar，40℃、纯度大于98.5%的二氧化碳和少量空气混合后进入气体分离器V11清除雾滴后进入由汽轮机带动的双缸四段离心式压缩机的一段。压缩机共四段，经四段压缩后的气体压力升至156bar，温度升至109℃，直接送入尿素合成塔。

高压合成。来自合成装置的液氨经过计量后进入液氨贮槽V-5。用液氨升压泵P-5将液氨从液氨贮槽分两路送出：一路到高压液氨泵P-1入口；另一路到中压吸收塔T-01顶部。高压液氨泵将液氨加压至21.7MPa，送往高压液氨预热器E-7，用低压分解器气相冷凝预热。预热后的液氨作为甲铵喷射泵J-1的驱动流体，利用其过量压头，将甲铵液升压到尿素合成塔压力，氨与甲铵的混合液进入尿素合成塔，然后与进塔的二氧化碳进行反应。合成塔内有15块筛板塔板，以防止物料返混，保证停留时间均匀。

提高转化率和生产强度。出合成塔的反应物到汽提塔E-1。汽提塔是一个降膜式加热器。所需热量由饱和蒸气供给。合成塔的反应产物，在汽提管呈膜状向下流动时被加热。由于氨自溶液中沸腾逸出所起的汽提作用，使溶液中的二氧化碳含量下降。汽提塔顶部的馏出气和经过高压甲铵泵P-2加压的，进入高压甲铵冷凝器E-04，除少量惰性气体外，全部混合物均被冷凝。气液混合物在甲铵分离器 V-1 中分离。甲铵液由喷射泵送往合成塔。在高压甲铵冷凝器 E-04 内高压、高温的气体冷凝时，可产生 0.45MPa（绝）的蒸气，供尿素装置使用。

中压分解。由汽提塔 E-01 底部排出的二氧化碳含量较低的尿素溶液，减压膨胀到 1.8MPa（绝），进入降膜式中压分解器 E-02 顶部分离器。在此，溶液中尚未分解的甲铵进一步分解。中压分解器分为两部分：顶部为分离器 V-02，下部为降膜式换热器。在溶液进入管束之前，在分离器中先释放出游离的氨和二氧化碳闪蒸气，然后经液体分布器进入管束。管束为分解段，残余甲铵在此进行分解。底部排出液的温度为 155℃，压力 1.8MPa（绝），含氨量为 6%~7%（wt），二氧化碳为 1.0%~2.0%（wt），尿素为 62%（wt）。

低压分解。离开中压分解器 E-02 底部的溶液被减压到 0.45MPa（绝），并进入降膜式低压分解器 E-03。此设备分为两部分：顶部为分离器 V-03，尿液中游离氨和二氧化碳在此闪蒸，而后溶液进入下部管束，残留的甲铵被分解；底部出液中氨含量在 1.0%~2.0%（wt），二氧化碳含量在 0.3%~1.0%（wt），尿素含量 70%（wt）。所需热量由 0.45MPa（绝）的饱和蒸气供给。底部排出液的温度为 138℃。离开分离器 V-03 顶部的气体与解吸塔 T02、水解器顶部气体汇合进入冷凝后的碳铵液送入碳铵液贮槽 V-06。

蒸发系统的提纯与回收。由低压分解器底部来的溶液，减压到 0.035MPa（绝）进入降膜式真空浓缩器 E-13，在此进一步提高送往蒸发部分的尿液浓度。此设备分为两部分：顶部分离器 V-04，在溶液进入管束之前释放出闪蒸气，在此被分离并送往真空系统冷凝。下部列管式真空浓缩器 E-13 将溶液中最后残留的甲铵分解，底部尿液浓度由 70% 上升到 83%。底部尿液通过尿素溶液泵 P-6 送往一段蒸发浓缩器 E14，其操作压力为 0.34bar（a）。溶液进入二段真空浓缩器 E15，其操作压力为 0.03bar（a），温度为 140℃。由 E15 出来的气液混合物在温度控制下进入二段真空分离器 V08，其中的蒸气被二段真空系统 W02 抽走。熔融尿液 99.75%（wt）经 P08A/B 送往造粒喷头造粒。

造粒。尿素熔融液通过造粒喷头从 80 多米高的造粒塔顶喷洒下来，在重力下降过程中熔融液滴与上升的空气逆流接触，逐渐冷却，在造粒塔底部得到粒状尿素，刮料机将其收集送至 1# 皮带。

工艺冷凝液处理。来自真空系统的含有少量氨、二氧化碳、尿素的水，收集在工艺冷凝液槽 TK-02 中。用工艺冷凝液泵 P-14 送往解吸塔 T-02。此塔的操作压力为 0.45MPa（绝）。解吸塔分为两个部分，即上塔、下塔。在上塔初步汽提后，送到水解器 R-2，使尿素全部水解成氨和二氧化碳。由水解器出来的气体与解吸塔出气与低压分解气汇合，冷凝液到进入碳铵液贮槽 V-06。水解器出液进入解吸塔下塔顶部。下塔利用通入低压饱和蒸气，进一步解吸出剩余的氨和二氧化碳。由解吸塔下塔底部出来的水为合格工艺冷凝液，其中含尿素、氨皆小于 5ppm。与进解吸塔的工艺冷凝液换热后，送出尿素界区可做锅炉给水。如图 2-2 所示。

（三）6 万吨/年甲醇装置工艺流程

年产 6 万吨的甲醇装置的工艺步骤包括原料气（天然气）压缩、脱硫、转化、合成气压缩、甲醇合成、预精馏、主精馏、甲醇回收、甲醇储存和工艺冷凝液回收等。

原料气压缩。原料气是由合成车间配气站送来的 40℃、压力为 0.4MPa 的天然气，及由合成氨装置脱碳系统送来的 0.06MPa、40℃（或由炼化总厂来的 0.04MPa、40℃，或快锅烟气回收的 0.06MPa、40℃）的 CO_2 气体。由配气站来的 9900Nm³/h 的天然气，先经过桶式过滤器 SP001A/B 后，分出 3763.2Nm³/h 作为转化炉 B001 的燃料，其余部分进入往复式天然气压缩机 C001A/B，经过二级压缩和级间冷却、分离，被压缩到 3.7MPa 后送转化炉 B001 对流段预热到 390℃，之后去脱硫槽 R001。合成装置开车时，为节电，C001 一开一备，由 100C4 提供 3500Nm³/h 的补充天然气与 C001 出口气汇合。CO_2 是为了调节甲醇合成时的 H/C（2.05~2.15）而配入的，流量为 1505.28Nm³/h 的 CO_2 由往复式 CO_2 压缩机 C002，经过三级压缩和级间冷却、分离，被压缩到 3.65MPa 后与脱硫后的天然气、CO_2 和水蒸气汇合组成混合原料气。

天然气脱硫。原料气脱硫共分两步进行。首先，原料天然气与 201.6 Nm³/h 的甲烷化气（该气体来自合成氨装置，含 H_2 约 60%、其余主要是 N_2）混合，混合后的气体先通过钴钼催化剂层，把原料气中的有机硫转化为 H_2S。再经过 ZnO 催化剂层，将无机硫（H_2S）脱除，正常操作时离开脱硫系统的原料气硫含量小于 0.1ppm。

天然气转化。脱硫后的天然气与 CO_2 和蒸气混合，其中天然气的流量

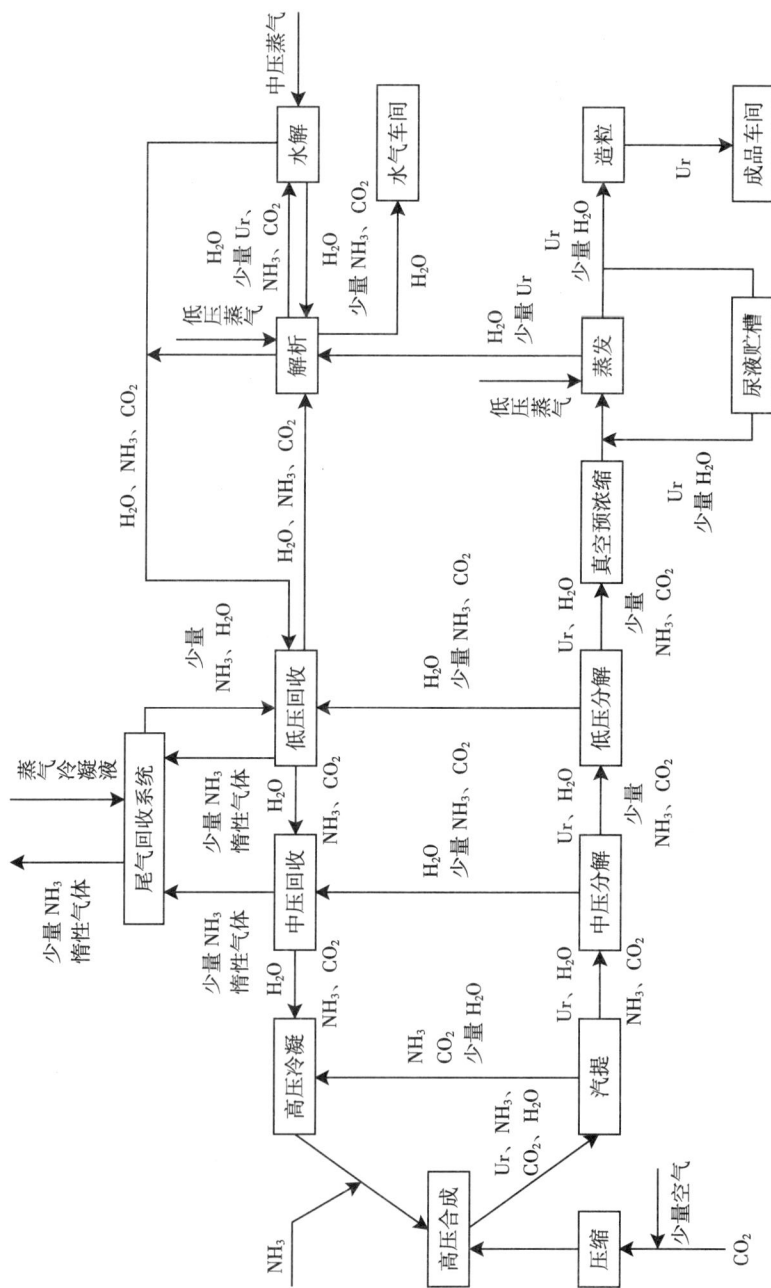

图 2-2　52 万吨/年尿素装置工艺流程

为 6137.6Nm³/h，CO_2 的流量为 1505.28Nm³/h，蒸气的流量为 19500kg/h。其 S/C 为 3.7~4.0（不含加入的 CO_2），此混合气在炉管内自上而下流经镍催化剂反应层，发生天然气与蒸气的转化反应，生成 CO、CO_2、H_2 及少量的副产物。反应所需的热量则由炉管外燃烧 3763.2Nm³/h 的燃料天然气所提供。转化管出口气体为 847℃锅炉、2.93MPa，残余甲烷含量约 5%（干基），该高温气体经废锅 E003；第一锅炉、第二锅炉给水预热器 E004、E303，主、预塔再沸器 E405、E402；回收热量后，最终在水冷器 E103 中被冷却到 40℃，经分离器 V101 分离冷凝液后进入合成气压缩机新鲜气段，工艺冷凝液送入冷凝液回收系统。

合成气压缩。联合压缩机 C201 为电机驱动的离心式压缩机，来自 V101 温度 40℃、压力 2.65MPa、流量为 25757.76Nm³/h 的转化气，经过压缩机的入口分离器 V201 进一步脱水后进入 C201 新鲜气入口，经 C201 四级叶轮升压后与从 V301 顶部出来流量为 89432Nm³/h 的气经过循环气分离器 V202 分离后气在压缩机的循环段混合，与新鲜气一起经循环段压缩，使其达到温度 79℃、压力 5.3MPa 后送往合成工序。

甲醇的合成。经压缩机 C201 压缩后的合成气压力 5.3MPa、流量 115190Nm³/h，经入塔气预热器 E301 壳侧与管侧合成塔出口来的合成气换热，温度升至 200℃进入合成塔。本装置甲醇合成塔是管壳式合成塔，管程装填铜基催化剂，在这里 CO、CO_2 和 H_2 进行甲醇合成反应。从合成塔出来温度为 230℃的合成气进入 E301 管侧经换热后温度降为 101℃，然后进入水冷器 E302 管程被冷却到 40℃进入粗甲醇分离器 V301A/B，在这里将已冷凝的粗甲醇同合成气进行分离，经分离液相后的气体从分离器顶部出来，一部分作为循环气返回合成气压缩机 C201 循环段，另一部分流量约 8337.28Nm³/h 的气体作为弛放气送到合成装置的二段炉入口，整个回路的压力控制在 4.9MPa。从 V301A/B 底部分离出的含甲醇 80.36%、温度 40℃的粗甲醇靠压差进入闪蒸槽 V302，从 V302 底部出来浓度为 81.12%、流量为 8904.44kg/h 的粗甲醇送库区粗甲醇贮槽 V401 或直接去甲醇精馏系统。

预精馏。来自粗甲醇贮槽 V401 的粗甲醇，经粗甲醇泵 P401 加压后（或从 V302 来的粗甲醇）压力为 0.5MPa、温度 40℃经 FRC404 调节流量后在 E401 中粗甲醇被低压蒸气加热到 70~80℃后进入予蒸馏塔 T401。进入 T401 的粗甲醇，经塔底再沸器 E402 加热汽化后，粗醇中残留的溶解气体及以二甲醚为代表的低沸物和一部分甲醇，以蒸气的形式自塔顶蒸出，其压力为 60kPa、温度为 74℃。出塔气经过冷凝后进入 V403，由予塔回流泵 P403A/B/C 打到予塔顶部作为回流液。予塔底部的水、甲醇经予后甲醇泵 P404A/B/C 加压，并由 FRC406 控制其流量为 8888kg/h、温度为 80.7℃去主精馏塔 T402。

主精馏。由 P404A/B/C 送来的流量 8888kg/h、80.7℃的水甲醇打到主精馏塔 T402，从主塔顶部出来的温度为 72.2℃的甲醇蒸气被冷凝后回到回流槽 V404 中的甲醇由主塔回流泵 P405A/B/C 打回主塔顶部作为回流液。在主塔顶第 1 层填料下方引出流量 7213.96kg/h、浓度 99.976% 的精甲醇，经冷却到 40℃后送至精甲醇计量槽 V405A/B。从主塔提馏段引出来温度 80~90℃的混合醇被循环水冷却至 40℃后，送至混合醇贮罐 V411。从主塔底出来含甲醇 0.5459% 以下的塔釜液，经釜液泵 P407A/B 送至甲醇回收塔 T403。

甲醇回收。T402 塔釜液经 P407A/B 泵送至甲醇回收塔 T403 中，釜液温度控制在 103.3℃。塔顶 80℃的蒸气被循环水冷凝至 76℃，冷凝下来的混合醇进入回收塔回流槽 V410，不凝气在 V410 顶部放空。V410 中冷凝下来的混合醇经回收塔回流泵 P410A/B 送至 T403 塔顶作为回流液，由 FIC408 控制流量，P410A/B 出口引出一部分回流液在液位调节器 LIC405 控制下送往混合醇贮槽 V411。来自主、预塔的放空尾气分别进入 T404、T405 下部，与上部进来的精制水（或由 P407 来的塔釜液）进行传质传热，将尾气中的甲醇吸收，使尾气中的甲醇含量 ≤0.01%，气相从 T405、T404 顶出来回到原来的放空管，液相进入 T403 塔中进行回收。

甲醇贮存。由甲醇合成系统来的粗甲醇进入粗甲醇贮槽 V401 中储存，再经 P401A/B/C 送到预精馏系统。V405A/B 中每班产出的精甲醇先封罐，通知中化分析合格后，由 P406A/B 送入精甲醇成品贮槽 V501A/B。V501A/B 中的精甲醇由中化进行全分析，合格后按等级出售。

工艺冷凝液回收。在主、预塔分离器 V409、V408 中分离的工艺冷凝液靠压差进入 V102 中，同时 V102 还收集了转化气分离器 V101 来的冷凝液。V102 中的冷凝液送入工艺冷凝液汽提塔 T102 中用 3.6MPa，348℃中压蒸气汽提，以除去冷凝液中可溶解的工艺气体，经过汽提流量约 13738kg/h 的工艺冷凝液，送入合成氨装置的快锅脱氧槽，以回收再利用。汽提气与 3.6MPa，348℃中压蒸气混合后作为工艺蒸气加以回收再利用。如图 2-3 所示。

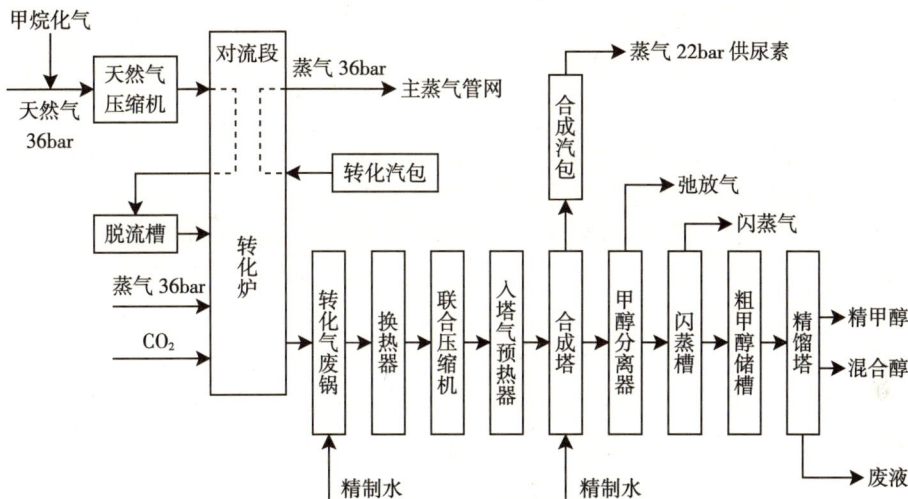

图 2-3　6 万吨/年甲醇装置工艺流程

二、生产工艺管理

生产工艺管理包括工艺指标、工艺技术和台账记录的管理。

（一）工艺指标管理

生产处负责组织厂控工艺指标的制定、审核及定期修订工作，并负责监督和检查厂控指标的执行情况。生产车间负责厂控工艺指标的调节和控制。工艺指标管理的具体内容如下：

（1）每月 2 日前，水气车间将上月精制水系列开、停时间录入 MES 系统中，其他车间厂控指标的统计数据在 MES 系统中自动汇总计算。

指标合格率计算：合格率=实际合格次数/分析或记录的次数×100%

（2）操作人员、技术人员及相关管理者必须严格执行厂控工艺指标，不得随意更改。如需修订，生产车间应提出申请，报生产处审查，工艺副总审定，经主管经理或总工程师会签后方可执行。

（3）因厂控工艺指标超标造成事故，事故部门和操作人员必须查明原因，按照事故"四不放过"的原则及时写出事故报告，并采取必要措施，防止事故重复发生。

（4）有关职能部门应保证仪表指示、控制分析等有关测试仪器在允许的精度范围内。

（5）若 MES 系统出现问题，操作工应恢复手工记录，分析工应恢复分析报告单记录，按规定频率及时准确报出结果。

（6）厂控指标合格率参与经济责任制考核。对伪造数据者进行严肃处理，造成严重后果的，要追究责任人及部门领导责任。

（二）工艺技术管理

为实现生产装置安全、稳定、长周期、满负荷、最优化运行，必须规范工艺技术管理。锦天化的工艺技术管理体系分为两级，一是公司工艺技术管理体系，主管经理（总工程师）—工艺副总工程师—生产处—车间技术组；二是车间工艺技术管理体系，车间生产（技术）副主任—技术组长—技术员—化工班（组）长。

工艺技术管理的具体要求包括：

（1）工艺技术分析和技术总结按月、年分别由车间及公司二级进行。月技术分析总结由车间技术员和生产处专业对口人员按各自的分工和要求进行。生产处在月总结的基础上编制工艺月报。年技术分析由生产车间技术组和生产处进行，主要生产车间在每年（或一个生产周期）结束后编写年度（或周期）运行情况总结。生产处分别对合成、尿素、水气、甲醇、碳酸二甲酯五套装置的年度装置运行情况进行总结。生产处每年应对主体生产装置进行两次考核，提交报告。

（2）在技术分析和技术总结的基础上，生产处根据生产需要，结合公司的生产实际情况，定期召开工艺例会以及各种问题的专题研讨会。

（3）重大生产技术问题由主管经理（或总工程师）、工艺副总工程师负责召集相关部门的工艺技术负责人、工艺技术员、操作工等参加研究和探讨，并以会议纪要形式发至各有关部门执行。

（4）任何人不得擅自违反化工生产操作规程（岗位操作法）。违反化工生产操作规程（岗位操作法）导致人身、设备、生产操作事故的发生，要追究责任人及部门领导责任，并给予一定的经济处罚。

（三）工艺台账管理

为做好公司技术资料的记录保存工作，必须规范各种工艺台账管理。工艺台账包括公司生产车间、生产处记录的各种工艺台账。其中，生产处负责隐患台账、触媒填料分子筛装填台账、生产故障台账、技改技措台账、连锁、报警、厂控指标修改台账及生产处内部台账的录入；各工艺车间负责生产情况综合台账、化学品消耗台账、车控指标修改台账、阻力台账及车间内部台账；等等。

工艺台账管理的具体要求包括：

（1）各工艺车间、生产处工艺员依据自己负责的权限，于当日或次日将前一天装置运行情况、相关数据、开停车及装置波动等异常情况及时、准确地录入到 MES 工艺管理模块内，各种工艺台账全厂共享。

（2）各种台账必须及时、准确、真实、详细地录入 MES 系统中。

（3）各车间每月 2 日前（节假日顺延）将阻力台账、化学品消耗台账及辅料录入到 MES 系统中。

（4）生产处工艺员除按要求及时填写工艺台账外，还要及时编制工艺月报报送主管领导审批，之后在 OA 上发布并上报集团生产部，同时按规定保存。

（5）按质量体系的文件要求，信息中心每三年对 MES 系统中的数据、所有文档信息分类保存、导出。重要数据、台账或信息由生产处定期打印存档。

（6）生产处定期对各部门的数据录入、档案、台账填写等情况进行检查，对违反规定者给予一定的经济处罚。

三、生产岗位管理

岗位管理包括岗位设置、岗位记录和交接班管理。为了实现精益生产和精细化管理，生产部门需要重点考虑班组长、总值班人员、巡检人员的岗位设置问题。

（一）岗位设置

1. 班组长

为了顺利完成生产任务，细化生产工作，各部门可进行班组长设置。

班组设置的审批程序：经人力资源处提出配置方案，各部门可通过行政任命、民主选举、公开招聘三种方式自行组织选取班组长，结果报主管经理批准。

班组设置的原则：必须以满足生产管理需求为原则，同时兼顾管理幅度。一般应根据生产装置规模、产品特点、生产任务性质等因素来确定班组的设置必要性及数量。根据班组生产任务的性质及劳动强度，班组人数一般应为 5~20 人。

班组长应具备的条件：责任心强，办事公道，热爱本职工作，以身作则；能正确对待不同意见，团结班组成员一道工作；业务技术水平高，熟悉班组的生产、管理工作，有解决生产中关键问题的本领；有一定的组织指挥能力和民主意识，有实干精神，能带领班组成员积极完成各项工作。

2. 总值班人员

为确保节假日和夜间公司生产经营工作的安全稳定，公司实行严格的值班制度，设置总值班岗位，严格落实岗位责任制，做到值班人员、值班地点、联络方式、值班责任"四明确"。

（1）对总值班人员的工作要求：现场巡检牌要抽检最少两个车间的部分巡检点；应同时涵盖不同类别人员的巡检牌。总值班人员检查期间应对二级单位岗位上人员出勤情况进行核对。后半夜检查时，除对剩余岗位进行检查外，前半夜检查的岗位还应抽查 2 个以上。检查生产岗位记录 2 个以上。对二级单位值班情况进行检查。

（2）总值班人员的工作步骤：值班时间范围为每日 20：00 至次日 8：00，每日 20：00 总值班人员负责组织车间值班人员在调度室召开碰头会，所有值班人员必须履行签到手续，严禁代签。每日 8：00 的早调度会，值班人员要详细汇报夜间值班情况。值班人员必须按公司规定日期按时参加夜间值班，如当晚有事或出差不能参加值班，自行找人替班（必须是公司夜间值班人员），不得漏岗。特殊情况由所在部门领导安排替班，并通知企管处。值班人员对岗位采取抽检形式，但要涵盖16：00、0：00班两个班次；每个检查点至少检查一次。检查要在早6：00前结束，并履行签字手续，不得代签（代签按未到岗处理）。主要检查人员到岗情况，违纪情况，至少后半夜要对前半夜的岗位抽查两个，前后半夜各查一个单位的巡检情况。对夜间的消防安全进行检查，并做好记录。如生产出现较严重的异常问题，调度室要及时通知总值班人员；岗检人员夜间值班与岗位人员发生冲突，岗检人员要及时通知总值班人员，由总值班人员负责协调处理。

（3）在节假日期间值班的特殊要求：三天以上连休的节假日，公司和各二级单位应安排白天值班，总值班应该有公司领导参与。检查至少一次，内容同夜间值班，并在岗位上由组长签字，查出的问题在总值班记录本上记录。

3. 巡检人员

为规范工艺纪律管理，全面、全方位、全天候对生产过程进行监控，确保生产装置安全稳定运行，需要规范工艺操作人员、检修维护人员、技术员、管理人员对工艺、设备的巡回检查管理。

（1）参加巡回检查人员包括：化工车间化工岗位操作工；仪表、电气、检修车间维修工；车间领导、专业技术员和岗长（班长）等；职能部门人员。

（2）巡回检查形式：车间岗位操作工、维修工按照规定的闭环式巡回检查路线，从起点站（也是终点站）出发按时、定点挂牌检查。车间专业技术员、岗长（班长）在各自管辖范围内，按时、定点挂牌巡回检查。车间领导及专业技术员等实行夜间值班制度，在本车间所管辖各生产岗位签名巡回检查，前后半夜各一次。职能部门专业管理人员的巡回检查。

（3）巡回检查内容。①岗位操作工、岗长（班长）和维修工的巡检，要做到"看、听、摸、闻、查"。即看压力、温度流量的变化，设备有无"跑、冒、滴、漏"情况，听设备运转有无异常声音；摸设备运行是否振动、温度是否超温；闻装置区内是否有异味；查设备、管线是否有外壳移位、裂纹、焊口脱焊、老化、脆化、变形等情况。工艺车间技术员的巡检：每天负责监督工艺人员执行设备维护运行规定情况；检查运行设备有无工艺上的事故隐患以及文明生产情况；应定时对本车间设备进行全面的检查，掌握设备运行状况，做好详细的资料记录；对现场发现的问题应及时上报车间或检修车间，厂控设备发现问题向机动处报告，不能及时处理的问题要做好记录，列入观察项目或计划检修之中。②维修车间（检修车间、仪表车间、电气车间）的巡检：维修车间设备员每天对厂控设备和动设备至少进行一次巡检，每周对全部设备巡检一次，对发现的问题，要及时安排检修人员进行处理，并做好巡检记录；维修工人必须每天对现场所有设备进行巡检，巡检时必须携带常用工器具，对设备的"跑、冒、滴、漏"及时按工作程序进行处理；维修工人必须按照规定的路线和巡检内容进行巡检，对发现的问题要及时上报车间并做好巡检记录。③设备管理部门的巡检：管理人员每天按照本部门规定的巡检路线对设备巡检一次，发现隐患和漏点及时通知有关车间限期整改，并填写台账注意跟踪；对发现的问题要及时向主管领导汇报，能及时处理的要及时安排，不能处理的要列入隐患台账和漏点台账；定期检查各车间的设备运行维护规定执行情况。④车间领导及夜间值班人员的巡检：负责处理管辖范围内的夜间生产应急情况，检查岗位前三个纪律及卫生情况。

（二）岗位记录

各生产岗位记录包括原始记录、操作记录及报表、交接班记录等的管理。车间、质监处岗位记录保管由本车间技术员负责；调度室生产记录由调度科长负责。具体要求如下：

（1）当班岗位人员必须及时、准确、详细地记录生产操作中工艺参数、生产情况，并将班中生产情况、巡检岗位记录的现场数据在下班前录入 MES 系统交接班日志中，可从调度管理模块中查询。

（2）生产车间记录的保存期按《记录控制程序》执行。重要的记录由生产处规定保存 20 年以上，并定期整理、归档，以便查阅。

（3）过期记录的销毁按《记录控制程序》执行。原始记录要采用烧毁或碎纸的形式进行销毁。

（4）生产岗位记录格式、内容、版面大小等，由各工艺车间提议，经生产处审核后由公司统一印刷。

（三）交接班管理

在生产岗位的交接班中，交班班长有责任将本班生产情况、调度或车间的操作指令告知接班班长。接班人员在接班前要大概了解上班生产情况，便于操作和控制。交接班双方签字后，生产及其他方面所出现的问题应由接班者负责；上班故意隐瞒问题或弄虚作假，接班后导致与之相关联的问题发生，交班者负主要责任；上班时有明显的错误操作，接班时未发现，交接班双方均有责任。交接班程序如下：

（1）接班班组人员应在接班前10分钟换好工作服，进入岗位进行接班预检。每班接班人员应于8：15、15：45、23：45在交接班室列队站齐，交班班长进行生产"五交"。"五交"包括：工艺、设备及仪表运行情况；生产出现的异常事故情况；隐患发展情况及装置"跑、冒、滴、漏"情况；安全情况、防护灭火器材及对讲机保管使用情况；公司、车间有关指示和规定及岗位卫生情况。

（2）接班人员分别进入岗位和现场，认真仔细检查，交班人员按"五交"内容分别介绍本岗位生产情况。交接双方在岗位交接班日记上签字。

（3）接班人员应认真执行"五不接"。"五不接"包括：生产出现异常现象，情况不明不接；生产正处于事故情况下不接；备用机组情况不清楚不接；卫生不合格不接；岗位设施丢失、损坏情况不明不接。

（4）交班人员应在交班签字后，立即召开班后会。总结本班的生产操作情况，本班如果出现了事故，应在班后会上对事故进行首次事故分析。班后会结束后，才能更换衣服离开岗位。

四、生产调度管理

解决生产问题，确保公司生产装置安全、稳定运行，确保生产调度指挥工作规范、有序，需要进行生产调度管理及调度会议管理。

（一）生产调度管理

生产调度必须掌握、督促、检查各车间的生产进度和生产作业计划完成情况。生产调度的任务是在企业的日常生产活动中，按产品质量技术标准和公司各项管理标准要求组织全公司生产，使各个环节、各个方面能够协调一致地工作，保证生产计划的全面完成，使生产安全、稳定、均衡、长周期地进行下去。

（1）职能部门：生产处是公司生产系统的指挥中心，全权组织、指挥生产，负责检查生产调度会、生产协调会、生产专业会和公司领导与生产有关指示的执行情况。在生产上，生产处负责对公司所属各部门实行临时指挥调度，各相关部门必须执行调度命令。生产处调度室负责公司生产活动的调度工作。每班设值班调度长1人、调度员1人，主要车间（合成、尿素、甲醇、二甲酯、水气、成品、电气、仪表、检修、质监处、铁运科）由当班班长负责与调度室联系。

（2）工作内容：检查月、日生产作业计划的执行情况。根据公司生产经营计划，结合原料、燃料、动力供应及设备状况、工艺条件、销售、运输等情况组织协调、平衡日常生产工作。根据公司领导的指示及调度会上布置的任务，对有关部门的执行情况进行检查，并及时向公司领导汇报。应经常深入现场，掌握生产状况。善于发现问题，并及时与有关部门协商解决。超出职责范围或其他专业分管的问题，及时提交领导解决。认真对待基层反映的问题，属调度管理范围内的问题，必须立即组织处理；属其他部门的问题，要积极联系协调处理。当接到现场工艺条件发生异变或发生事故的报告后，必须查明事故部位及波动范围，立即组织调整或处理，重大事故应立即向有关领导汇报。根据生产需要，经请示有关领导，可临时调整人力、物力，调配生产任务，并监督执行情况。根据主管经理或总工程师批准的开停车方案，组织好开、停车。

（3）工作要求：不得以任何形式和理由虚夸、假报。调度员必须熟悉业务，有一定的组织能力，及时掌握全公司生产情况。调度员必须经常深入现场，发现生产隐患及时处理。对影响生产的关键问题要及时向有关领导汇报。调度员要随时掌握内、外部的生产变化情况，搞好水、电、气、蒸气及其他原材料供应的协调，确保装置安全运行。调度员必须认真填写调度工作日记和生产会议记录，并妥善保管。积极开展技术练兵活动，不断提高调度员的业务水平。发生事故时能正确处理，防止事故扩大。

（4）汇报制度：定期向上级领导及有关部门汇报产量、生产情况和存在问题等。认真填写生产调度日报表，汇报产量、生产情况和存在问题。每日向生产调度会汇报生产情况和存在问题，以及急需解决的事项。在特殊情况下，要及时向有关领导报告危及生产的情况（如停电重大事故、天然气大幅度波动、某装置停车或可能危及运行安全的变化等），力求迅速解决问题。为确保生产，特殊情况下可边处理问题边汇报，或者事后补报，以防止事态的扩大。

（二）调度会议管理

各生产单位需按时参加生产调度会并执行会议精神。生产处负责对各单位参加生产调度会情况进行考核，并对生产调度会议精神执行情况进行检查。

（1）参会人员：公司领导、各车间生产或设备主任 1~2 人，生产、机动、安全、总工办、公司办领导 1~2 人，其他与生产相关联的部门领导 1 人，当班调度 1 人，总值班 1 人。

（2）会议内容：会议由生产处处长主持；总值班汇报夜间值班情况；生产处调度汇报前一天生产情况，包括产量、消耗、生产运行等情况；各车间和生产、设备职能管理部门汇报生产、设备管理情况；公司领导针对生产或其他方面工作提出指示或要求。

（3）会议要求：各相关参会部门要按规定的人员要求按时到会，生产处对每天参加会议的单位进行考核。会后参会相关部门，要组织相关人员进行传达。涉及自身业务范围内的，要组织落实，并将执行结果在 OA 上反馈，并在次日会上由任务部门汇报。会议情况由生产处负责记录整理，形成生产调度会纪要，每天在 OA 上发布，生产处依此检查各部门责任落实情况。

五、装置控制管理

（一）控制室管理

公司所有直接用于指挥、控制生产装置运行的各类控制室均实行控制室管理。具体要求如下：

（1）生产控制室操作人员，须保持室内重要设施完好无损、清洁、卫生。有权制止或劝阻任何违反公司规定的行为，必要时有责任向保卫处或公司、车间领导及时报告。操作人员要保持良好的操作姿态；要爱护操作室内的仪表、电器、通信以及其他设备设施，确保其正确使用和清洁卫生；要爱护公物，保持室内及周围分担区域的卫生清洁；严禁在操作台上吃饭、吃零食；严禁在操作台上摆放水杯、饭盒、食品、工具等其他物品；严禁酒后上岗。另外，操作人员应按要求做好操作记录。严格执行交接班制度，包括生产、物品、卫生等情况的交接，并做好记录。对于交接不清，特别是卫生交接出现问题的，由当班班组承担责任。

（2）控制室应设置红线，非特殊情况下非操作人员严禁进入红线内，特许人员例外。特许人员包括：公司领导；联系业务的有关领导及相关管理人员；公司及各职能部门组织的，确有必要进入控制室进行检查的检查人员；必须到控制室办理手续的检修人员；对控制室内的设备设施进行专项检查、维修的专业人员，但必须经所属部门领导同意。外来参观人员，除首长、重要领导外，原则上不得进入控制室。进入控制室参观，必须经公司领导同意。参观主控室，一般应在相关部门或公司领导的陪同下，沿环形走廊通过，逗留时间不宜超过15分钟。

（3）非操作人员因工作需要进入控制室，应与操作台保持一定距离，不得随意翻阅有关记录，不得随意接触室内设施，不得与操作人员闲谈，逗留时间不得超过15分钟，工作完毕应尽快离开。

（4）开、停车及事故、异常处理阶段，任何与开车无直接关系人员不得进入控制室。

（5）对有以下行为的，按严重违纪处理：损坏公物，破坏室内装饰；在控制室内进行口角、打架；无关人员私自进入控制室，不听劝阻。对控制室内发生的违纪行为，当班班长、车间相关领导要视情节负连带责任。

（二）仪表连锁及报警管理

为确保安全、连续生产，需保证仪表连锁及报警系统正常，按设计确定的仪表连锁及其整定值在正常生产时均需投用，操作人员不得任意切除。仪表连锁及报警管理的具体要求如下：

（1）如生产条件发生变化，部分仪表需要长期切除，要由使用车间提出申请，说明理由，经生产处、机动处审核，工艺、设备副总审查，报主管经理或总工程师会签，由仪表车间执行。

（2）在生产出现异常需暂时切除连锁（旁路时间大于1天），由使用车间经生产处、机动处审查审核，报主管经理批准，并办理工作票由仪表人员作暂时切除。在紧急情况下，为保证设备和人身安全，当班操作人员经班长同意后，可以先切除有关仪表连锁，但需及时补办工作票。生产恢复后，由车间提出申请，仪表车间负责恢复投用。

（3）凡是切除或投用连锁均应先办理工作票（紧急情况下，可先行切除，然后补办）。工作票一式两份，一份报送仪表车间，另一份由使用车间保管备查。

（4）所有报警点及其整定值需修改或增加报警点均需报生产处、机动处审核，相关副总审查，经主管经理或总工程师会签后执行。

（5）仪表车间负责公司仪表连锁及报警的安装、投用、切除、调校、维修。生产车间负责所属仪表的使用。在连锁发生故障时，应及时向生产处调度室汇报，并联系仪表车间予以修复。因修理暂时停用期间，操作人员应密切监视、控制生产操作，防止事故的发生。工艺保证真正的连锁条件达到时人为实现相关功能。

六、能源及辅料利用管理

（一）能源利用管理原则

能源指公司外购和经过加工转换取得有用能量的各种资源，如天然气、电力、水、工厂风、仪表风、氮气及各种燃料等。锦天化能源管理的规范性引用文件包括《中华人民共和国节约能源法》、《工业企业能源管理导则》、《企业能源配备与管理导则》、《企业能源平衡统计方法》。

1. 基本原则

公司能源管理实行"集中管理与自主管理相结合"的管理方式，严禁新建技术落后、耗能过高、严重浪费能源的项目，用能单位应严格控制"跑、冒、滴、漏"和违章用能。生产处重点对以下能源消耗事项实施监控：公司耗能较高的设备、锅炉及动能站房的能源消耗；各单位用水、用电、用气（汽）消耗情况；各单位能耗指标完成情况；合理用能。

2. 管理要求

（1）使用管理：新增用能设备、设施，经相关部门审核后方可施工；竣工后，经有关部门验收合格后使用。公司水、电、气（汽）等能源，原则上不得转供外单位使用，特殊情况须经有关部门许可并办理转供手续。

（2）能源计量：用能单位应按国家《企业能源计量器具配备与管理导则》规定配备计量器具，并不得擅自变动能耗计量器具、能耗计量数据及计量设施。

（3）能源统计与分析：用能单位应准确、及时、全面填写各种能源使用情况，建立健全各种能耗统计台账。生产处根据各部门报表对公司能源消耗情况汇总，并做出必要的能源分析，提供相关处室、领导，以便根据能源供应量，均衡组织、调度生产、优化操作。生产处组织相关部门定期开展能源平衡测试工作，掌握能源使用现状。

（4）能源技术改进：各部门的节能项目，应在年末前上报公司，经审查通过方可列入公司下一年度节能技措计划。技术部门（生产单位）应根据公司的实际情况在生产中采用节能高效的先进技术和先进工艺，使用新材料、新型节能设备。

3. 指标监控

生产处根据公司生产经营实际核定用水、用电、用气（汽）及能耗指标，并规定限额，经主管领导审批后，以文件形式下发到各部门。生产处按限额考核，并将考核结果与用能部门经济效益挂钩。

生产处根据生产实际确定公司耗能较高的设备，并建立相关能耗指标和相关记录，设备所在单位负责设备能耗记录和动态监控，同时按生产处的要求上报设备能耗情况。若出现耗能异常情况，生产处应组织有关人员分析原因，确定是否需要采取措施，降低能耗。

生产单位在组织生产时，对耗能大的设备、锅炉及动能站房应做到集中批量、连续作业、均衡生产，控制轻载和能力放空；非生产用能时应本着节约、合理使用的原则。生产处在检查中如发现用能不合理的情况，应向其提出整改要求，对整改达不到要求的，生产处可视情况提出通报批评或按公司有关规定处理。

4. 能耗限额标准

（1）重点单位产品能耗限额。为加强生产装置监管，合理利用、匹配能源，通过对各套装置的调控达到最小的能源投入获得最大的经济效益，锦天化结合《辽宁省产业能效指导目录》与公司装置实际运行状况，制定了重点单位产品能耗限额标准。重点单位产品能耗限额如表2-1所示。

表 2-1　重点单位产品能耗限额

序号	名称	产品限额
19	合成氨综合能耗	1150 千克标准煤/吨氨
37	甲醇综合能耗	1150 千克标准煤/吨甲醇
38	甲醇综合电耗	500 千瓦时/吨甲醇

（2）主要用能设备能耗限额。设备运行好坏直接影响到生产能否运行平稳，加强设备运转管理，提高设备完好率是保证工艺生产的重要前提。提高和保持用能设备高效率可以有效地降低消耗，节约能源。锦天化结合《辽宁省产业能效指导目录》与公司装置设备实际运行状况，制定了主要用能设备能耗限额标准。主要用能设备能耗限额如表 2-2 所示。

表 2-2　主要用能设备能耗限额

序号	设备指标名称	拟定限额
1	锅炉热效率	90.5%
2	锅炉空气系数	1.5
3	锅炉排烟温度	160℃
6	热力管网泄漏率	4‰
21	蒸气加热设备热效率	25%

（二）氮气的使用管理

为了充分、有效、合理利用氮气资源，满足生产、检修需要，保证供求平衡，防止出现氮气系统污染，需要对氮气使用进行精细化管理。按照管理规定，氮气供送单位为水气车间；氮气的使用归生产处调度室统一协调与管理。具体要求如下：

（1）使用氮气，氮气使用车间必须请示生产处调度室，经调度室批准后方能使用。

（2）为保证甲醇罐区及机组油箱安全，空分送出低压氮气压力最低不得小于 0.5 bar。

（3）甲醇压缩机干气密封所用氮气来自 D、E 罐，任何时候必须保证 D、E 罐压力，并保证外送高压氮压力在 8 bar 以上。

（4）需用氮气置换及保护的设备与管线，压力必须低于氮气管网压力，并必须设有防回流设施或预案，以防止物料返入氮气系统。

（5）氮气管网与装置相连的管线不使用时必须加盲板（或双切断，中间导淋开），使用时拆除盲板（或连接倒通位置），使用完毕立刻盲上（或双切断，中间导淋开）。违反操作规程，造成事故，要追究责任人及部门领导责任。

（6）如使用车间用氮气量大于空分氮气产量需动用备用氮气罐时，由调度与水气车间和使用车间共同协商，在最低保留一罐事故用氮量的前提下，调整用户的氮气用量。

（7）装置停车检修期间，为缓解氮气量不足问题，可以从方大集团氮氧车间将氮气引入锦天化，使用前后，必须听从生产处调度室统一安排。

（三）化学品、触媒、分子筛等生产辅材的使用管理

为满足生产实际需要，锦天化规范了化学品、触媒、分子筛等各种生产辅助材料的管理。

（1）采购。每年11月各工艺车间应将本车间所需的化学品、触媒、分子筛等辅材的来年采购计划上报生产处。生产处根据第二年生产计划及设备、原料供应等实际情况，对车间上报的采购计划从质量上及数量上进行审核。经主管经理批准后，生产处将采购计划转给车间及供应处。供应处负责按采购计划购买，确保装置正常生产需要。

（2）使用。车间需要领取时，由车间材料员填写领料单，到供应处领取。车间应及时记录领取时间、物料名称、数量、规格、性能指标、生产厂家、投加时间、投加量，并及时将数据录入MES辅料模块中。若所需辅材使用效果较差，需要变更厂家、产品型号以及数量时，使用车间应打报告给生产处，并写明变更原因及想更换的产品性能指标或生产厂家。生产处审核后上报工艺副总工程师、生产经理批准之后下发给供应处、车间。

七、生产管理考核

锦天化把岗位责任制、岗位交接班、岗位巡检作为生产管理整顿的重点和突破口，生产系统内部积极开展自检自查，对存在问题要认真研究，

落实措施，落实责任人，落实整改时间，在其精益生产和精细化管理考核活动中将生产管理列为考核内容之一，其具体的考核细则如表2-3所示。

表2-3　生产管理考核细则

考核项目	考核内容	考核方法	考核标准
一、装置运行	实现连续运行	查运转记录	合成、尿素、甲醇B级连续100天加20分，A级连续100天加30分（一月考核一次），更高连续目标酌情再加10~20分
二、生产指挥	调度会出席情况	查调度会考勤	迟到一次扣2分，缺席一次扣4分
	调度会决议执行情况	查任务完成情况	不按时完成任务扣2分，没完成且没反馈扣3~10分
	调度会执行情况	查公司总调度记录	不顾全大局、不服从指挥、故意拖延扣5~10分
	调度汇报制度	查公司总调记录及记事	各班长及时、准确报告当班生产情况，发现重大隐患及事故，及时通报，否则视情扣2~10分
	生产过程中出现问题报告及处理相关规定	查公司总调度记录及记事	现场出现问题，由当班人员在处理问题的同时，5分钟内报告相关检修单位及调度室，相关检修单位人员在10分钟内到现场处理，如果在30分钟内无法处理，必须立即通知本单位领导进行处理
			调度室在接到报告后，要认真关注问题的处理过程，视结果决定是否向上级汇报
			如有违反，视造成的后果，扣2~20分
三、节能降耗	产量和消耗水平	按月考核	合成氨产量，在月计划的基础上每升降1%加扣5分
			尿素产量，在月计划的基础上每升降1%加扣5分
			尿素包装量，在月计划的基础上每升降1%加扣5分
			合成氨综合耗气，在考核指标的基础上每升降1%扣加3分
			合成氨综合能耗，在考核指标的基础上每升降1%扣加3分
			尿素耗氨，在考核指标的基础上每升降1kg扣加3分
			尿素包装耗袋，在考核指标的基础上每升降0.01扣加5分
			其余水、电、气、消耗根据指标完成情况分别加扣3分
	优化生产，提出技改建议	按批准后执行情况考核或日常考核	提出对生产优化有价值的合理化建议，对生产稳定运行有利，酌情加1~5分；克服波动，力保装置连续，酌情加5~20分

考核项目	考核内容	考核方法	考核标准
三、节能降耗	能源管理	现场检查	发现有长流水、长明灯、浪费蒸气和乱用电器现象，一次扣2~5分
四、MES执行情况	MES执行情况	查记录	执行MES规定流程，未执行扣2分
	数据录入处理	查记录	及时录入、处理相关数据，未及时录入处理扣3分
五、岗位生产、培训、竞赛	技术培训	现场提问考试	抽查考试各部门岗位练兵台内练兵卡内容，每次抽查3~5名，一人次回答错误扣2分
	岗位练兵	查记录，听汇报抽查	各部门能经常针对不同事故进行岗位模拟练兵，未开展扣3分，开展得好酌情加1~3分
	工艺纪律	日常考核	工艺指标控制不当，影响生产，造成隐患，每发现一次扣10~15分，中化分析漏项、不及时、不准确，每发现一次扣2~5分
	工艺指标合格率	查台账	月指标合格率以95%为基数，每升降1%加扣3分
	生产设备运行管理台账	查台账	未按统一要求建立台账，扣2~4分，台账记录不全面、不真实、不准确，每发现一处扣2分
	生产设备事故、隐患的发现及整改	查事故台账	发生生产事故，一般事故未停车扣10分，中断一个装置运行扣20分，中断两个以上装置运行，每次扣20~50分。重特大事故启动否决机制。3日内不开内部事故分析会总结经验教训，不执行"四不放过"原则扣5分，5日内不交事故报告，每超一天扣2分。及时发现隐患加2分，生产隐患有记录、有措施，缺一项扣5分
	交接班	现场检查	认真执行交接班制度，认真填写交接班记录，记录潦草、缺项、破损、不真实、未签字等，一处不合格扣2分
	岗位巡检	现场抽查	未按时巡检，巡检不认真，出现异常未查出，发现问题未报告、不处理，发现一次不合格扣3分
	全闭环巡检	现场检查	有领导、技术人员巡检路线牌并与时间相对应，巡检一处不到位扣3分
	质监处、电气、仪表配合	日常考核	仪表完好率≥98%，连锁投用率≥98%，开表率≥98%，电气设备完好率≥98%，现场照明完好率≥98%，每降1%扣5分。能够针对《隐患管理办法》，在调度室的统一组织与协调下对各类事故隐患进行整改、预防，并将情况反馈给调度室，不参与、不实施、不反馈、不认真对待，每出现一次扣10~20分。尿素产量在月计划基础上每升降1%，质监处、电气、仪表分别加扣3分

第三章 锦天化公司物资供应与产品运销管理

锦天化为了保证生产维修、大修、技改、新建项目等所需物资的供应，保证全公司的化工原料、各种材料、机电产品、备品备件及技改项目所需设备物资的采购供应，对物资供应审批程序加以规范，加强物资管理，以保证生产经营的顺利进行。

同时，原料加工完成之后，产成品如何运输，产品如何销售，公司如何了解市场，如何了解销售动态，如何了解客户满意度，锦天化制定了完整的产品运输销售管理体系。

一、物资供应管理

首先，锦天化作为一般生产性企业，其物资供应分为检修、基建、技改、办公等几大类，分别有不同的物资管理规定。

第一，公司生产维修、大修、技改、新建项目等所需物资，由相关职能部门负责审核，供应处负责采购、保管、发放。例如，公司年度大修、季度中修、每月计划检修所需物资，各部门分别于每年的 5 月、每季前一个月、上月 25 日以前按规定格式报机动处，经机动处审查汇总，报主管经理批准后下达执行。

第二，凡属生产、基建所需零星应急材料及日常维修用料计划（由于生产经营需要对计划补充或调整），随时报送供应处。供应处本着方便工作的原则，根据所需物资的轻重缓急进行严格审核汇总，报经主管经理批准后执行。

第三，基本建设用料计划，由施工单位根据设计或预算编制，经计财处审查后，由机动处负责审核汇总，经主管经理批准后，报送供应处。

第四，安环处负责提供劳保用品发放标准和非标准劳保用品的发放标准，经主管经理批准后，由供应处按标准采购、保管和发放。

第五，办公用品由公司办负责，各部门每月将办公用品计划提交到公司办，公司办汇总后，经主管经理审批，报至供应处进行采购。

其次，由于锦天化的生产产品的特殊性，根据国家规定的有关定额标准，生产、技术部门负责编制生产消耗定额，根据公司下达的贮备资金计划指标，供应处负责编制相应的供应定额和储备定额，各部门随时掌握定额的执行情况，不断进行修订，使之符合实际，有效控制物资合理供应。在管理方式上，公司物资储备原则上实行一级管理，由供应处负责全厂，各部门零星的物资储备数量和品种，由供应处、机动处、计财处共同核定。仓库管理部门要经常核定库存周转量和储备定额，积极处理超额储备物资和积压物资。

（一）订货采购

订货采购是物资供应的第一步，也是物资供应的核心环节。在此环节，锦天化强调要明确责任主体、强化监管措施、保证采购质量、降低采购成本，要遵循公开公正、比质比价、监督制约的原则，优化进货渠道，防止采购过程中不正当行为发生，加强质量控制和保管。

1. 订货采购的一般流程

锦天化的物资种类包括原材料、辅助材料、备品备件、低值易耗品、办公用品。其中，原材料包括环氧丙烷、编织袋、化学药品（包括化学试剂）、油品等；辅助材料包括生产辅助材料和基建物资等；备品备件包括机械、电器、仪表、分析、计量及工器具、机加工件等；低值易耗品包括日用杂品和五金杂品；办公用品包括整机类、配件附件类。在这些物资种类的范围内，订货采购的一般流程如图3-1所示。

（1）物资计划、审核、审批。原材料——月度使用计划：使用部门应在每月1日前，把下月所需化工原材料用量计划，申报到生产处审核，再由主管经理审批；生产处应在每月10日前，把下月各部门所需化工原材料用量计划报到供应处。年度使用计划：使用部门应在每年1月1日前，把下年年度所需化工原材料用量计划申报到生产处审核，再由主管经理审批；生产处应在每年2月1日前，把下年各部门所需化工原材料用量计划

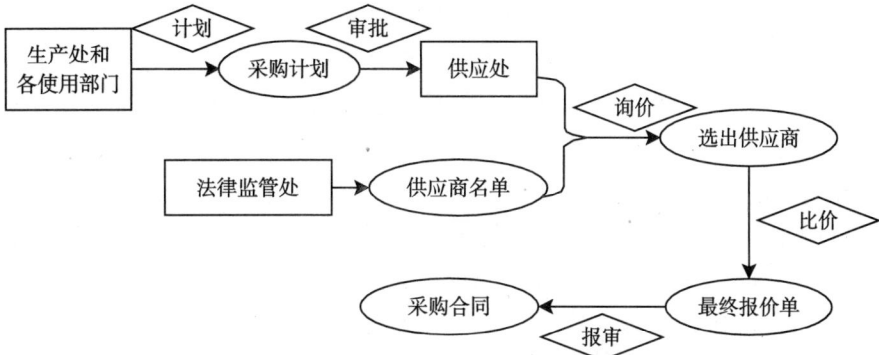

图 3-1　锦天化订货采购的一般流程

报到供应处。

设备、备品备件及辅助材料——月度使用计划：使用部门应在每月 1 日前，把下月检修计划申报到机动处审核，再由主管经理审批；机动处应在每月 10 日前，把下月检修计划报到供应处。年度使用计划：使用部门应在每年年度大修完成的次月 20 日前，把下年度检修计划申报到机动处审核，再由主管经理审批；机动处应在次下月 10 日前，把年度大检修计划报到供应处。

技改技措项目物资——由设计部门制定审核，由主管经理审批后，报到供应处。

项目物资计划——由设计部门或项目办制定，由项目办主要负责人审核，主管经理审批后，报到供应处。

低值易耗品——使用部门应在每月 1 日前，把下月低值易耗品计划报到供应处审核汇总后，申报主管经理审批。

办公用品——使用部门申报计划，经业务归口管理部门审核，申报主管经理审批后，报到供应处。

劳动保护用品及消防器材——季度劳动保护用品，安环处依据定额标准申报计划，经主管经理审批，报到供应处。工作服、鞋类、帽类、雨具由安环处负责申报；消防器材由保卫处负责申报。

零购计划——生产或办公急需的物品，使用部门申请临时申请，经主管经理审批后，报到供应处。但是，使用部门需要尽量减少零购计划，若不影响生产维修的零购计划，主管经理原则上不予批准。

公司各部门物资采购计划按以上程序审批后报到供应处，综合计划组根据计划员的业务分工分割计划，经供应处处长审批后下发给计划员，并跟踪和督办计划的执行，特殊物资综合计划组有权在处长的同意下直接采购。各组按储备定额编制的计划（信息化后系统将根据储备定额自动生成采购计划单）进行统计编制。先报处领导审核，再报主管经理审批后下发到各组，计划员依据审批后的计划实施采购。综合计划组督办计划员的计划执行程度，计划员及时反馈计划进展情况。

（2）询价。各计划员要按综合组下发的经过审批的计划进行采购。同时，供应处的工作人员及公司各部门必须遵照执行供应商目录范围内的指定的单位询价、洽谈业务。超出供应商目录范围的，要按供应商管理规定重新审批。

另外，各组在采购过程中的对外询价单要由主管处长签字认可，询价单格式要按处统一规定执行。各询价单的回执传真、函必须寄到处办公室，后转发到具体人。

（3）比价。比价单必须按采购金额分类，采购最终报价单必须同时间、同地点、相关人员到齐后方能开启。比价遵循的原则是价低、质优。

（4）报审。计划员汇齐《买卖合同审批表》、采购计划单、询价单（报价单）、合同及附件经主管副处长签字、处长签字、法律审计处处长签字、主管经理签字。若金额超过 5 万元或购买物资为固定资产的必须由经理签字。

2. 供应商管理规定

为了建立高效、快捷的采购渠道，以确保公司与供应设备、零部件和原辅材料的厂商保持良好的供需关系，锦天化专门制定了《供应商管理规定》及其细则，同时成立了相应的职能部门——供应商管理办公室，负责组织对供应商的认证和考评活动。供应商管理办公室将认证和考评合格的供应商名单报送公司主管经理、经理审批，通过后可作为公司选择供应商的依据，而只有经过认证和考评合格的供应商才能参与公司的供货（包括招投标活动）。

（1）选择供应商的具体步骤。首先，由供应商管理办公室建立供应商档案，负责收集供应商的相关资料，掌握供应商动态。

其次，对于现有的或潜在的供应商，公司需要进行供应商认证审核。认证评审程序的具体步骤是：①由供应处进行初选，供应处根据市场调研，向供应商了解基本情况，并要求供应商填写调查问卷（见表 3-1），根据问卷及供应商提供的相关资质文件提出初选意见，报供应商管理办公室复审。②供应商管理办公室复审后，原则上要组织考察小组进行现场实地审核，现场考核内容应覆盖调查问卷中的内容，主要包括企业性质、规模、地址、联系电话、现场管理情况、加工工艺技术先进程度、主要加工检验设备、人员状况、产品主要业绩、行业地位、发展趋势等总体情况；还应该包括质量体系情况，如原材料采购、过程控制，产品检验；同时重点核查营业执照（副本）、税务登记（国税及地税）、组织代码、有特殊要求行业经营许可及生产许可。考察小组考察结束后，要及时写出考察报告，（考察报告要明确表达是否建议将其列入合格供应商、是否进一步考评）报供应商管理办公室，并记入供应商档案。③供应商管理办公室根据复审后的资质材料和考察报告初步审核该供应商，报公司主管经理、经理审批后，方可最终定为公司的供应商。

表3-1 供应商调查问卷

供应商名称：_____
地址：_____ 电话：_____
法定代表人（负责人）：_____ 业务联系人：_____
一、供应商基本情况
1. 公司成立时间_____ 注册资本_____ 公司性质_____ 股东（合伙人）情况（如有）_____。
2. 工厂占地_____平方米，建筑面积_____平方米，厂房（自有、租赁）_____。
3. 员工人数___人，其中直接生产工人_____人，各类专业技术人员_____人，高级职称___人，中级职称___人，初级职称___人。
4. 公司组织结构图如下（或附件）：
5. 公司流程图如下：
6. 正常工作___天/周，生产班次___，各班时间___，办公时间___。
7. 主要产品___，产量（前年）___，产量（去年）___，产量（今年）___，平均出口比例。
8. 工厂设计产量：_____，现有产量：_____。
9. 主要客户_____，主要产品_____，年供应量：_____，交货周期（天）_____，所占比例（%）_____。
10. 主要供应商____，供应产品（零部件）____，年供应量____，交货周期（天）____，发货周期（天）____。
二、质量体系
1. 质量方针/政策是：_____。
2. 质量代表及职位：_____。
3. 质量管理体系结构图如下：
4. 是否具有ISO9000认证？若是，附证书。若否，计划何时？
是否获得其他质量体系认证？若是，附证书。
5. 今年的质量目标主要有：_____。
6. 来料检验按标准执行，主要指标有：_____。
7. 过程质量目标为：_____。
8. 有质量实验室否？_____若有，主要设备及检测项目有_____。

9. 通过何种产品认证? _____。

三、生产计划及物料管理

1. 企划部门、生产部门、采购部门、销售部门的关系架构为:

2. 相关人员数: 生产计划____人, 物料管理____人, 客户服务 (订单/送货安排) ____人。

3. 接单、安排生产、交货的主要流程或程序为: ____。

4. 交货时间 (周期): _____。

5. 原材料采购周期____天, 原材料库存____天。 本地原材料采购周期____天, 占____%。进口原材料采购周期____天, 占____%。

6. 是否有最小生产批量? 若有, 为多少?

四、生产技术、工艺水平及工程能力

1. 开发、工程部门的功能、架构为 (或附件): _____。

2. 产品研发____人、工艺____人、过程工程师____人, 其他工程师技术人员 (列名) ____人。

3. 自己设计的主要产品有____, 工具、模具有_____。

4. 主要设计制作的设备有: _____。

5. 产品的开发周期为: _____。

6. 是否有客户参与产品或工艺开发, 如何参与?

7. 是否有供应商参与产品或工艺开发, 如何参与?

8. 主要设计软件及功能: _____。

9. 主要生产设备 (或附件): _____。

10. 设备利用率_____, 设备故障率_____, 生产效率_____。

11. 模具制造维修主要设施设备有: _____。

12. 技术人员年流失率 _____%, 职员年流失率_____%, 工人年流失率_____%。

五、环境管理

1. 是否具有环境方针/政策? 若有简单介绍。

2. 是否有环境管理者代表? 若有是何人?

3. 是否具有 ISO14001 认证? 若有, 附证书; 若否, 计划何时?

4. 今年的主要环境管理目标因素为:

5. 公司的产品设计/工厂建设是否进行环境影响评估? 若有简单介绍。

6. 生产的产品或工艺过程是否含有或使用重金属? 如有含量多少? 如何控制?

7. 公司年生产的产品交货及生产过程中包装材料是否循环使用? 如何使用?

再次, 对已经通过认证、正为公司提供服务的供应商, 公司还需要每年进行考核, 同时对供应商队伍进行优化。考评由供应商管理办公室组织, 考评依据是《供应商考评指标》(见表 3-2), 根据考评表的打分情况分为 A、B、C 三级供应商, A 级为优先供应商, B 级为一般供应商, C 级为不合格供应商。C 级供应商将被淘汰出锦天化供应商队伍。考评之后, 供应商管理办公室要将供应商考评情况记入供应商档案, 公司采购人员只能从公司批准的供应商名单中进行采购, 采购时要遵循 A 级优先于 B 级的原则。若从名单外供应商处采购, 必须经公司主管经理、经理批准, 并经过认证合格后, 方可开展业务。

表 3-2 供应商考评指标

供应商名称：_____ 时间：_____ 得分：_____

项目		基础分	存在问题	得分	备注
质量水平	物料来件的优良品率，8	20			
	质量保证体系，4				
	提供质量检验报告和测试报告，4				
	对质量问题的处理，4				
交货能力	交货的及时性，10	20			
	即时供应能力，6				
	增、减订货的适应能力，4				
价格水平	优惠程度，10	20			
	消化涨价的能力，3				
	自觉降低成本，2				
	接受付款能力，5				
技术能力	工艺技术的先进性，10	20			
	后续研发能力，2				
	产品设计能力，3				
	技术问题的反应能力，5				
后援服务	零星订货保证，2	5			
	售后服务能力，3				
现有合作状况	合同履约率，7	15			
	合作态度，2				
	共同改进，3				
	发票合格、及时，3				
结论					

最后，公司实行实时动态的供应商管理。一方面，公司根据业务发展会从更大范围内确定采购资源，增加供应商数量，逐步优化供应商体系，防止供应商源头成为"死水"；另一方面，除了每年的供应商考评之外，公司要经常对供应商的产品质量进行跟踪检查。包括自检和外委检测，必要时到供应商现场实施督检，对供应商的管理做到第一时间、动态化。

（2）供应商管理过程中需要注意的问题。根据《供应商管理规定》及其细则、供应商管理办公室职责等方面的规定来看，供应商管理过程中需要注意以下问题：

第一，注意审核供应商提供的资质文件。其主要有：与企业名称相符的有效的营业执照，税务登记证，ISO9000 质量认证证书，3C 认证证书，压力管道元件制造单位安全注册证，压力容器制造许可证，工业品生产许可证，企业的设备、场地、人力资源状况和近三年的工作业绩及近期的财务状况。进口贸易代理商要有进口许可证，如代理某一外商产品还要有外商授权证书。

第二，供应商管理办公室复审后，原则上要组织考察小组进行现场实地审核。考察小组视情况由公司的设计、机动、项目、生产、供应、审计等部门有关人员组成。考察之前，由考察小组提出考察方案，报公司主管经理、经理审批后进行。考察结束后，考察小组根据实地考察的实际情况对照考察方案如实写出考察报告，上报供应商管理办公室。

第三，从名单外的供应商处采购，必须经公司主管经理、经理批准。名单外的供应商是指公司的供应商名单中没有供应此类物资的厂商，公司急需购买，或需在更大范围内招标，而需增加的供应商。申请部门应填写《增加供应商申报单》，经公司主管经理、经理批准并经认证评审后，方可进行业务活动。

第四，公司供应商管理办公室、供应处、设计、机动等部门要经常收集供应商信息，使公司不断优化和拓展采购资源，建立、健全公司的供货商体系。

3. 物资采购招投标管理

为规范公司物资采购招投标行为，加强物资采购招投标的监督管理，提高采购物资质量、降低采购成本，保证所采购物资具有较高的性价比，以达到"公司利益最大化"的目的，锦天化根据实际情况制定了《物资采购招投标管理规定》。

（1）招标范围。《物资采购招投标管理规定》限定：估算额度 5 万元以上的所有物资采购（包括物资采购、设备定做、维修、项目施工及工程设计等），均适用该规定，实行招标。生产急需、独家供应的物资采购，不具备条件、无法进行招标时，须物资采购招标工作领导小组批准。

（2）机构设置。物资采购的招投标组织结构包括决策机构、执行机构和智囊团。

第一，决策机构：物资采购招标工作领导小组（以下简称领导小组）是全公司物资采购招投标管理的决策机构，全面负责公司范围内的物资采购招投标管理、监督和指导工作。领导小组组长由公司经理担任，组员由公司纪委书记、生产经理、供应及技术经理、设备经理担任。领导小组的主要职责：认真贯彻执行国家有关物资采购的法律法规、方针政策及集团公司相关管理规定，制定公司物资采购招标管理工作的方针政策；协调、指导和监督物资采购招投标工作；仲裁物资采购招投标过程中发生的各种纠纷；审查各部门推荐的潜在投标人；审定评标委员会组成人员，包括随机抽取的专家评委及其他评委；审批由评标委员会推荐的候选中标人；处理招标工作中违反相关规定的单位和个人。

第二，执行机构：领导小组下设物资采购招标工作办公室（以下简称招标办），主要负责公司物资采购招标工作的具体组织和实施工作。招标办的主任单位是法律审计处，成员单位是供应处、机动处、生产处、设计处、总工办、安环处、其他相关业务管理职能处室及（临时）项目部。招标办的主要职责：认真贯彻执行公司关于物资采购招投标工作的有关方针政策，在领导小组领导下，协调组织公司物资采购招投标工作；做好物资采购招投标的各项工作。包括初选潜在投标人、组织编写招标文件、向潜在投标人发送招标资料、接收保管投标文件、组织开标和评标、发送中标通知书等；组织召开招投标相关会议；定期向领导小组汇报招投标工作的开展情况；选取评标委员会成员，报领导小组审定。其中，专家成员在专家库中随机抽取。

第三，智囊团：锦天化从自身情况出发，在招投标的决策机构和执行机构的基础上，还增加了智囊团——招标评委专家库。评委专家库组成人员由招标办提出，领导小组审定，每年调整一次。其组成人员要求：公司在职的技术人员和管理人员，具有高级职称或同等专业业务水平；政治素质高，能做到严谨细致、求真务实、勤奋敬业、廉洁奉公、秉公办事；了解国家和有关部门关于招投标的法律、法规，熟悉公司的相关制度和程序；掌握公司生产装置工艺技术和设备情况，专业理论知识系统扎实，具有丰富的实践工作经验。

（3）招投标组织与实施。

第一，立项。业务管理部门在接到经正常审批达到招标条件的采购计划后，通报法律审计处确认，报领导小组批准后，该招标采购计划立项。

第二，招标书的编写、审核和批准。招标书中技术部分由提出采购要求的部门（或相关业务主管部门或专业副总工程师）负责编写，相关业务主管部门指导，专业副总工程师审核；招标书中商务部分由相关业务部门负责编写。法律审计处负责将技术和商务部分汇总、整理，统一把关，报领导小组审查批准。

第三，选定潜在投标人。根据招标书的要求，领导小组、招标办的组成人员及提出采购要求的部门均可以推荐潜在投标人。对被推荐的潜在投标人，招标办组织资格审查合格后，报领导小组审定。潜在投标人必须超过3人，纪委监察处代表监督潜在投标人的选定过程，任何人不得对外透露潜在投标人名单及相关信息。

第四，招投标文件的发放与接收。由招标办统一向潜在投标人发出招标文件（含招标邀请和招标书），并负责在投标截止日期前接收并保管投标文件。开标后，投标文件正本存档在法律审计处。对招标文件的解疑和澄清，（重大事项报请领导小组同意后）由招标办以书面形式统一向所有潜在投标人发出。

第五，开标、评标、定标。

开标：开标应当在招标文件确定的提交投标文件截止时间（后）进行。开标由招标办负责，具体是法律审计处主持、相关业务部门等招标办组成单位代表参加、纪委监察处代表监督。经招标办同意，投标人代表可以参加。

评标：招标办推荐的评委（含专家评委及其他评委）经领导小组审定后，组成评标委员会，一般为5人以上单数，其中各类专家占评委会2/3以上，评委会组成人员在评标前临时组成，招标书编写人员原则上不进评委会。另外，纪委监察处至少有1人参加评标会议，其主要职责：对评委会工作的全过程进行监督，确保招投标结果的公正性；对营私舞弊行为，有权提请领导小组进行处理；发现违规现象，随时有权提议并终止评标活动。

中标：由招标办以书面形式将评标会议情况向领导小组汇报。评标委员会推荐的候选中标人经领导小组批准后，确定为中标人。对于标的数额较大或社会影响较大的项目，还需经理办公会议正式通过。中标人确定后，由招标办向中标人书面（包括传真、电子邮件等）发出中标通知书，并同时将中标结果通知所有投标人。

（4）合同的订立和履行。中标人接到中标通知后在规定时间内须根据招投标文件内容，依照《中华人民共和国合同法》签订合同，对于技术复杂的项目，应另外签订技术协议，技术协议的谈判和签订由提出采购要求的部门或业务管理部门或专业副总工程师负责。合同签订后，中标人应严格履行合同规定，不得转包。如发生突发事件不能履行合同时，应及时通知招标办，由招标办向领导小组汇报，重新选定中标人。

（5）处罚原则。对于内部职工，如果玩忽职守，工作失误，给公司造成经济损失和不良影响的，按相关规定对责任人给予批评或经济处罚。参与招标人员利用职权营私舞弊，一经查出，按有关规定从严处理。

对于投标人，如果不如实填写投标申请书，弄虚作假，虚报物价以及串通作弊，抬高或压低标的价，采取不正当竞争手段的，取消其投标资格，并且不准其进入锦天化公司物资供应市场。给公司造成经济损失及不良影响的，还要追究其法律责任。

4. 物资采购责任追究制度

为监控公司物资采购行为实行的全过程，锦天化制定了《物资采购责任追究管理规定》，要求公司范围内所有发生公款采购行为单位的物资采购计划从编制到采购必须按有关标准和规定执行，否则将受到惩处，具体如下：

（1）物资采购全过程都必须明确领导责任。从部门领导到公司领导要层层把关。按职权范围审查、签字，手续必须齐全完备。不允许漏报、漏审、漏批现象发生，否则将追究失职、渎职责任。

（2）物资采购必须经法审处审计，办理市场准入手续后方可采购，否则视违规行为追究责任。

（3）凡手续不全者，法审处不准办理市场准入手续，否则要追究其责任。

（4）凡不办理市场准入手续，计财处不准付款，否则要追究计财处的责任。

（5）为提高物资采购透明度，法审处有权了解索要购销合同或协议。调查价格时，物资采购人员必须如实反映供应商的情况，为法审处提供方便，若不如实反映情况，要对其进行批评教育，对严重者提出离岗、下岗处理建议。

（6）对大宗价值高的材料、设备、备件等必须按公司规定实行招标、竞标采购，对低值易耗品按有关规定采购。

（7）因检验人员失职、渎职给公司造成损失，将追究责任人的责任。

（8）加强入库管理，手续不全不准入库，否则追究保管人员的责任。

（9）因违纪、失职、渎职给公司造成较大经济损失的，纪委、监察处有权组织有关人员和部门进行鉴定（性能、质量、型号、价格），为查处提供依据。

（10）按"谁采购，谁负责"的原则，采购中严重违纪，给公司造成损失或有损公司形象（如失职、渎职、贪污、受贿等）要追究个人责任，以错误的性质、程度对党员、干部按照《中国共产党纪律处分条例》中经济类错误第44条的有关规定和公司《党风廉政建设责任制》的有关规定进行处理。触犯法律构成犯罪的交司法部门处理。对其他干部和工作人员的违纪行为按《中华人民共和国行政监察法》和公司《行政监察工作暂行条例》的有关规定处理。

（二）入库

为规范物资采购过程质量检验或验证，提高公司物资入库检验工作的管理水平，锦天化制定《物资入库检验管理规定》。

1. 一般物资的入库管理

供应处负责物资入库的检验，质监处负责化工材料、机械用油的复检。

（1）检验程序。检验员要根据采购计划，按计划员的要求，对到货物资按程序进行检验。

第一，验收准备。确定物资的存放地点，准备必要的检验工具，收集验收的凭证和相关资料。

第二，审核证件。对有关供货凭证和资料进行整理和复制。

第三，外观检查。包装物资是否完整，标志是否清楚，有无损伤、腐蚀，有无污物和泥土。

第四，实物验收。根据物资的属性、特点、来源等情况，对物资的数量、质量、性能和化学成分等方面进行验收。

第五，建账立卡。经验收后的物资，检验员立即填写"检验通知单"，质量、数量合格无误的物资凭"通知单"办理入库。不合格的要填写退货或索赔记录。要求仓库保管员记好验收台账。

（2）检验方法。由计划员通知检验员汇同负责的保管员到指定地点进行检验。

第一，外观检验。核对数量必须有2人以上在场，核对数量可采用抽查办法；低值、易耗、易碎的物品，如发生破损（以包装单位计算）

50％，整个包装单位退换；外观发现破损的物资要优先验收。

第二，特殊物品的检验。对特殊设备、精密仪器仪表的开箱检验，要有使用部门一起检验；贵重的物品及毒、麻、腐蚀性物品的检验，由供应处通知公司保卫、安全部门参加；专用物资的验收，通知专用部门派人参加验收。

第三，性能检验。钢材的机械性能和化学成分必须抽检，取出的样品按"材质证明书"的标准到权威部门复检，质量证明以复检为准；水泥、木材以外观抽检为准；保冷、保温材料可抽检；化工材料、机械用油的检验，由计划员通知质监处复检，验收员凭质监处报告，填写"检验通知单"；阀门、管件、高强度螺栓的检验按程序办理；需到厂家进行机加产品、机组转子的动平衡、高压安全阀、设备的检验必须有检验员参与，并认真配合专业厂家。

第四，特殊情况的处理。国外进口的"备品备件"，发生破损和质量问题，应立即通知商检部门确认；生产和基建急需的物资，可先行发放使用，暂不检验。但必须经技术部门、供应处处长和主管经理同意方可放行，质量和数量情况由使用部门签字反馈。如事后检验结果不合格，立即停止使用。

（3）随机资料的管理。检验人员要认真填写检验记录，记录必须妥善保管。贵重、关键、精密设备及大机组转子要建立必要的"库存设备档案"，"库存设备档案"在该设备发出时，一并转交使用部门。经过检验的设备（或该批原材料）及其他物资，凡涉及的相关资料，该建档的要妥善保管，该转交的要互相签字。如钢材的"质保单"，油品的"质检报告"转交保管员留存，随出库物资发出。

2. 化工原料及液体的入库入厂管理

供应处检验员负责外观、数量、供货凭证等验证；质监处负责采购化工原料的理化指标分析。与一般物资相比，化学原料及液体入库管理有以下特殊性：

对于化工原料，验收员凭"MES"系统检验结果进行检验。物资进厂后，检验员应根据实际情况，通过"MES"系统通知质监处对入厂化学原材料进行检验、分析。其中包括：外观检查——包装是否完整，标志是否清楚，有无损伤、腐蚀，无污染物和泥土；实物验收——根据物资的属性、特点、来源等情况，对物资的质量、性能和化学成分等方面进行验收。

对于罐车运输的液体物料，首先要通过公路衡检斤系统，由公路衡管理部门发出重量清单，然后再经过罐区的质量流量计计量。运输车辆出厂要出示公路衡管理部门发出重量清单并留门卫处（保卫处）。接受液体物料的车间要有车次记录，每半月由公司审计处、供应处对公路衡检斤、质量流量计计量、门卫保留公路衡管理部门发出重量清单以及车间的记录对照确认数量。如果数量不符，须马上查清原因。

对液体原料的入厂管理具体要求如下：

（1）明确责任。机动处作为计量工作的管理部门，负责对检斤过程和结果进行认定；供应处负责物料进厂的相关联系和引领工作，全程陪同并对物料的检斤结果、分析结果等进行认证；运销处负责轨道衡、汽车衡的日常操作与管理，对物料的检斤结果负责；质监处对进厂物料取样分析结果负责；保卫处按规定对进、出厂车辆及人员进行安全教育和检查；相关车间负责进场物料卸入储罐的规定操作。

（2）检验流程。①进厂检查。接供应处通知（长期供应的物料可以告知进厂的频率），液体原料运输车凭供应商开出的检斤单经过保卫处门卫安全检查，对车辆、司乘人员的安全状况，各种证件检查完毕，按规定进行教育、登记后，运送液体原料车方可进厂。②质量检验。上述工作完成后，由供应处通知质监处对物料进行取样分析，证明其符合规定后开具报告单，如不合格，按相关程序处理。③初次检斤。液体原料检斤由运销处、机动处负责，供应处计划员/检验员与机动处计量员一同带车到运销处第一次检斤，按相关要求在相关记录上记录并共同签字。④卸车。检斤后将供应处人员将车带到所用原料车间与车间接收人员做好交接。车间根据供应提供的检验结果，对物料种类、数量进行确认后，按照有关规定进行卸车。⑤二次检斤。液体原料卸入储罐时相关车间人员、供应处计划员/检验员、机动处计量员共同到现场确认，卸车完成后到运销处二次检斤，记录检斤数据并签字。供应处对净水量与供应商提供的净水量进行比对，如果误差在 0.5%（或商业允许的差量）以内，则认可供应商的量，否则应该与之交涉，并将最后结果作为入库量入库，如图3-2 所示。

（3）注意事项。在检斤过程中由检斤人员先将供应商提供检斤数据录入公司局域网，再将检斤数据录入公司局域网，若发现问题及时同供应处计划员/检验员取得联系。供应处、法审处、计财处、使用车间等部门需

```
┌─────────────┐      ┌─────────┐      ┌─────────┐
│ 供应处       │      │ 保卫处   │      │ 运销处   │
│ 采购计划员/  │ ───► │ 门卫     │ ───► │ 检斤员   │
│ 检验员       │      │ 安检     │      │ 检斤（1） │
│ 联系业务     │      │         │      │         │
└─────────────┘      └─────────┘      └─────────┘
                                            │
                                            ▼
┌─────────┐      ┌─────────┐      ┌─────────┐
│ 保卫处   │      │ 运销处   │      │ 相关车间 │
│ 门卫     │ ◄─── │ 检斤员   │ ◄─── │ 接收原料 │
│ 安检     │      │ 检斤（2） │      │         │
└─────────┘      └─────────┘      └─────────┘
                                            ▲
                                            │
                                 ┌─────────┐
                                 │ 质监处   │
                                 │ 化验员   │
                                 │ 取样分析 │
                                 │ （抽检） │
                                 └─────────┘
```

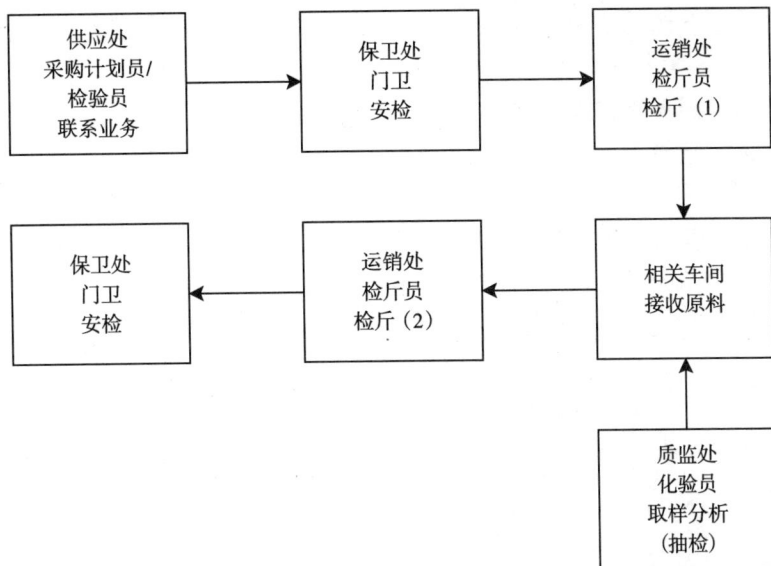

图 3-2 液体原料进厂程序

要了解相关数据，可通过公司局域网查询。液体原料检斤数据因计量或网络因素不能录入公司局域网时，要及时向运销处处长汇报，出具手工检斤单，由运销处处长签字确认。供应商检斤与运销处检斤每车误差应少于0.5%，如每车超过误差，供应处要与供应商协商解决。

（三）仓库保管

仓库是储存物资的场所，除了一般的库房以外，还有露天置场。做好仓库保管工作，是物资供应管理的重要组成部分。

1. 库房管理

由供应处负责所管物资的验收、入库、保管、记账和发放工作；负责所管物资的定期盘点，及时盘盈盘亏，努力减少库耗，做到账、物、卡、资金"四对口"，巩固和超过行业一类库标准；加强库区"四防"工作，保证库区作业安全；负责送料、搬运和库房卫生、对废旧物资及时清缴。

（1）日常管理。

第一，仓库辖区之内必须严格警卫制度，配备必要的消防器材，严禁烟火。对于化学易燃、易爆、剧毒物品做好标志，严格管理。

第二，仓储的物资必须按不同材质、规格、性能和要求分类存放，做到分区、分类、分库别；公司内库房编号不准重复，编号的库房内，区号、架号、层号不准重复。

第三，仓储的物资尽量做到"五五摆放"、"四号定位"、"前整后零"或"后整前零"。

第四，库容、库貌整洁卫生，库区无杂草、垃圾，货架无灰尘、杂物。

（2）保管员职责。保管员的工作就是确保仓库和料场的工作标准化、规范化，及时发现问题解决问题，超出职权范围的要向处长报告。具体职责包括：

第一，把核实的储备定额输入供应处微机（ERP）系统，库存数字在ERP系统随时保持显现并查询清楚。

第二，保持账、卡、物、资金四相符，做到日清月结，永续盘点。

第三，经过验收的入库物资，必须按照先进先出的原则；待验收的器材一般不准出库，确因生产基建急需，经主管处长批准才能发料。

第四，随材料或器具设备附带的说明书、合格证及化验单，保管员必须向质检员移交清楚。

第五，保管员每天必须坚守岗位，（除正常发料）到仓库巡检。不发料（上班后，下班前）每日也要至少检查仓库两次。

（3）仓储物资的记账和数据处理。

第一，验收过的物资必须建立验收账。已办入库和经过签发领料单领出的物资，必须立即进行数据处理；当日发生变化的数据，当日输入微机，原则上不超过48小时。月末稽核做好微机账表。

第二，保管员留存的单据及必要凭证，必须数据准确，清楚无误，不准涂改和损坏。每月装订后的传票，妥善保管，已备核查。

第三，利用ERP系统办理出入库手续，必须进出平衡，特殊情况下的入库可以将数据分割或暂估处理。

（4）物资的退库。领用出库后的物资，原则上不准退库，但经领导（供应处主管领导）批准，确需退料的，可以在物资原属性不改变的情况下办理退库。物资的原属性不改变是指出库领料时的原貌不变，外形几何尺寸无差异，内在属性不发生物理或化学变化。

2. 露天置场管理

露天置场是库房的延伸，其管理规定包括：

（1）露天存放物资的场所，没有主管保管员的允许，严禁无关人员进入。露天置场内物资必须确保安全、防火、防盗、防事故。

（2）露天置场物资的堆放位置必须由仓库管理人员指定。

（3）露天置场物资的堆放一旦成行，不得任意挪动或取消，不经仓储管理人员同意，发生意外，按情节轻重给予处理或处罚。

（4）露天置场存放的物资要做好上盖下垫，必要时做好防腐处理。

（5）出入露天置场的物资，无论是人工作业还是机械作业，必须保证人身和物资本身的安全。

（6）露天置场是经公司批准的指定场所，任何单位和个人不得挤占和作为他用。

（四）物资处理

为保证物资供应、合理保留库存储备物资，有必要定期进行物资清理，对积压物资进行有效处理；同时，为规范废旧物资管理，充分利用废旧物资，确保公司循环经济的有效性，应推行物资回收处理。这两方面是锦天化物资处理的重要组成部分。

1. 积压物资处理

供应处仓库和露天置场储存的物资都可以进行积压物资处理。具体要求如下：

（1）仓储物资的报损原则上年终执行一次，必须经供应处处长签字报出、公司经理审核批准。

（2）审核批准的报损物资，按批准的（计量单位）数量从保管账目中冲销。

（3）经过报损，履行手续的报损仓储物资不准存放在原仓库位置，必须移放到专用仓库存放，严防流失。

（4）报损物资属于可利用的，处置按照《物资回收处理管理规定》执行；不可利用的，处置按照《固体废弃物管理规定》执行。

2. 物资回收处理

（1）凡生产维修、技措、安措、大中小修、基本建设用后的残次、变质物资，包括器材、边角余料、拆换下来的备品备件、仓库积压物资；固定资产（包括机械设备、房屋建筑构件）拆除或更新的残次旧设备、材料经主管部门决定批准报废的；领新交旧的材料、设备，如轮胎、皮带等；

检修车间机加工所处理下来的废料；设备维修所产生的及处理地沟回收的废油；合成车间、甲醇车间运行到期并换新催化剂所置换下来的没有利用价值的旧催化剂；等等，只要有再生、修复利用和售出价值的废旧物资，都可做回收物资处理。

（2）公司所有废旧物资都要经过有关部门确认为不可再利用后，由公司供应处统一处理，公司内部任何部门不得自行处理。

（3）质监处对由机动处、生产处、相关车间共同认定是没有利用价值的废油品进行分析确定其油品含量，安环处和市环保局沟通并将出售的废油数量上报市环保局。生产处、相关车间认定是废旧催化剂的，由安环处与市环保局沟通并将售出废催化剂的数量和种类上报市环保局。由供应处选择买方并与法审处确认相关的资质材料，通报相关单位。由法审处、纪委、供应处负责根据质检处的分析油品含量的结果及报废催化剂的种类确定招标底价。法审处、供应处组织招标。公司决定处理的废催化剂经供应处办理三联单，由保卫的主管经理、经理审批后方可出厂。

（4）供应处对废旧物资的回收管理必须明确责任，严格物资管理程序，有明确的账物记载和财务、审计稽查制度。

（5）大宗的废旧物资库存及销售实行 ERP 系统、局域网公开。

（6）废旧物资的调拨、对外销售处理，在公司主管经理、经理的审批后进行，其制定价格、出厂检斤，在计财处、法审处、保卫处等监督下进行。

（7）需要返回供货单位的而且暂不能对外销售的物资及包装物，由有关计划人员提供清单，办理手续，组织联系发运。

（8）处理废旧物资收回的资金，供应处做好明细清单上缴计财处，视额度对相关部门给予一定金额的奖励。

二、产品运销管理

（一）产成品入、出库

1. 产成品入库

（1）对尿素产品：成品车间与运销处按成品包装班次每 8 小时办理一次入库手续，包装量与入库量双方均要做好记录，所有包装秤及计数器的数据不允许清零，应该一直累积。将所有包装线的包装秤以及计数器的底数按线分别记录，注明所包成品类别及包装规格，如果每条线两个计数结果偏差小于 1‰，入库数量以成品包装电脑计数器数量为准，否则，由计量部门认定标为准，每班认定的数据应该在特定的表格上由成品及运销（计量部门认定的还应该由计量人员）签字确认。MES 中也应设计相应的表格以录入各表底数。对于装卸过程中出现的破包，由运销处和成品车间共同确认，由机动处计量员监管，将其返回散装库。

（2）对其他产品：甲醇、丙二醇、碳酸二甲酯，保持计量表的累积功能，不许清零，需要与运销交接的要仿照尿素产品进行，运销自己包装的产品要做到每班与下班交接。桶装物料还应设立站台库，每班交接，运销与计量每天清查。对应的数据还应录入 MES 中。

（3）机动处计量员每日确认一次两个部门的入库情况，对存在的误差要及时查找分析原因。还要建立相关台账，记录有数据。计财处每月月底组织生产处、机动处、运销处和相关车间分别对散装仓库、成品库和站台进行盘存，做好累积包装量与入库量记录。

2. 产成品出库

（1）产成品公路出库：客户应凭发货单提货，提货完毕后及时到站台录入员处录入数据。运销处站台每日公路付货完毕，应将发货单、提货单联集中，与 ERP 系统入库数据进行核对，确保准确无误。

（2）产成品铁路出库：①铁路付货员核对车皮（铁路槽车）、到站、提货单位等按发运计划无误后，提供货位装车或装载液体产品，装车完毕后及时将出库数量及车号录入 ERP 出库系统中，并填写铁运出库单。②站台统计员将前一日付货数量以自提日报表及铁运出库单形式报销售科计划员及统计员。计划员负责依据发运计划核对已付货量。③站台统计员应负责核对铁路运输运杂费结算通知单与铁运出库单的车数和数量。④运销处站台铁路付货员依据公、铁路出库有效单据每日负责盘存。⑤运销处储运科长及统计员依据公、铁路出库有效单据每月负责盘存，运销处销售科计划员及统计员依据销售量及出库量每月负责盘存与站台核对。

（二）产品运输

由于锦天化的部分产成品，如成品尿素及甲醇、丙二醇、碳酸二甲酯等液体产品为危险化学品，为保证产品在装载过程中数量准确、运输安全，产品运输管理显得尤为重要，其管理要求如下：

（1）对于公路运输自提尿素的顾客，由计划员开收款单到计财处交款，收款后，计划员做订单、发货单，站台公路付货员根据计财处盖章的发货单上的产品名称、数量、件数，按照运输车辆的规格组织装车，保证数量准确。

（2）如装载车辆因车体不清洁，易造成货物外包装污染，付货员可拒绝装车。

（3）对于铁路运输的尿素由计划员安排计划，铁路付货员根据铁运科提供的到站、客户名称、产品规格指定货位，保证数量准确，不破损，不污染。

（4）付货员和铁路货运员在装车前检查车底情况，保证清洁，防止污染。对于敞车，做好篷布苫盖工作，防止货物在运输过程中丢失。

（5）奖励与惩罚。无事故、差错发全额奖金。出事故，一般事故扣半额奖金，重大事故扣全额奖金。出小差错扣 1/4 奖金，大差错扣全额奖金，重大损失下岗处理。

（三）产品销售

从锦天化的《产品销售管理规定》来看，产品销售管理包括产品定价和销售合同管理、销售信息管理。但是，从广义的角度看，销售管理还包括销售前的市场调查及销售后的客户服务等内容。

1. 产品定价管理

（1）定价。计划员通过各种渠道（网络、协会、电话咨询、相关客户沟通等）了解市场信息。在运销处每日调度会上将信息情况详细说明，同时运销处科长、处长等相关领导对产品价格走势及市场情况要及时掌握，准确了解，与计划员一起对产品的价格根据市场情况做出准确定价，并由计划员通过 OA 上报价格委员会进行审批、执行。同时填写价格审批表，按要求签字，不能及时签字者，事后补签。

（2）调价。每月初由财务处核算产品成本，销售科计划员向财务处咨询产品成本情况，掌握产品盈亏平衡点。当产品价格接近盈亏平衡点并有低于成本趋势时向公司财务及时发出预告，以便使公司对产品的生产情况及时做出调整。值得注意的是，产品定调价在对外公布前绝对保密，价格调整审批后次日执行。客户货款即便已入公司账户，同样按调整后价格执行，避免产生时差带来的价格损益。

（3）考核。自销产品价格在东北、华北地区同行业中按生产厂家数量（以《中国甲醇生产与市场月刊》提供两地区生产厂家）为依据。年末时，公司自销产品价格在两地区生产厂家所排名次中，居中上名次，计划员奖励 200 元，科长、处长各奖励 200 元。居中下名次，计划员扣 200 元，科长、处长各扣 200 元，同时在处里召开相关人员经济分析会，查找问题，总结分析，制订措施与方案，使价格能够达到合理水平。

2. 销售合同管理

（1）合同签订。①VIP、基盘客户：产品批量销售，按合同审批流程签订合同，并严格执行。合同在执行中一旦发生变更，则按审批流程重新签订合同。②一般客户：自销产品零售时，计划员可根据产品库存情况直接销售。

（2）合同执行。自销产品合同签订后，科长、处长对合同的执行情况进行严格监督检查，直至合同执行完毕。

（3）发货和付货中的合同管理。销售科计划员根据辽河集团的尿素流向计划及公司其他产品销售和约做销售订单，根据销售订单生成销售发货单。站台付货员根据发货单付货，按《产成品入、出库管理规定》出库，计财处根据发货单开销售发票。销售科计划员根据客户提货要求开收款单，收款单经计财处审核后计划员为客户做销售订单，并根据销售订单生成发货单，站台付货员根据发货单付货，按《产成品入、出库管理规定》出库。计财处根据发货单为客户开销售发票。

3. 销售信息管理

为了确保销售信息得到有效的收集、传递和反馈，需要对销售信息进行有效管理。具体规定如下：

（1）由运销处销售科具体负责销售信息的收集、传递工作。

（2）销售信息指通过公司对外网站、电话、传真、访问等渠道获得的与销售相关的信息。

（3）各产品的主管销售员负责本产品的相关销售信息的日常记录，处理工作。如主管销售员无法上班，由指定的代管员负责。

（4）一般的销售信息由主管销售员处理，重大的销售信息由主管销售员以口头或书面形式向上级汇报。如涉及其他部门，运销处应反馈给相关部门，相关部门应尽快给予答复。

（5）所有相关人员有责任保守商业秘密，不得透露可能造成损害公司利益的信息。

（四）市场调查

为确定现有产品营销政策及为开发产品市场预测提供依据，确切把握市场动态，提高营销效率，必须做好市场调查。锦天化开展市场调查的具体步骤如下：

（1）确定调查主体。市场调查工作由运销处组织策划，按需要由质监处、生产处等部门协助完成。

（2）明确调查内容。市场调查的内容是由销售部门开展的对服务方式、市场需求、市场分布、同行业营销动向、促销活动效果等项目进行的信息收集、记录、分析、评价工作。

（3）制订调查计划。开展市场调查前应制订市场调查计划，计划中要明确市场调查的目的、采用的方法、调查的对象等内容。

（4）确定调查方法。市场调查的方法可根据具体情况确定。可采用访问、电话征询、发放调查表等方法。

（5）执行调查步骤。在完成基本的调查信息收集后，每项市场调查具体负责人对收集到的信息进行整理，剔除不可信的、过时的、相互矛盾的信息，然后对资料进行逻辑推理和归纳。每项市场调查完毕后，均由负责人形成市场调查报告。市场调查报告要求数据来源需注明数据出处，内容简明扼要，结论客观公正。市场调查报告书写格式为：①调查题目。

②调查目的。③调查结论。市场调查报告应由销售部门统一编号存档。

（五）客户服务

在如今的买方市场环境下，客户服务在产品销售中的地位与日俱增。为了提高客户服务水平，增加客户信息反馈，必须做好客户服务管理。

锦天化的客户服务管理的各项事宜由运销处负责执行，负责人为销售科长，参加人员为销售科计划员。开展客户服务的具体内容如下：

（1）根据公司的现行销售模式，每季度开展一次服务活动。在销售旺季适当增加服务开展的频率及范围，以便及时了解客户的反应，及时做出调整。

（2）服务主要采取走访、征询等方式。通过电话或传真了解客户的意见及对产品的满意度。

（3）受产品特点及销售模式所限，服务对象一般为锦天化主要客户及部分具有典型意义的小客户，以扩大服务对象的范围，使意见更具代表性。

（4）具体步骤：每年1月，运销处负责制定本年度客户满意程度测量实施计划，与客户保持经常性的沟通渠道，确保客户的意见及建议能够得到及时反馈，充分了解客户的需求。在收集到客户反馈的意见之后及时处理，并将处理结果反馈给客户。通过《顾客满意度调查表》（见表3-3）了解客户对产品的满意程度，提高企业的信誉，赢得客户的品牌忠诚。

表 3-3 锦天化顾客满意度调查表

尊敬的顾客：

您好！非常感谢您使用华锦集团的产品，以及长期以来对公司工作给予的大力支持！

公司长期以来始终坚持着用户至上的原则，持续进行"顾客满意度调查"工作，以利于产品和服务不断改进、完善，从而最终让顾客满意。我们将认真听取您的意见，相信在大家共同的努力下我们会越做越好！请您用几分钟时间对我们的产品及服务做出评价，您的意见将有助于我们改进我们的产品，更好地满足您的需要。

（请将您的相关信息填入以下表格，并在调查项目的选项前"□"中打"√"）

顾客名称					□经销商（盖章） □终端用户（盖章）
联系人		联系电话		调查日期	年月日
调查产品	肥料类	□缓释尿素	□大颗粒尿素	□尿素	
	其他产品	□工业用甲醇	□碳酸二甲酯	□丙二醇	
	注：每种产品填一张表				

一、产品满意度

内在质量	□满意	□基本满意	□不满意
外观	□满意	□基本满意	□不满意
包装	□满意	□基本满意	□不满意
标识	□满意	□基本满意	□不满意

二、服务满意度

产品价格	□满意	□基本满意	□不满意
交货日期	□满意	□基本满意	□不满意
信守承诺	□满意	□基本满意	□不满意
售后服务	□满意	□基本满意	□不满意

三、您对目前产品和服务的总体评价

□满意	□基本满意	□不满意

您认为公司产品最需要改进的有哪几方面（包括技术、产品质量、服务等各个方面，可附页说明）	
您对公司哪方面的工作感到最满意并请说明	

第四章 锦天化公司质量管理与技术创新

质量管理和技术创新是锦天化走好品牌发展道路的"两条腿"。一方面，通过原辅料质量监督、产品质量检验、不合格品管理、包装管理、包装袋及其标志管理来细化质量管理步骤，制定产品质量考核体系来监督管理效果；另一方面，通过不断的新产品研发、新技术研发、新工艺应用、新的研发模式拓展，不断丰富和完善自身的技术创新体系，保护其专利权等研发成果，锦天化在其品牌建设的道路上越走越稳。

一、质量管理

为了保证出厂产品质量满足顾客要求，维护公司和消费者利益，树立企业品牌的良好形象，锦天化制定了完整的产品质量管理规章制度。

（一）产品质量监督检验管理

根据锦天化的《产品质量监督检验管理规定》，需要进行质量监督检验的产品包括公司尿素类、甲醇、碳酸二甲酯、丙二醇、液体无水氨等。由质监处成品检验组对公司所有产品的质量进行检验。具体要求如下：

（1）依据《中华人民共和国产品质量法》、尿素 GB2440-2001、缓释尿素 Q/JTH02.01-2010、工业用甲醇 GB338-2004、碳酸二甲酯 Q/JTH02.03-2010、1，2-丙二醇 Q/JTH02.04-2010、液体无水氨 GB536-88 对产品质量进行监督检验。

（2）监督生产部门贯彻执行国家标准或公司制定有关质量方面的技术标准。

（3）出厂产品以批为单位，依据现行的国家标准及企业标准规定的检验方法检验。

（4）检验结果依据国家标准或公司制定的技术标准要求进行判定。

（5）检验步骤。出厂产品严格执行三级检验（检验、复核和审核）制度，认真填写检验原始记录，妥善保管，并按质量记录要求归档。初次检验合格的产品，在 MES 系统中发布分析结果，根据客户需求出具产品质量合格证。严格执行样品保管制度，对保留样要做好标志，定期检查和更换。初次检验不合格的产品，尿素类的产品重新采样复检；甲醇、丙二醇、碳酸二甲酯等液体产品直接从罐中重新采样复检，复检结果中只要有一项指标不符合标准要求，则判定该批（量）产品不合格。经复检最终判定不合格的产品，要做好不合格品的标志和不合格品原始记录，写明不合格的数量、时间、项目、检验人、复核人、审核人。以 OA 形式通知运销处站台、销售员、运销处领导及主管经理。对检验不合格的产品（批量）应及时标识，并按《不合格品管理规定》执行。

（二）进场原辅料质量监督检验

为了验证原辅材料的特性能否满足生产要求，需要对所采购的原辅材料产品的特性进行检验和监督。此处的原辅料指包括天然气在内的、用于生产工艺的各种化工原辅材料的监督检验及所产生不合格品的处理。具体要求如下：

（1）明确职责。生产处负责原辅材料的审批；供应处负责进厂原辅材料的采购、计量和包装验收及保管工作，对不合格的原辅材料进行标志与登记；质监处负责原辅材料的检验；主管经理负责不合格的原辅材料的审批及使用。

（2）原辅材料进厂管理。①上报。原辅材料的使用部门根据本部门的使用数量按月计划上报生产处，年使用量很少的，可以按年计划上报生产处，经生产处审批，交给供应处。②采购。供应处必须按照生产处所提供的原辅材料的质量标准，依据《供应商管理规定》进行采购，每批原辅材料必须附有生产厂家检验部门的质量检验报告单和质量合格证。③存放保管。原辅材料应按原料品种、等级批次、进厂先后次序分别存放，并按原辅材料储存条件妥善保管；防止相互污染，受潮变质。对要求有储存期限的原辅材料供应处要按储存要求严加保管，并定期通知质监处复验，发现变质及时处理。凡属变质或降级的原辅材料必须与合格原辅材料分开存放。④出库。原辅材料出库后，使用单位应在 MES 系统中查询质监处原辅材料检验结果，详细核对无误后发放。

（3）原辅材料质量检验。原辅材料进厂后，供应处应及时在 MES 系统中生成原辅材料分析计划，并将附有该产品的质量标准（作为检验依据）送交质监处。质监处检验人员接到分析计划后，按《化工产品采样总则》（GB6678-2003）到现场取样。取样时应对原辅材料包装和标志进行仔细检验校对，包装破损影响取样或分析结果的要及时报告；标志不清或标志与物品不符的拒绝取样，并报告部门领导。供应处计划员负责启封包装容器，协助取样。质监处检验人员按照生产处下发的原辅材料检验项目和标准进行检验，并及时公布检验结果。对检验不合格的产品按要求重新复检判定。

（4）不合格原辅材料的处理。原辅材料经分析检验最终判定不合格的，通知供应处单独存放，做好不合格品标志。质监处通过 OA 生成《不合格原辅材料评审处置表》，按不合格品流程进行处理。不过，特殊情况下，不合格原辅材料的处理需要注意以下问题：在特殊情况下（如原辅材料供应困难），不合格的原辅材料必须使用时，需经生产技术部门研究，制定技术措施，并报请主管经理审批后，使用部门方可投入使用。库存变质或降级的原辅材料，需经生产技术部门研究，提出处理意见，报请主管经理批准后方可用于生产，不能使用的原辅材料，必须办理报废手续，由供应处建立变质或降级原辅材料登记台账。

（5）外委检验。进厂原辅材料分析检验种类、项目由生产处视生产情况决定；质监处不能检验的项目，由生产处视生产情况决定，免检或外委检验。催化剂、添加剂等原辅材料，视生产情况由质监处负责外委检验。

（6）奖励与惩罚。进厂原辅材料的计量和包装验收，由于存放不当引起质量事故由供应处负责。未及时通知质监处取样分析或由于质量证明及报告单送交不及时造成漏检引起的质量事故由供应处负责。因原辅材料检验不及时、错检、漏检或误检等，影响生产使用造成损失或引起质量事故由质监处负责。

（三）不合格品管理

不合格品管理包括公司进厂原辅材料、工艺流程产品、出厂产品和交付后出现的不合格品管理。

锦天化对不合格品管理的职能划分：质监处是不合格品控制的归口管理部门，负责化工原辅材料、生产流程产品、成品的不合格品控制的管理工作，组织供应处、生产处、运销处及车间对不合格品进行标志、记录、隔离、评审和处置；供应处负责不合格化工原辅材料的控制；生产处及各车间负责生产流程不合格品的控制；运销处负责不合格成品的处置。在整个过程中，生产经理负责对不合格品的控制情况进行监控，并对其有效性负责。

（1）进厂原辅材料（含油品）不合格。第一，原料天然气进厂后经检验，内控指标不符合规定时，质监处在 MES 系统中及时公布检验结果，并通知主控室、调度室，生产处组织协调，依据组分进行工况调整。原辅材料进厂后经检验确定不合格后，质监处在 MES 系统中及时公布检验结果，并电话通知供应处；保留分析样品以备复检。

第二，供应处接到不合格通知后，对实物单独存放，用"不合格区"标志进行标示。

第三，质监处通过 OA 填写《不合格原辅材料评审处置表》，并通知生产处，由生产处组织评审，按照产品标准和工艺要求做拒收或让步接收处置，处置结果填入《不合格原辅材料评审处置表》，对拒收的原辅材料，供应处与供方协商解决；对原辅材料的让步接收，须经公司主管领导审批后方可实施。

（2）工艺流程产品不合格。依据生产处下发的工艺指标文件来判定检验结果是否合格，如果检验结果不在控制指标范围内时，需要重新取样复检，仍与规定的工艺指标不符时，判该工艺流程产品为不合格品；在 MES 系统中公布检验结果，及时通知相关车间及调度室。

（3）最终产品不合格。第一，成品尿素类产品不合格。首先，依据国家标准 GB2004-2001 检验并判定其成品尿素类产品是否合格，同时必须满足锦天化正品尿素的出厂要求。否则，视为不合格产品。其次，锦天化的正品尿素的内在质量必须与袋子上标志的质量对应，检验中只要有一项低于袋子上标志的品级，即判定为不合格品。对预先知道按不合格品处理的产品，由质检处通知成品按协议品包装；包装过程中任何单位发现不合格品，包括检验或目测，先通知成品停止包装，通知调度做好记录，由质检决定是否改用协议品袋子包装；对已按优级品（或标识的品级）包装，后判定为不合格的尿素，将样品检验结果，质监处在 MES 系统中公布，电话通知调度室并做好记录，保留样品。再次，对于不合格的成品尿素，质监处成品检验员应在站台货位上的明显位置做好"不合格"标志，确定不合格品数量，并根据不合格品的质量情况，对不合格品处理做出判定（返散装库或破包按协议品包装）。最后，对于不合格的成品尿素，质监处在 OA 中及时生成《不合格品评审处置信息卡》，经质监处处长→运销处储运科→运销处销售科→运销处处长→主管销售经理审核，由运销处根据质监处判定结果，对不合格品做出返散装库或破包按协议品包装的处理决定。

第二，成品甲醇、液氨、碳酸二甲酯、1，2-丙二醇（液体）不合格。首先，成品甲醇依据 GB338-2004 检验并判定；液体无水氨依据 GB536-88 检验并判定；碳酸二甲酯依据 Q/JTH02.03-2010 检验并判定；丙二醇依据 Q/JTH02.04-2010 检验并判定。其次，一旦检验发现不合格的产品，质监处在 MES 系统中公布检验结果。最后，质监处在 OA 中及时生成《不合格品评审处置信息卡》，经质监处处长→运销处储备科科长→运销处销售科计划员→运销处处长→主管销售经理审核，由运销处销售科与客户洽谈并签订购销协议（并标明不合格项），将不合格品处置后，填写《不合格产品处置信息反馈卡》通过 OA 传递给质监处。

第三，售后产品不合格。当公司接到客户反馈任一种产品质量问题信息时，质监处领导及时向公司领导汇报信息内容，并立即安排与运销处人员一同到现场确认并做好处理工作，造成质量事故的按照《质量事故管理规定》处理。

（4）协议品管理。除了正品以外，锦天化在生产过程中还会产生协议品。为了严控产品质量，正品和协议品严格分开，分别处理。

尿素产品的协议品包括：整理肥，经过二次整理包装，颜色呈白色或浅色颗粒状含微量杂质尿素；清仓肥，清塔、清仓、清散库等颜色呈白色或浅色，部分粉尘或结晶块状不含（或少量含有）杂质的尿素，或者两种尿素掺混的混色尿素；粉料肥，经振动筛筛分或除尘装置后颜色呈白色或浅色，全部粉尘状不含杂质的尿素；落地肥，接触地面已被污染所收集的颜色呈浅灰色，全部粉尘状含有杂质的尿素；等外品，颜色呈白色或浅色颗粒状，实物指标不符合国标要求未被污染的尿素。

协议品的包装管理：协议品的包装袋由附属公司印制，由成品车间按需求领取。协议品的包装应统一使用附属公司提供的印有"协议品"标志的包装袋，并喷码。协议品包装不得使用正常包装袋子，一律采用协议品专用包装袋出厂。

协议品的销售管理：协议品出厂时站台付货员必须通知质监处专职复核员去站台确认并监装。协议品出厂销售时，运销处应在销售合同中注明销售产品协议，注明销售数量和购买单位，销售购买双方签字盖章，复印件交质监处一份存档，并在交货的同时向顾客提供协议品"产品质量证明"。质监处专职复核员必须填写《协议品联络单》，以确保协议品的质量监督有效执行。

（四）包装管理

为使公司尿素包装质量满足或高于国家标准要求，确保消费者利益不受侵害，创建并维护公司产品的市场良好形象和信誉，特制定包装检验岗位操作管理规定。规定适用于成品车间自检员、质监处中控岗位检斤人员、质监处日勤站台复检检验员、仪表计量处计量班组和机动处电仪科。

（1）职责划分。成品车间自检员包装线上自检、质监处中控岗位检斤人员包装线上抽检和质监处日勤检验员站台复检；仪表计量班负责定期对包装线上的包装秤和电子台秤以及站台电子台秤的进行定期及不定期的校正，做好记录，并把校正结果通报机动处电仪科；机动处电仪科按规定对包装线及站台上的电子秤、电子台秤定期检定，检定不合格的不得投入使用。

（2）检验工具。第一，在成品包装楼定置安放 8 台 60kg 电子台秤，即每条包装线上 1 台，配备标准有效的校正砝码 1 套；电子台秤由成品车间保管维护，由仪表车间计量班调试校正，由机动处电仪科定期检定；由成品车间质检班人员、质监处检斤人员共同使用。第二，成品站台定置安放 2 台电子台秤，标准校正砝码 2 套，由质监处日勤检验人员负责使用、维护、保管。电子台秤每班使用前需注意：检查台秤是否水平，调水平时关闭电子台秤。用标准砝码校秤，如实记录所加砝码重量、电子秤显示值，并计算电子台秤误差，对最终计算结果进行误差修正，原则是"少加多减"。例如，加砝码 40.00kg，实际秤显示 40.01kg，则误差是+0.01kg，在计算结果时应减去 0.01kg。

电子台秤调水平后的允许校准误差为±0.02kg，超过这个范围成品车间检验人员要通知仪表车间校正，如果校正后还超过允许误差，应停止使用，及时报公司机动处电仪科。

（3）控制指标。依据 GB2440 国家标准规定，尿素包装单包净含量为 40±0.4kg，或 50±0.5kg，每批产品袋平均净含量 40.00~40.04kg 或 50.00~50.04kg；上封口要求折边缝合均匀整齐，无断线、跳线，无斜边、无漏料；喷码清晰、准确、易于识别。

（4）检验规则。

第一，成品车间自检。车间自检每小时一次，每次每条线抽检 6 袋。每班在开始包装前要对本班所用的包装袋外观进行检查，剔除不合格的或制作、印刷质量有问题的包装袋，并报质监处。首先，成品自检人员接班后校准电子台秤，确定电子台秤无误时，对包装的包装线开始抽检，抽检结果如果与控制指标不符合，立即通知主控室调整，直至合格为止。在调整期间包出的产品要通知质监处检验人员在站台做好待查标志，以备复核。其次，成品自检人员随时检查包装袋上封口质量，对有跳线、断线或折边缝合不均匀、缝单边的及有漏料现象的包装袋移下包装线，重新处理后方可进入站台。最后，成品自检人员要认真做好原始记录，把本班的详细情况记载在交接班记录上。

第二，质监处包装检验。包括中控检验岗位抽检和日勤站台复检。中控检验岗位抽检：首先，每班检验前，检验人员校准电子台秤，记录校正值，遵循"少加多减"原则，参与结果计算。随机抽取 20 条同规格包装袋称量，求算术平均值，为本班包装平均皮重，结果保留两位有效数字。每条线每次检验袋数不少于 8 袋且为偶数，并隔 5 袋以上抽检。如果检验结果不能满足平均净含量 40.00~40.04kg 或 50.00~50.04kg，立即通知成品质量检验人员及主控室，进行调整，直至合格为止。其次，在调整期间包出的产品在站台做好待查标志，通知质监处日勤检验员复核判定。上封口折边要求均匀平整，无跳线、断线，无漏料；对折斜边，折边有褶皱，缝合单边，漏料，断、跳线等现象视为上封口不合格，计算上封口合格率。最后，每次检验完毕，要认真填写原始记录，及时在 MES 上发布检验结果。在检斤岗位交接班记录上详细记录当天包装情况，包括本班最高、最低及平均净重、上封口合格率以及本班中出现的异常数据，每条线的包装时间、包装量、正常检斤时间段开几条线和电子台秤校正值等。

日勤站台复检：首先，检验人员每日上岗后到站台对前一天的包装货位全面检查。正常情况下，随机随货位抽检3~4袋，如果发现包装重量偏高或偏低现象时加倍抽检，每货位抽检6~8袋，根据指标做出判定；对外包装污染严重的或有破损的要通知站台管理员，禁止装车并将情况汇报单位领导做相应处理；对站台上标有待查标志的包装成品做最终判定。其次，依据GB8569国家标准，每月一次跌落实验，无扒丝，无渗漏为合格。最后，将检查复核情况做好原始记录，最终结果以OA形式报相关技术人员及领导。

（5）不合格包装处理。成品自检人员在包装过程中发现上封口、平均净含量、外观等不合格情况时，如果质监处检斤人员不在包装现场，应及时通知质监处检斤人员，质监处检斤人员要立刻到包装现场监测，组织调整，直至合格为止。在此过程中包装的尿素直接在站台单包单放，然后由质监处检斤人员做好"待查"标识。质监处检斤人员将这种情况及时通知质监处日勤检验员，质监处日勤检验员经复核后做最终判定。对于最终确定为不合格的确定项目、批次和数量，在MES上发布结果，最后由技术员以OA形式通知运销处站台、销售员、运销处领导及主管经理。

（五）包装袋印制、使用、保管、销毁管理

为规范包装袋商标管理，避免出现质量事故，锦天化对包装袋的印制、使用和保管、销毁进行了统一管理。另外，由于锦天化的品牌商标大部分是印制在包装袋上，所以，对包装袋及包装袋标志进行严格管理，其实是一种有效的品牌保护行为。锦天化的品牌保护行为包括：

（1）包装袋的印制和使用、保管、销毁由各个部门分工合作，权责明晰。质监处负责监管包装袋的印制质量。天化公司负责配合质监处监督包装袋标志的印制；天化公司外委印制时需报质监处批准，其与外委承印单位签订包装袋标志的印制合同时，要附加标志的保护协议，及时收回母版，防止标志外流而造成影响。

（2）对包装袋的制作、使用、备案和销毁要求严格。首先，包装袋标志版样制作完成后，必须经过质监处审核并送集团生产运行部备案、批准，方可印刷。其次，印刷完毕的包装袋标志必须经质监处验收合格后方可使用。印刷合格的包装袋标志必须将版样处理说明交质监处备案。其

中，必须在包装袋上标示商标注册标志"(r)"，印制包装袋时必须以核准的文字、图形或其组合为准，不得随意改变。最后，对包装袋进行统一的保管及销毁。锦天化公司建立包装袋出入库制度，建立台账，做好统计、登记。对于一些废旧包装袋标志以及印制过程中出现的残次、不合格包装袋一律予以销毁，并建立台账，以防流失而造成危害。包装袋的印刷原版要有专人管理，制版和销毁要经过锦天化公司经理审批，并存档备案防止流失。

（3）质监处对包装袋的使用行使监督权。其监督范围包括：包装袋质量状况是否稳定；包装袋标志是否按规定印制；包装袋是否在规定的范围内使用；包装袋的文字、图形或其组合是否擅自改动。

（4）对包装袋标志进行档案管理。包装袋标志的档案管理遵循维护资料完整、真实、安全、统一存档、便于利用的原则，按包装标志设计审批稿、包装袋标志物样本（实物版、电子版）等内容分类。包装袋档案相关管理人员对公司包装袋档案严格保守秘密。

（5）品牌营销。包装袋管理人员及时收集国内外相关企业包装袋注册情况、同类产品的包装袋使用情况及国内外包装袋使用战略、策略，以便于公司经营决策层了解竞争对手的包装袋战略、策略和营销战略，制定出适合公司发展的包装袋战略、策略和营销战略。

二、质量考核

在集团总公司开展的"精益化生产和精细化管理"活动中，锦天化因地制宜地制定了"精益化生产和精细化管理"考核体系和考核办法。其中，产品质量管理是一个重要的考核内容。

产品质量管理的目的是持续开展产品质量管理整顿，加强监管力度、严格执行产品检验分析程序，保证产品优等品率达标，杜绝不合格品出厂，维护企业和用户的利益，其具体的考核细则如表4-1所示。

表 4-1　产品质量部分考核细则

考核项目	考核内容	考核方法	考核标准
一、内在质量	1. 尿素车间优等品率≥99.5%	定期分析	依据质监处分析数据优等品率每升 0.1%加 1 分每降 0.1%扣 1 分
	2. 甲醇车间甲醇优等品率≥99.5%	定期分析	依据质监处分析数据优等品率每升 0.1%加 2 分每降 0.1%扣 1 分
	3. 二甲酯车间 二甲酯优等品率≥95% 丙二醇优等品率≥95%	定期分析	依据质监处分析数据优等品率每升 1%加 1 分每降 1%扣 1 分
二、包装质量	4. 车间月平均净重：40.00~40.04kg 50.00~50.04kg	定期统计检查	依据质监处统计月报达到指标加 5 分，达不到指标每超 0.01kg 扣 1 分
	5. 每条包装线平均净重： 40.00~40.06kg 50.00~50.06kg	定期统计检查	依据质监处统计月报达到指标加 5 分，达不到指标每超标一次扣 1 分
	6. 单包净重合格率≥99.5%（49.80~50.20kg）	定期统计检查	依据质监处统计月报达到指标加 5 分，达不到指标每超 0.1%扣 1 分
三、不合格品管理	7. 皮带廊及散装库密封造成不合格、皮带下粉尘、油污对外包装造成的污染，对成品车间处罚	定期检查	每出现一次扣 1~5 分
	8. 不合格品销售信息及时反馈质监处	定期检查	视情况加/扣 1~5 分
四、过程控制	9. 水气车间 精制水：SiO_2 合格率≥99.0% 循环水：总磷合格率≥95% 　　　　余氯合格率≥90% 碱+钙离子合格率≥95% 氯根合格率≥95% 氮气纯度合格率≥97%	定期分析	精制水、循环水氮气达到指标各加 5 分，达不到指标各扣 1~5 分
	10. 合成车间 CO_2 产品含量合格率≥98.5% NH_3 产品含量合格率≥99.5%	定期分析	每项达到指标加 5 分，达不到指标扣 1~5 分
	11. 尿素车间 内在质量：（中控分析数据） 缩二脲合格率≥98% 水分合格率≥98% 粒度合格率≥98%	定期分析	依据质监处质量月报每项达到指标加 5 分，达不到指标扣 1~5 分

注：考核结果用于当月绩效工资的分配，考核分值：20 元/分。

三、技术创新管理体系

为了使锦天化的品牌长兴不衰，除了严格的质量管理之外，锦天化还积极探索新产品的研发、新技术和新工艺的应用、新研发模式的拓展等，取得了不俗的成绩。

锦天化是我国第一个以海底天然气为原料的大型化肥生产企业，总投资 20.1 亿元，设计能力为年产 30 万吨合成氨，52 万吨尿素，其中合成氨装置采用美国布朗公司深冷净化工艺，尿素装置采用意大利斯那姆公司氨气提工艺，整套装置由 DCS 系统控制，具有生产能力大、产品能耗低、自动化程度高三大显著特点，具有 20 世纪 90 年代初国际先进水平。

自 1994 年装置建成投产以来，锦天化获市以上科技成果 17 项；对引进装置进行重大技改 50 余项，使装置产能提高 10% 以上。锦天化利用国内成熟技术新建的 6 万吨/年精甲醇装置，采用酯交换技术建设的年产 1 万吨碳酸二甲酯/丙二醇装置计划于 2004 年 7 月底投产。国家"863"计划产业化项目"缓释尿素"2004 年 2 月在锦天化成功投产，这个产品的投入使用，带来氮肥工业的革命，是农业发展的里程碑。

（一）研发体系

锦天化的研发体系由两部分构成：一部分为锦天化的工程技术研究中心，属于锦天化的内部研发机构；另一部分为辽宁省新型肥料工程技术中心，它由锦天化和中国科学院沈阳应用生态研究所共同组建，是独立的企业法人，如图 4-1 所示。其中，新型肥料工程技术中心以"科技成果产业化、运行机制企业化、发展方向市场化"为核心，采取机制创新与技术创新并重的方针，通过新型肥料技术研究与开发，建设高水平的创新与产业化基地、形成高水平的创新与产业化团队，促进科技成果转化为具有自主知识产权的成套技术和工艺，加快新型肥料高技术的发展。

由于重视产品创新，锦天化工程技术研究中心和新型肥料工程技术中心在产品研发、专利和知识产权申请、实验和生产基地创建、生产线和中试线建立等方面不断突破，为锦天化科技创新不断注入新的活力，如图4-2所示。

```
┌──────────┐     ┌─────────────────────────────┐
│ 锦       │ ┌───│ 锦西天然气化工有限责任公司     │
│ 天       │ │   │ 工程技术研究中心               │
│ 化       ┤ │   └─────────────────────────────┘
│ 研       │ │
│ 发       │ │   ┌──────────────────┐  ┌─────────────────┐  ┌────────────────────┐
│ 体       │ └───│ 锦西天然气化工有限 │──┤ 中国科学院沈阳    │═▷│ 辽宁省新型肥料工程技 │
│ 系       │     │ 责任公司           │  │ 应用生态研究所   │  │ 术中心（独立企业法人）│
└──────────┘     └──────────────────┘  └─────────────────┘  └────────────────────┘
```

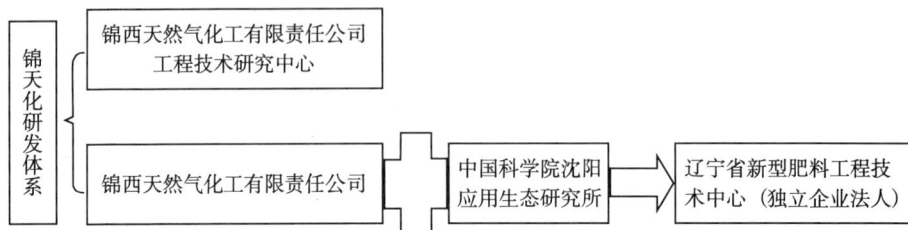

图 4-1　锦天化的研发组织体系示意图

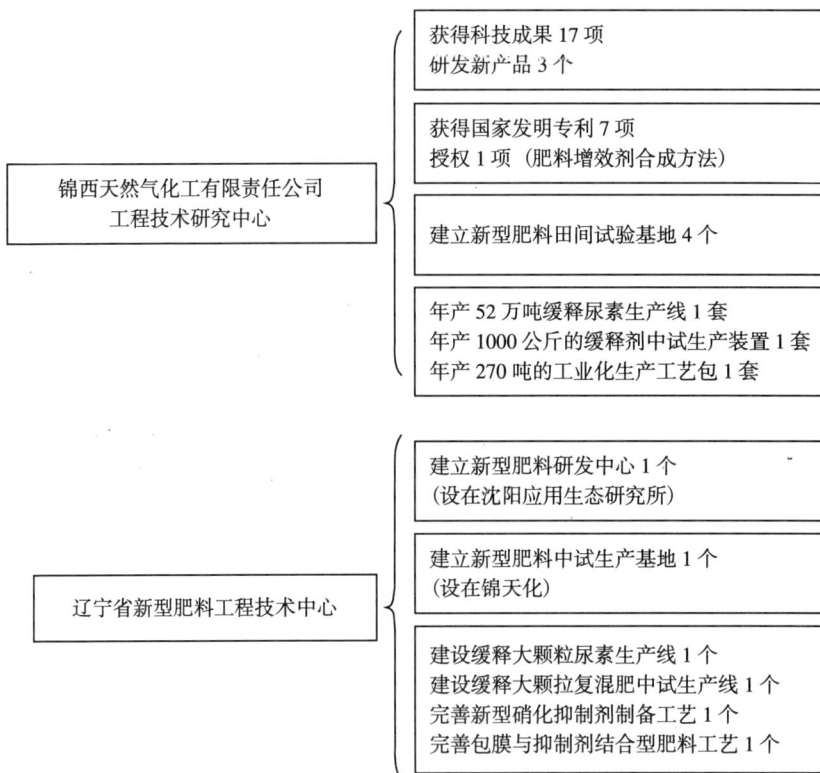

```
                              ┌──────────────────────────────┐
                              │ 获得科技成果 17 项             │
                              │ 研发新产品 3 个                │
                              ├──────────────────────────────┤
                              │ 获得国家发明专利 7 项           │
                              │ 授权 1 项（肥料增效剂合成方法） │
┌──────────────────────┐     ├──────────────────────────────┤
│ 锦西天然气化工有限责任公司 │─────│ 建立新型肥料田间试验基地 4 个   │
│ 工程技术研究中心         │     ├──────────────────────────────┤
└──────────────────────┘     │ 年产 52 万吨缓释尿素生产线 1 套 │
                              │ 年产 1000 公斤的缓释剂中试生产装置 1 套 │
                              │ 年产 270 吨的工业化生产工艺包 1 套 │
                              └──────────────────────────────┘

                              ┌──────────────────────────────┐
                              │ 建立新型肥料研发中心 1 个       │
                              │ （设在沈阳应用生态研究所）      │
┌──────────────────────┐     ├──────────────────────────────┤
│ 辽宁省新型肥料工程技术中心 │─────│ 建立新型肥料中试生产基地 1 个   │
└──────────────────────┘     │ （设在锦天化）                 │
                              ├──────────────────────────────┤
                              │ 建设缓释大颗粒尿素生产线 1 个   │
                              │ 建设缓释大颗拉复混肥中试生产线 1 个 │
                              │ 完善新型硝化抑制剂制备工艺 1 个 │
                              │ 完善包膜与抑制剂结合型肥料工艺 1 个 │
                              └──────────────────────────────┘
```

图 4-2　锦天化研发体系及部分成果概览

（二）人员和设配配备

在人员配备方面，从整个公司来看，锦天化有各类专业技术人员 557 人，占员工总数的 31%，其中博士研究生 1 人，硕士研究生 10 人，公派出国访问学者 2 人，享受国务院政府津贴 8 人，教授级高工 7 人，高级职称 118 人，中级技术职称 197 人。在化工、合成、设备工艺、检测等方面有较深的造诣。

从锦天化工程技术研究中心来看，共有人员 23 人，专业素质较高，其中硕士生 1 人，高级工程师 5 人，工程师 4 人，专业分析人员 13 人，是新型缓释尿素肥料的研发、工艺设计、生产、推广应用的专门技术人才，为今后新型缓释尿素肥料的进一步研发建设了一支专业性人才队伍。

从新型肥料工程技术中心来看，拥有各类研究、工程技术和试验人员 30 人，其中高级职称人员 21 人，中级职称人员 5 人，初级职称人员 4 人，"中心"负责人具有良好的科研和管理背景。该领域研究的科研人员 27 人，其中高级职称人员 17 人（博士生导师 3 人），中级职称人员 6 人，初级职称人员 4 人。

在设备配置方面，新型肥料工程研究中心现拥有一个 $750m^2$ 条件良好的温室，一座面积 $600m^2$ 独立的办公和实验大楼，拥有 HP 气相色谱仪，722 分光光度计，定氮仪，恒温振荡器，原子吸收光谱仪、测土配方分析仪等所"中心"研发工作所必需的先进仪器设备。

（三）技术创新模式

从锦天化的研发体系来看，其科技创新的核心资源除了来源于内部研发机构以外，还和来源于与其他研究所共同组建新的研究组织。锦天化与各大高校有着密切的联系，并且承担了一些国家级、省级项目课题，形成了产、学、研一体化的技术创新模式。

1. 与沈阳应用生态研究所合作

中国科学院沈阳应用生态研究所的优势研究领域是土壤酶学与新型肥料开发，现有"土壤学"和"农业生态学"博士点和硕士点各 1 个，以及博士后流动站。而锦天化的主要经营方向是新型肥料开发与生产，与沈阳应用生态研究所的优势十分契合。

2008 年，锦天化与沈阳应用生态研究所共同组建了"辽宁省新型肥料工程技术中心"，该中心结合双方在新型肥料开发与生产领域具有很强的基础优势条件，拥有标准化的实验室、先进的分析仪器、设备工艺、试验基地等。合作后双方可利用人才、技术及基础条件优势，培养新型肥料研究、开发应用、工程技术、管理等多方面综合人才，为双方的发展提供有关的人才保障。

2. 与高校合作

（1）与沈阳化工学院合作。锦天化与沈阳化工学院合作开发研究了另一种新型缓释剂 DP 工艺合成路线和中试放大工艺技术。在 2006 年成功地开发出新型缓释剂 DP 合成工艺路线，并在实验室合成路线的基础上，2007年将该实验室合成工艺进行了工业化放大，建成新型缓释剂中试生产装置一套，进行了中试装置的试车，成功地生产出新型缓释剂 DP 产品。

（2）与中国农科院合作。锦天化与中国农科院合作建立测土施肥实验室，可以针对不同土壤、不同作物进行测土施肥。

（3）与沈阳农业大学合作。锦天化与沈阳农业大学合作开发东北三省土壤图。

（4）与清华大学合作。2010 年 2 月，锦天化年产 40 万吨大颗粒尿素项目——单套 20 万吨装置投料试车成功，顺利产出合格的大颗粒尿素。大颗粒尿素是尿素的改良产品，具有肥效高、肥效长、施用方便等特点，已成为国际化肥工业的发展方向，同时也是生产复混肥的原料，具有较强的市场竞争力。锦天化大颗粒尿素装置与清华大学合作，拥有自主知识产权，在企业现有合成氨和尿素装置的基础上，对尿素造粒装置进行设备改造，建成单套年产 20 万吨大颗粒尿素装置。大颗粒尿素装置试车成功，标志着该企业产品结构调整取得了新的突破，拓宽了化肥产业链，实现了产品的高附加值，企业盈利能力和产品市场竞争力得到进一步增强。

3. 承担国家级、省级项目

（1）2006~2010 年，锦天化与沈阳应用生态研究所建立合作关系，共同合作建成了"辽宁省新型肥料工程技术中心"，承担"十一五"国家科技支撑计划项目"新型高效肥料创制"之课题"缓释尿素关键技术集成及产业化"，课题编号：2006BAD10B06，已于 2010 年 8 月提前结题并通过国家验收。

（2）现承担国家"十二五"项目"缓释大颗粒尿素及其稳定性高效掺混（BB 肥）肥料关键技术集成与产业化"。

（3）2006~2008 年，承担辽宁省科学计划项目之"缓释尿素"项目，已结题并通过验收。

四、技术创新成果

（一）创新产品成果

1. 成果情况一览表

据统计，2005~2011 年，锦天化在产品创新、技术创新、技术改造和应用等方面取得了较好的成绩，共获得各类奖项 16 项。其中，一等奖 5 项，二等奖 6 项，三等奖 5 项。

表 4-2　2005~2011 年锦天化科技创新成果获奖情况

序号	科技创新成果名称	获奖情况
1	年产 1 万吨碳酸丙烯酯工艺技术的改进与应用	2011 年度葫芦岛市科学进步一等奖
2	大机组润滑油长周期运行研究与技术攻关	2011 年度葫芦岛市科学进步二等奖
3	大型合成氨装置冰机 100C-3 节能改造	2011 年度葫芦岛市科学进步三等奖
4	肥料增效剂 DMPP 合成工艺路线及生产装置的研究和开发	2009 年辽宁省政府科技进步三等奖 2009 年度葫芦岛市科学进步一等奖
5	蒸发系统一、二段分离器内部改造	2009 年度葫芦岛市科学进步二等奖
6	380V 低压变电所电源备自投切换完全自动化	2009 年度葫芦岛市科学进步二等奖
7	肥料企业测土配方施肥的应用与开发	2009 年度葫芦岛市科学进步三等奖
8	合成氨尾气吸收技术改造	2009 年度葫芦岛市科学进步三等奖
9	锦西天然气化工有限责任公司总经理：张世强	2009 年度葫芦岛市科学技术功勋奖获奖单位、个人
10	缓释尿素产业化技术与产品	2008 年国家科技进步奖二等奖 2008 年度葫芦岛市科学进步奖
11	基于 ERP 的企业生产销售计量信息系统研发	2008 年度葫芦岛市科学进步一等奖 2008 年中国石油和化学工业联合会科技进步奖三等奖
12	锦天化成品耙料机自动化改造的研究与应用	2008 年度葫芦岛市科学进步二等奖
13	锦天化循环冷却水提浓和反渗透技术在节能减排中的应用	2008 年度葫芦岛市科学进步三等奖
14	甲醇工艺冷凝回收利用技术研究与应用	2007 年度葫芦岛市科学进步三等奖
15	30 万吨合成氨、52 万吨尿素装置扩产 15% 改造的研究与应用	2005 年度葫芦岛市科学进步一等奖
16	大型空气压缩机段间余热回收技术的研究与开发	2005 年度葫芦岛市科学进步二等奖
17	以国产 DCS 系统取代进口 PLC 系统的研究与应用	2005 年度葫芦岛市科学进步二等奖

2. 重点成果

（1）缓释尿素。化学肥料对我国的粮食生产起到了巨大的贡献作用，大量的研究和统计都表明，化学肥料在粮食单产中的贡献率为40%~60%。但目前我国的肥料利用率较低，氮肥利用率为30%~35%，磷肥利用率为10%~20%，钾肥利用率为35%~50%，平均比发达国家低10~20个百分点。肥料利用率较低可引发系列的能源、环境和经济问题，严重制约农业的发展。缓释化学肥料可明显提高肥料的利用率10~15个百分点，同等产量的情况下可减少肥料的投入量10%以上。因此，研制价格低廉、效果明显的缓释化学肥料，并使其规模化生产，对解决肥料利用率低、减少环境污染、促进农业的发展是十分必要的。

缓释尿素是基于锦天化主导产品——尿素进行的技术创新项目。它作为国家"863"计划的产业化项目，是与中科院沈阳生态所经过多年合作的重大技术创新成果。该产品已被国家四部委联合授予"国家重点新产品"称号和第六届"辽宁省优秀新产品奖一等奖"两项殊荣。缓释尿素具有环境友好、生态安全的特点。一代缓释尿素在东北、华北6省进行了9000亩大面积试验示范，肥效、用肥量和生态环保指标等方面都达到了预期指标。肥效期由普通尿素的40~50天，延长到120天，提高氮素利用率10个百分点，等量施肥增产8%，等产量省肥15%。产品投放市场后，取得了良好的经济和生态效益，因而成为普通尿素的换代产品。

锦天化在缓释尿素的研发和生产上，始终走在同业的前列。2008年，缓释尿素产业化技术与产品获得国家科技进步奖二等奖、葫芦岛市科学进步奖。随后，在原有普通尿素国标的基础上，锦天化建立含有生化抑制剂的缓释尿素企业标准，经过多次的修改完善，2009年，含有生化抑制剂的缓释尿素企业标准得以批准，2010年1月正式实施。

在一代缓释尿素的基础上，锦天化围绕二代缓释尿素的深度研发已取得阶段性进展，公司技术中心完成了第一次测土配方实验，并建成了42个不同地区、不同土壤组分的理化数据库，测土施肥及二代缓释尿素产业化项目正在顺利开展。目前，"缓释尿素"新产品已进行了工业化生产，通过研发部门和生产部门的合作，积累了缓释肥料的研究、生产工艺改造、产品检测、销售和推广应用的一系列经验，为缓释肥料的再研发、产业化都奠定了坚实的基础。目前，二代缓释尿素后续研发课题已被列入国家"863"计划引导项目。

（2）高校缓释剂 DP（又称二代缓释剂 DP）。为进一步提高氮素利用率，减少环境污染，提高锦天化公司的产品质量并增加公司产品多样性，2005 年，锦天化又成功地开发出二代缓释尿素，经试验，其氮素利用率为 50% 左右。当时，由于二代缓释剂 DP 在我国国内没有生产厂家，我国企业只能采购国外产品，然而，进口的 DP 价格十分昂贵，一般每吨在 6 万~7 万元，并且供货也非常不及时。为了降低产品成本，保证供货的及时性，提高公司产品的市场竞争力，2005 年公司决定：自行开发 DP 合成工艺路线，并进行小试、中试，利用小试、中试的经验与数据进行生产装置的开发，从而达到工业化装置开发的目的，实现 DP 产品国产化。

当时，二代缓释剂在国内外都没有生产先例。锦天化只能白手起家，从瓶瓶罐罐开始，经实验室小试，再到中试装置，再放大到生产出合格缓释剂……只能不断探索前进。

在确定了合成路线后，锦天化科研人员开始进行合成路线的优化。

首先，优化原料配比。在合成中，由于原料较多，各种原料之间的反应摩尔比不同，因此按照理论的需求量，锦天化科研人员认真地进行了实验。

其次，优化反应条件。主要反应原料的最佳配比确定以后，进行反应条件的优化成了重点工作。锦天化科研人员先进行常压试验，在常压下通过改变温度，记录下得到产物的不同状态；又在加压及真空条件下通过改变温度，取得了不同的试验数据；最后确定操作压力为常压即可，这样对收率影响很小，而且操作条件比较宽松，对设备材质要求不高，可以降低成本。压力基本确定之后，锦天化科研人员又对温度进行了试验，分别在不同的温度下进行了多次试验，通过数据对比，找到了适宜温度。合成条件找到以后，锦天化科研人员又寻找精馏条件，在进料量、回流比、再沸器、热源等方面进行了试验。把进料分为一次进料和多次进料进行对比实验，确定分为二次进料效果较好；将回流比从 1~5 分别试验，最终确定了合适的回流比；对于再沸器、热源等，为了降低成本，科研人员进行了多次改进，合理调整操作顺序，尽量能够利用系统余热，使路线更趋合理。精馏条件基本确定以后，科研人员又进行了精馏条件优化。在一定的温度范围内进行精馏效果、精馏时间、操作难易等对比，通过数据分析，最终确定了最优的精馏条件。

再次，寻找最合适的干燥方法。干燥主要分为吸滤法、加热法、空气干燥法、机械干燥法等，科研人员需要在众多干燥方法中选择一个最合理的方法。鉴于合成过程的特点及产物的特性，锦天化科研人员初步确定采用吸滤法，经过对比实验，确定了压力条件。

最后，在提高收率上进行了大量的实验。按最初的试验，收率只有30%，锦天化科研人员通过原料配比的改变、操作温度的改变、操作程序的改变等，进行了多次对比试验，找到最佳的反应物料比例与最佳的反应条件的匹配，最后总结出一套比较合理的工艺合成路线，收率达60%左右。在完成实验室工艺合成路线的确定后，锦天化科研人员初步建立了实验室小试装置，检验合成路线的合理性，并生产出产品，纯度达98%以上。

在完成了实验室小试、中试的基础上，根据小试、中试的基础实验数据，锦天化科研人员按照一定的比例进行工业化放大工作，经过几十次的反复实验摸索，最终完成了工业化放大工作。最终，锦天化研究开发的新型肥料增效剂DP的合成工艺技术，具有操作条件温和、易于操作、最终产品纯度高、易于投入大规模的生产应用等特点。与国外同类产品相比，产品价格大大降低，从而可以作为肥料增效剂用于大批量缓释肥料的生产。

经过检索和查阅大量的相关资料，目前我国国内尚无该产品的生产技术和生产装置，在国外只有美国和欧洲极少公司生产，但生产工艺和原料与我国的工艺存在差异。因此，锦天化开发的肥料增效剂DP的生产工艺路线在我国国内尚属首次应用。锦天化开发出的年产270吨的工艺包填补了国内该产品生产的一项空白，同时也解决了锦天化缓释剂成本高的问题，大大降低了成品缓释尿素的生产成本。2007年4月以来，二代缓释尿素在东北三省进行了3000亩的大田示范和小区实验。实验证明，二代缓释尿素的氮素利用率提高了5个百分点，达到54.1%。2009年，缓释剂DP合成与生产装置获得葫芦岛市科技进步一等奖、省政府科技进步三等奖。

（3）液体尿素增效剂（又称一代缓释剂）。液体尿素增效剂指的是一代缓释剂，其和二代缓释剂DP不同的是：二代缓释剂DP是锦天化自主研发；一代缓释剂是沈阳应用生态研究所的专利，在锦天化进行了工业化应用。

应用土壤酶学原理开发出液体尿素增效剂，并用于缓释尿素产业化生产，在当时国内属于领先技术与首例产品。在沈阳应用生态研究所研发出此产品之后，锦天化将其进行工业化应用和规模化生产，在尿素生产装置中增加缓释剂添加系统，其最终生产出锦天化的"拳头产品"——缓释尿素。最终，缓释尿素成为锦天化具有自主知识产权的新产品，性能指标及成本指标均达到了国内先进水平。目前，一代缓释尿素产品还有进一步提高的可能性，特别是在环境友好方面和氮素利用率方面还有很大的"完善"空间。二代缓释尿素在一代的基础上增添硝化抑制剂，使其氮素利用率更高，释放更合理。

可以说，液体尿素增效剂的工业化应用，是产—研模式的典型、优秀案例，使得锦天化和沈阳应用生态研究所实现"双赢"，为两者后来的合作和共同发展奠定了很好的基础。

（二）专利、知识产权情况

锦天化利用内部的研发机构、与外部研发机构共同组建新的研究组织、与高校合作等模式，研制出 3 种新产品（缓释尿素、缓释剂 DP 和液体尿素增效剂）；申请了 7 项国家发明专利，其中的"肥料增效剂合成方法"为锦天化独立所有，已被授权；发表相关专业论文 6 篇。

在其发明的专利中，"肥料增效剂 DMPP 合成工艺路线及生产装置的研究和开发"获得葫芦岛市科技进步一等奖、省政府科技进步三等奖；"肥料企业侧土配方施肥的应用与开发"获得葫芦岛市科技进步三等奖。

（三）建立试验基地、中试线、生产线等情况

1. 锦天化工程技术研究中心的情况

锦天化工程技术研究中心从 2003 年开始与辽宁省土肥总站、黑龙江土肥站、中国科学院沈阳应用生态研究所、铁岭经济开发区农业技推广中心合作，进行新型肥料的田间试验。在缓释尿素的研制和应用推广过程中，建立了试验基地 4 个，年产 1000 公斤的缓释剂中试生产装置 1 套（位于沈阳化工学院），年产 52 万吨缓释尿素生产线 1 套（位于锦天化，已正常生产）。

2. 新型肥料工程技术中心的情况

新型肥料工程技术中心自建立以来，已经建设新型肥料研发中心 1 个，设在中国科学院沈阳应用生态研究所；建设新型肥料中试生产基地 1 个，设在锦天化；建设缓释大颗粒尿素生产线 1 个；建设缓释大颗粒复混

肥中试生产线 1 个；完善新型硝化抑制剂制备工艺 1 个；完善包膜与抑制剂结合型肥料工艺 1 个。其中，大颗粒尿素项目是在现有合成氨/尿素装置基础上，对尿素造粒装置进行改造，投资 2000 多万元，是年产 40 万吨的大型项目。

第五章　锦天化公司设备管理

为了保障生产安全和保证生产运营的顺利进行，锦天化对其生产设备的日常使用、维护和保养、维修和检修有清晰的规章制度；另外，对生产中用到的特殊设备的使用和维护也有相应规定。完整的设备管理体系既是锦天化安全生产的重要保障，也是其精益化生产、精细化管理的核心内容之一。

一、购置和处置管理

（一）购置大型机械设备按照固定资产管理

按照锦天化的《固定资产管理规定》：凡使用期限超过一年的房屋及建筑物、机器、机械、运输工具以及其他与生产经营有关的设备等应列为固定资产。机器、机械、运输工具，包括各种机器、机械、机组、生产线及其配套设备，各种动力、输送、传导设备以及与生产经营有关的设备机具等都属于固定资产。不过，有些设备使用年限短、容易损坏、更新比较频繁，应作为低值易耗品处理，不作为固定资产来管理；另外生产购置的专用工具、卡具、量具、模具、工具性质的仪表、电表、玻璃器具等，虽然符合构成固定资产的两个条件，但均不列入固定资产。在机器设备上装设的电动机，不论规格大小，都同主机一起作为固定资产。备用电动机按具体情况，单独列为固定资产。

设备一旦被列入固定资产，其归口管理部门为机动处，凡需购置、技改技措、调拨、报废、处理的固定资产，均需经机动处办理有关手续。

1. 固定资产的购置、领用

（1）公司所属各部门固定资产更新、改造、采购时，应会同供应处填写市场价格，由需用部门向机动处提出购置申请，由机动处初审，经主管经理审查同意，由公司经理批准后方可购置，固定资产购置需报送集团公司，并列入投资计划后方可执行。

（2）固定资产购置办法按公司有关规定执行，各部门不准以任何理由擅自购置固定资产，否则，公司不予办理固定资产手续，当事人承担全部损失并退货。

（3）凡购置（或技改）的固定资产，都必须有设备制造合格证、竣工验收合格证、安全使用说明书、有关技术图纸和资料档案。采购人员在填写《固定资产登记表》前，应将以上资料图纸交档案室和使用部门，由使用部门确认查收签字，否则不予办理固定资产登记，计财处不予核销。

2. 固定资产的登记入账

（1）对于购置的固定资产（单体设备），由采购人员负责办理固定资产的登记入账手续，且购置价格必须在登记表上写清并附加购置资产的发票复印件。

（2）对于固定资产改良性支出（技改技措）在竣工验收并交付使用一个月内，施工单位根据工程决算书和竣工验收单到机动处登记台账并填写"固定资产登记表"。计财处根据财务制度规定增加固定资产原值，登记台账，同时机动部门按照计财处要求进行资产增加，然后到计财处报销入账。

（3）对于事前需办理借款手续用于购置固定资产的，借款单后必须附有固定资产申请表。

（4）对于新项目及扩建工程的固定资产办理，施工单位在项目竣工验收后一个月内，到机动处办理固定资产登记台账并填写《固定资产登记表》。计财处根据财务制度规定增加固定资产原值，登记台账，同时机动部门按照计财处要求，进行资产增加。

3. 固定资产的出租

（1）公司所有的固定资产对外出租，由固定资产原使用部门报主管经理批准，办理有关手续。

（2）固定资产出租后的维护、保养、检修、检测等工作由租用部门负全责。

4. 固定资产的调拨

（1）公司内各生产车间以及处室单位之间的固定资产调拨，由资产调入部门填写固定资产调拨报告单后方可将固定资产调入，固定资产原所在部门将技术资料、台账、卡片随资产转入新的部门，资产原部门、调入部门、机动处三方签字。

（2）公司对外调出固定资产，一律实行有偿调拨，并由主管经理同意，经理批准，机动处、计财处、资产所属部门共同办理调拨手续。

5. 固定资产的报废

固定资产的报废原则：超过规定使用年限，经大修后技术性能无法满足工艺要求和保证产品质量的；经过技术鉴定，确因粗制滥造，质量低劣，不符合技术要求，生产工艺上不能使用，又不能改作他用，丧失使用价值的；设备虽未达到规定的使用年限，但各主要部件磨损严重，精度差，虽经过多次大修，其性能和精度仍不能满足使用要求的；因工艺改造而淘汰的，不能改作他用又转让不出去的专用设备；制造厂家已经不再生产的淘汰产品，无配件来源，又不易修复的；因发生事故损坏，且无修理价值的；能耗高，技术落后的设备（一年之内浪费能源的价值超过购置该固定资产的费用）；因工艺技术不成熟，工程项目下马停运，今后也不再上马，造成长期积压，又不能改作他用的；设备使用时，严重污染环境，其排污量或噪声都已超出国家规定标准，又无法消除的。

6. 闲置和报废固定资产的调剂和处理

（1）由于更新、挖潜、改造后拆除的闲置固定资产，由使用部门办理退库或原地妥善保管，并上报机动处。需要回收的固定资产由机动处通知供应处负责回收。各部门对闲置的固定资产必须保持主机、附件和零部件的完整，不经机动部门批准，不得随意拆卸，挪作他用，未办理调拨手续，不得擅自处理。已退库的固定资产由接收部门负责保管。

（2）对需处理的闲置和报废固定资产，由机动处、计财处、法律审计处、供应处等研究作价，报经理同意后，交供应处处理。对固定资产的处理，可按同类资产市场价格对外调剂，也可按照公开招标的原则，进入市场，定期统一竞价出卖。

（3）各部门不得以任何理由，擅自处理固定资产。

（二）处置时优先修旧利废管理

为降低生产成本，减少费用支出，鼓励员工开展修旧利废活动，并坚持经常化、制度化，锦天化对废旧设备进行修旧利废管理。

（1）修旧利废的原则。对检修时拆下来的零备件进行修复处理，留做备件使用，充分利用零件的剩余价值。对仓库多年积压闲置的零备件进行修复或改造，使其在生产中能够使用，减少仓库的备件储量，减少积压。对精度要求高的备品，达不到原来精度要求的，可以降档使用。对更换下的化工原料、触媒、填料、油品做好回收，进行作价处理，回收部分资金。在设备维修中要积极学习和应用新技术，应用新的材料和检修方法，提高设备的运行寿命，降低检修费用。

（2）修旧利废的执行机构。锦天化公司成立修旧利废领导小组及专业技术组来进行设备的修旧利废管理。修旧利废领导小组组长为公司经理，副组长为党委书记、主管经理，成员为其他副经理、机动处长、供应处长，下设设备专业组、电气专业组和仪表专业组，由检修车间主任、电气车间主任、仪表车间主任担任专业组成员。此外，还专门设立修旧利废办公室，此办公室设在机动处综合科，综合科长为办公室主任。

（3）修旧利废的工作程序。①凡能够开展修旧利废工作的二级部门，每月 10 日前向机动处修旧利废办公室申报修旧利废计划，主要内容包括：设备的名称、修复的内容、损坏的程度及维修所需备件材料，由机动处认定后开展工作。②各项修旧利废工作的开展，各专业的协调配合在机动处统一组织下进行。③对于修复后的设备备件必须由修旧利废专业管理组确认其是否具有使用价值。对于经专业管理组确认的设备备件，统一放入供应处备件库内保管。备件库要登记建账，并注明维修部门、送库日期。领用时要填写领料单，标明使用部门，并注明是修复件。④对检修中回收的各种化工原料、触媒、油品等，供应处认真回收保管好，按规定处理。⑤经维修过的设备或备件，需经使用部门领出，并经使用验证后才能正式确认其可利用价值。经修旧利废办公室鉴定认可，方可享受经济上的奖励。⑥对于在生产中应用的新技术、新材料，经过生产上的使用，确认达到了节约费用、保证设备安全运行的目的，可以享受奖励。⑦鼓励车间积极回收生产维修、技措、安措、大中小修、基本建设用后的残次、变质物资，包括器材、边角余料、拆换下来的备品备件等，回收后经专业部门确认后能修旧利废按本制度执行，属于本部门不能利用，又有残余价值的废旧物质交供应部门统一处理。⑧对于回收的废旧物资、各种设备，本部门不能利用，又有残余价值的，由专业部门鉴定。由供应处牵头、审计处、纪委参与可作价处理。回收资金上交财务处，作为奖金用于奖励修旧利废先进单位和个人。

（4）奖励与惩罚。①修旧利废奖励的依据是废旧设备备件维修后的实际领用价格，由废旧设备、备件的残值、维修费用组成。领用价格与该设备、备件当前市场价格的差额为修旧利废产生的效益，原则上该效益的20%或30%用于奖励各有关部门。其中，利用本单位自身能力，可得总效益的30%，维修部门（各专业）可得提奖40%，领用车间可得提奖15%，供应部门可得提奖15%，管理部门可得提奖20%，由修旧利废办公室支配其余10%。外委维修的，管理部门和使用部门可得总效益的20%，其中使用部门得50%，管理部门得20%，其余30%由修旧利废办公室支配。此部分奖金考核由修旧利废办公室负责。②经修旧利废管理小组确认，确实没有修理利用价值的废旧物资，由供应部门牵头，审计、纪委参与进行处理，供应处负责做好明细清单上缴计财处，由公司统一分配管理。③修旧利废小组将定期召开例会总结修旧利废工作情况，对于开展不利的部门，在经济责任制考核上给予处罚。具体情况包括：检修更换的零部件，可以修旧利用，没有及时回收、修复，发生丢失或损坏的；各部门零备件积压较多，保管不善发生丢失或损坏的；检修更换下的各种化工原料、触媒、填料、油品，没有及时回收处理好的。

二、识别管理

为了使设备的使用符合规范、减少安全事故的发生，锦天化加强工艺车间设备、管道标志管理，做到标志规范，指示明确。

（1）职责划分。生产处负责对工艺车间缺失、破损的设备、管道标志进行统计、安排刻示喷涂的字模；机动处负责标志喷涂的施工组织管理；各工艺车间负责缺失、破损的设备、管道标志排查、指导和监督喷涂。施工结束后由工艺车间、机动处、生产处共同验收确认。

（2）标志标准。①静设备。色标，灰色或银白色（保温设备不涂色）；字号，根据设备的规格尺寸，按大、中、小号标符号及数字进行标志；注字色标，红色。②动设备。保持制造厂家原有颜色。如有损坏，应及时修补；注字同静设备。③所有设备、管道应按上述要求的色标、注字标准进行标志。

（3）字号标准。450mm\550mm 为大号字；130mm\210mm 为中号字；30mm\40mm\60mm 为小号字。

（4）管道或设备的色标和注字颜色标准如表 5-1 所示。

表 5-1　管道色标和注字颜色标准

序号	介质名称	色标	管道注字名称	注字色标
1	工厂水	绿色	上（回）水	白色
2	生活水	绿色	生活水	白色
3	循环上水	绿色	循环上水	白色
4	循环下水	绿色	循环回水	白色
5	脱盐水	绿色	脱盐水	白色
6	精制水	绿色	精制水	白色
7	消防水	绿色	消防水	红色
8	低压蒸气<1.3MPa	红色	低压蒸气	白色
9	中压蒸气 1.3~4.0MPa	红色	中压蒸气	白色
10	高压蒸气 4.0~13MPa	红色	高压蒸气	白色
11	过热蒸气	暗红色	过热蒸气	白色
12	蒸气冷凝液	暗红色	蒸气冷凝液	绿色
13	工艺空气	深蓝色	工艺空气	白色
14	仪表空气	深蓝色	仪表空气	白色
15	低压氮气	黄色	低压氮气	黑色
16	高压氮气	黄色	高压氮气	黑色
17	二氧化碳	黑色	二氧化碳	黄色
18	甲烷、氢气	杏黄色	甲烷、氢气	蓝色
19	氨吹出气	黄色	氨吹出气	紫色
20	尿液	深蓝色	尿液	红色
21	氨气	黄色	氨气	黑色
22	液氨	黄色	液氨	黑色
23	天然气	杏黄色	天然气	蓝色
24	烧碱	深蓝色	烧碱	白色
25	盐酸	灰色	盐酸	黄色

续表

序号	介质名称	色标	管道注字名称	注字色标
26	可燃液体（油类）	银白色	可燃液体（油类）	黑色
27	物料管道	红色	按管道介质注字	黄色
28	甲醇变换气	红色	甲醇变换气	绿色
29	甲醇压缩气	紫色	甲醇压缩气	绿色
30	甲醇吹出气	棕色	甲醇吹出气	灰色
31	甲醇	棕色	甲醇	灰色
32	催化剂	黑	催化剂	红色
33	碳酸二甲酯	橘黄	碳酸二甲酯	紫色
34	碳酸丙烯酯	橘黄	碳酸丙烯酯	紫色
35	工业丙二醇	粉色	工业丙二醇	蓝色
36	医药丙二醇	粉色	医药丙二醇	蓝色
37	环氧丙烷	灰色	环氧丙烷	红色
38	放空	蓝色	放空	黄色
39	排净液	棕色	排净液	白色
40	共沸物	棕色	共沸物	白色
41	轻组分	棕色	轻组分	白色
42	醛	棕色	醛	白色
43	高聚物	棕色	高聚物	白色
44	医药丙二醇	粉色	医药丙二醇	蓝色
45	环氧丙烷	灰色	环氧丙烷	红色
46	放空	蓝色	放空	黄色
47	排净液	棕色	排净液	白色

（5）所有管道应涂色环。①所有管道转向点必须按上述要求在其弯头两端分别喷涂色环。②在管道直管段每50米需喷涂一个色环，全长不足1米的管道，应有一条色环。③管道标志的字符应在直管段，且在显著位置上。④管道标志中的箭头方向应与该管道内物料流动方向相同。⑤在设备以及管道上进行标志时，应按上述标志标准进行，凡是有铝（铁）皮保温的设备、管道注字一律为红色。⑥管道注字名称各车间应按照管道内物料的设计采用的符号标志。例如，合成车间"循环水上水、回水"应注字为"WC/WR"。

三、使用管理

如前文所述，大型机械设备的日常使用管理遵照固定资产管理的办法，除此之外，设备的日常使用管理还包括设备的技术档案管理、设备评级管理和设备安全事故管理。

（一）设备技术档案管理

为规范设备技术资料管理，建立健全设备技术档案，促进设备管理工作，需要对公司所有的设备技术进行档案管理。设备技术档案管理是设备管理工作的基础。

设备技术资料分为三级管理：公司档案室、机动处和车间的管理。其中，公司档案室负责设备原始资料，基建、扩建、改造交工验收资料，设备原始图纸，设备变动等资料的管理工作；机动处负责公司主要设备技术档案的管理工作；维修车间负责所有设备技术档案的管理工作。

机动处及车间的设备技术档案主要包括：①主要设备的设备档案（厂控设备以机动处档案为准，其余以仪表、电气、检修车间档案为准）。②设备台账。③压力容器、锅炉台账。④固定资产台账。⑤设备结构图册。⑥检修资料（包括各类检修规程、手册、图册，重大检修方案，设备检修、试验与技术鉴定记录，各种技术总结，下发的各种技术文件及上报的各类报表）。⑦主要设备事故记录。⑧动、静密封点台账。⑨隐患台账；⑩设备润滑手册。

设备档案的内容包括：①设备卡片，包括设备一般特点及技术特性：如设备编号、位号、名称、主要规格、制造安装地点、投产日期、操作运行条件等。②工艺流程简图。③附属设备明细表。④设备运行异常、隐患及处理记录。⑤设备运转记录。⑥主要检修及配件更换记录。⑦设备润滑卡片。⑧设备事故记录。⑨设备评级记录。⑩特种设备定期检验和定期自检记录。

设备档案管理的步骤：①设备检修后，必须有完整的交工资料，由检修部门存查、厂控和外委项目交机动处存入设备技术档案。②基建、技措、安措项目的设备投产后其竣工图纸、安装试车记录、说明书、检验证、隐蔽工程、试验记录等技术文件均由档案室保管。③设备迁移、调拨时，其档案随设备调出，主要设备报废后，档案由机动处封存。

技术档案应由专人负责管理。技术档案必须齐全、整洁、规格化，及时整理填写。人员变更时，公司相关领导应组织安排按项交接。机动处至少每月检查一次，发现问题按照经济责任制处罚。

（二）设备评级管理

在日常使用中，为规范设备维护保养管理，提高设备完好率及利用率，确保装置安、稳、长、满、优运行，需要平时做好设备评级管理。

1. 优秀设备的评选标准

（1）零部件完整、齐全，质量符合要求，包括：①主、附机（件）配套完整，铭牌、编号齐全。②电气、仪表装置齐全，灵敏、准确，符合行业规范。③基础、基座稳固可靠。④管线、支架安装牢固，标志分明。⑤安全、防腐、保温等措施完整有效。

（2）运行状况良好，包括：①设备运转正常，性能优良，能持续地达到额定指标或工艺指标。②设备润滑优良，系统畅通，油质符合要求，实行了"五定"、"三过滤"。③无异常振动、松动、杂音等不正常现象。

（3）技术资料齐全，包括：①设备台账、卡片、技术资料齐全。②设备图册、备件图纸准确齐全。③设备大、小修记录及验收记录齐全。④设备运转、巡检记录准确齐全。⑤设备操作规程、检修规程、维护保养规程齐全。

（4）设备维护正常，包括：①职责分明，有专人维护。②无"跑、冒、滴、漏"等现象。③设备本身及周围环境整洁，无明显积灰、油泥、杂物等。④照明良好。

2. 评选原则

（1）坚持日常检查与定期检查相结合，重在日常检查。

（2）主要设备和关键设备优先评选。

（3）同类设备优先评选老、旧设备。

（4）优先评选利用率、运转率高的设备。

（5）动设备优先于静设备。

有下列情况之一者，不能参加评级设备的评选：①有隐瞒或弄虚作假行为的。②新设备或大修后运转不足 3 个月的。③部门主要生产设备完好率在 95% 以下，单台设备利用率低于 80%。

3. 奖励和处罚

（1）奖励。参评设备的比例：合成车间和尿素车间上报 6 台设备，水汽车间、甲醇车间、成品车间上报 4 台设备，电气车间、仪表车间上报 2 台设备。属于工艺车间、机动处和检修车间分管的设备，按照工艺车间 30%、机动处 30%、检修车间 20%、卫生 20% 的比例进行奖励。

（2）处罚。机动处不定期地对各部门的评优设备的保持情况进行抽查，凡有下列情况之一者，经确认后，将取消评优设备称号：①发生重大设备事故。②运行中发现隐患，而又没有安全运行的技术措施和整改计划的。③设备故障频繁，长期带病运行的。④不能长期保持设备卫生和环境卫生的。

（三）设备安全事故管理

为采取及时有效措施预防、消除设备事故，保障设备安全运行，需要进行设备事故管理。

（1）设备事故的分类。①特大设备事故，设备损坏严重，严重影响生产，修理费用达 20 万元以上的设备事故。②重大设备事故，设备损坏比较严重，多系统影响公司日产量 50% 或修复费用达 10 万元以上；单系统影响公司日产量 100% 或修复费用 10 万元以上的设备事故。③一般设备事故，设备发生损坏，对生产有一定影响，修复费用在 2000 元以上的设备事故。④微小设备事故，设备发生损坏，损失在一般事故以下。

（2）设备事故的损失计算。设备事故的损失包括修复损失和减产损失。修复费用包括修复损坏部分所耗人工、材料、配件及附加费等；减产损失按减产数量乘以公司年度计划单位成本。

（3）设备事故的调查处理。如果是特大设备事故，事故发生后立即向上级主管部门报告，如事态仍在继续，则每隔 24 小时报告一次。主管经理组织机动、安环处、生产处采取紧急措施，防止事故扩大。同时本着事故"四不放过"的原则，由主管经理参加，机动处牵头组织安全、生产等部门组成调查小组，召开事故分析会，找出原因，提出防范措施，研究修复方案。事故所在车间在 3 天内写出事故报告上报机动处及安环处，并在 7 天内上报上级主管部门。

如果是重大设备事故，事故发生后，车间应及时采取紧急措施，防止事故扩大，由主管经理参加，机动处牵头组织安全、生产等部门组成调查小组，本着"四不放过"的原则，召开事故分析会，找出事故原因，提出防范措施，研究修复方案。事故部门应在3天内提出书面报告，经公司研究后，向员工公布，以提高员工对事故的认识。

如果是一般设备事故和微小事故，事故发生后，以车间主管主任为主，组织有关人员研究分析，找出事故原因，吸取教训，提出措施，落实责任，写出书面报告，报机动处备案。

如果是非设备本身原因造成的设备事故，主管部门负责对发生事故进行调查处理，发生事故单位写出事故报告；机动处派人参加事故调查处理工作。凡原因暂时不清的事故，应由主管经理指定有关部门调查处理。

（4）设备事故的预防。相关部门需要经常对施工人员进行事故预防和安全教育工作，定期组织开展安全生产竞赛活动，经常进行安全工作大检查，并针对存在的问题制定措施，组织整改。除此之外，对于已发生的生产设备事故，需要开事故分析会，防微杜渐，避免类似事故发生。

（5）设备事故的奖惩。对玩忽职守，违章指挥，违反设备操作、使用、维护、检修规程，造成设备事故以及对已造成设备事故隐瞒不报者，根据情节轻重追究经济责任和行政责任。对在设备维护、检修过程中，认真负责，及时发现事故隐患或初期事故，避免事故发生或减少事故损失，或在事故处理过程中有突出贡献的人员，将根据情节给予奖励。

（四）现场设备带压堵漏管理

带压堵漏是保证装置连续运行，稳定生产，消除"跑、冒、滴、漏"的一种有效方法，因存在一定的难度及危险性，所以锦天化制定了专门的管理规定，其要点包括：

（1）设备及管路发生泄漏需带压堵漏时，应由漏点所在车间以工作票形式通知检修车间，工作票应注明泄漏介质、工作温度、压力、性质等情况和完成的时间详细要求，并由本车间工艺技术人员配合进行堵漏。泄漏量较大及堵漏难度较大应上报机动处。

（2）进行堵漏时，工作人员首先做好个人防护工作，如防中毒、防高温、防静电等。对易燃、有害介质堵漏时应注意：①对现场漏点进行测量及堵漏时一般不得少于2人，以防中毒。②堵漏时应使用防爆电器及工具

（如铜锤、铜扳手等）。③在比较密闭的空间（如厂房内）堵漏时，应进行强制通风，并防止铁器碰撞产生火花。

（3）减薄情况不清楚、裂纹没有止裂扩大措施、锅炉人孔、线密封法兰（透镜垫类）、介质为钾铵等易腐蚀类，以上漏点在一般情况下不允许堵漏，如急需堵漏，应制订有安全措施的堵漏方案，由主管设备经理或总工程师批准，并报机动处备案方可实施。漏点堵住后由漏点所在车间及检修人员监护使用。

（4）堵漏完毕后，检修车间应登记备案，在以后设备停车检修时应拆除卡具，消除漏点。

（5）堵漏工作应遵守锦天化公司制定的安全作业有关规定。

（五）备机不过夜管理

为保证装置连续、稳定运行，需要对装置区内外设备备机进行严格管理，备机管理也是保障装置设备能持续安全运行的重要内容。

1. 备用机泵的维护和抢修

（1）各使用单位平时要加强备用机泵的管理，对防冻、防凝、保温、防腐、润滑、盘车、电气绝缘测试、清洁等存在的问题及时向维修单位和主管处室反应，并做好维护保养等工作，维修单位和主管处室应对使用单位反映的问题及时处理，确保备用机泵处于完好状态，保证随时能启动、切换、投运。

（2）各岗位操作人员应将本岗位备用机泵的检查工作列入巡回检查内容中，对存在的问题要做好记录。

（3）设备运行过程中发现故障，应立即通知车间领导和生产调度并通知维修单位做好检修准备。停车后，工艺车间要立即将故障设备切出系统，在排放处理合格、具备检修条件后，应立即交给维修单位进行检修。维修单位接到处理故障设备通知后，维修单位领导要立即组织人员投入抢修工作，如因为推诿扯皮而影响抢修进度，要按经济责任制扣 10~20 分，所需材料备件，主管部门应立即供应。在维修故障备用设备过程中，维修单位必须合理安排好维修班次，24 小时连续作业，尽快抢修好备机。

（4）故障设备检修结束后，班组进行试运行，合格后投入运行或投备用。

2. 备用机泵的定期切换

（1）凡配有备台的机泵要实行定期切换制度，严禁超期疲劳使用和不出事故不切换的操作方式。使用单位应根据备用设备的结构、操作特点、检修周期等情况制定出合理切换周期，因运行设备发生故障需提前启用备台时，可以从切换日起计算周期，以避免频繁切换。

（2）备用机泵切换投入运行后，应达到工艺要求和规定的运行周期，确保生产正常进行。切换后停用的设备物料要采取措施，使用单位应防止串料，并做好维护保养工作，确保其随时能启动和切换。

（3）使用单位每次切换后要认真记录切换设备的位号、名称、切换启动时间、停用时间。

3.备用机泵的定期盘车

（1）使用单位应对所有备用机泵根据设备实际状况，分类制定确定盘车周期（班、日或周）。

（2）对于带连锁自启动的备用机泵，必须在保证生产和人身安全的前提下进行盘车操作。

（3）盘车操作每次不得少于一圈半。应在设备转动外露部位（如轴头、联轴器等）画出明显的盘车标志，并与盘车周期相对应。

（4）使用单位应做好盘车记录，每次盘车后要记录盘车设备的位号、名称、盘车标志、盘车时间、盘车人等。

此外，还需注意的是，应该严格控制备用设备的使用，动用备用设备应由车间主任批准，夜间动用备用设备，应由值班长批准，并在次日必须向本部门领导汇报。

四、维护和保养管理

（一）设备的日常维护保养

（1）操作人员岗前培训。操作人员上岗前要进行岗位操作法和设备维护检修规程的培训学习，做到"四懂，三会"（懂结构、懂原理、懂性能、懂用途；会使用、会维修保养、会排除故障），并经考核合格后，方可上岗操作。

（2）设备启用和停用。设备启动运行与停车必须按岗位操作法和设备安全操作规程进行，严格做到：启动前严细准备；运行中反复检查、各项指标要达到规定要求；停车后需要妥善处理，严禁超温、超压、超负荷运行。

（3）巡回检查。严格执行巡回检查制，执行"五字操作法"（听、摸、擦、看、闻），定时、定点按巡回检查路线对设备进行仔细检查，设备的保护做到清洁、润滑、紧固、调整、防腐。

（4）定期检查。设备、管道、支架、厂房、建筑物、设备基础接地线要保持完整，定期检查测定，并采取防潮、防尘、防腐蚀措施，设备、管道上的仪表和安全装置要齐全好用，并按时定期检查。

（5）润滑。按照润滑管理规定，认真做好设备润滑工作。

（6）运行记录。认真填写运行记录，严格执行交接班制度。

（7）文明生产。搞好本岗位范围内的设备、管线、仪表盘、支架、基础地面和厂房建筑物的清洁卫生，及时消除"跑、冒、滴、漏"，做到文明生产。

（8）异常情况处理。发现设备运行状态不正常，要立即查找原因，及时向值班长反映。在紧急情况下，应立即报告生产处。生产处要采取果断措施进行处理或立即停车。故障停车后，不弄清原因，不排除故障不得盲目开车，对已处理和未处理的缺陷，必须认真做好运行记录，并向下班交代清楚。

（9）维修管理。维修工（机、电、仪）要明确分工，并做到：定时上岗检查，并主动向操作人员了解设备运行情况；发现缺陷及时消除，不能立即消除的缺陷要详细记录，及时上报，并在设备检修时负责清除；按质量标准完成维修任务。

（10）备用设备管理。备用设备应指定专人维护保养，做到不潮不冻、不腐蚀，经常保持清洁，对于转动设备要《按岗位操作法》的规定进行定期盘车，使设备经常处于良好状态。严格控制备用设备的使用，动用备用设备应由车间主任批准，夜间动用备用设备，应由值班长批准，并在次日必须向本部门领导汇报。

（11）闲置设备要按规定办理退库手续，尚未退库的闲置设备，由所在部门负责维护保养。已退库的闲置设备，由供应部门负责维护保养。

（二）设备密封

为了保证装置区内动设备、静设备的无泄漏，需要对相关设备做好密封工作。

1. 动密封点和静密封点

动密封包括各种机械、电气设备（包括机床、汽车、吊车、叉车、铲车等），凡是工作时连续运动（旋转、往复）部件的密封处均属于动密封点，如透平、压缩机、泵的填料涵、轴封、机械密封、电动机的轴承、皮带运输机的托滚轴承、各种回转和往复机械的轴密封等。静密封指凡机械、电气设备（包括机床和任何静置设备及管道）、阀门、法兰、盖板、密封板、各部件的连接处，不论设备内部是正压、负压以及设备内部为何种液体、气（汽）体，所有能引起外漏的密封处。静密封点不但包括机械设备和电气设备，仪表设备的各种法兰、接头、密封板、阀门、调节阀、丝堵、油标、液位计、变压器和油开关的密封面，而且包括电缆头、各种变速箱盖、各种生产和分析用气瓶接头、仪表仪器的接头等。公司静密封点平均泄漏率控制在 0.5‰，动密封点平均泄漏率控制在 2‰。

对于所有的密封点，应该保持密封技术台账齐全。车间密封台账内容应包括本车间设备管理的动、静密封点基础统计，泄漏率统计，密封技术应用记录，重点部位治理泄漏技术小结，检查评比记录，等等。机动处密封台账内容包括各车间密封基础统计，泄漏点数，重大密封泄漏缺陷，重大的堵漏技术措施及检查评比记录，等等。

2. 管理区域划分

生产车间负责所属设备、管线静、动密封点的检查、统计。仪表车间负责生产装置仪表、仪表专用管线静密封点的统计、检查与整改。电气车间负责电气系统的变压器、油开关等静密封点的统计、检查与整改。检修车间负责职责范围内设备的动、静密封点的统计、检查。仪表、电气、检修车间根据工艺车间要求进行整改。厂区外部生产系统的各种管线，其静密封点的统计、检查与整改按职责划分，由归口管理部门负责。

3. 静密封点的统计

有一个静密封处就算一个静密封点，包括以下情况：一个法兰（或固定于设备上的一个法兰）算一个密封点。一个阀门、填料函、两个阀兰、阀盖共算四个密封点，阀盖上有丝堵时或阀后紧接放空时，另外再各算一个密封点。一个活接头，按结构一般算三个密封点。设备人孔、设备侧盖、炉子的每一处墙板，无论大小只计算一个密封点。一个液位计（由三个阀门组成的）每个阀门按上述规定为四个静密封点，其中一个排放阀为五个密封点，液位计各接头处，有一个密封面就算一个密封点。有关静密封点的统计公式，参见《机械动力统计计算标准》。

4. 密封点检验

（1）静密封点的检验方法及要求。静密封点检验时达到以下要求即认为合格：①设备和管路，宏观检查，不结焦，不冒烟，无渗泄漏痕。②仪表设备及其管线，用肥皂水试漏，关键部位无气泡，一般部位允许每分钟不超过6个。③电气设备，变压器、电器开关，用肉眼观察无渗漏。④水油系统：宏观检查或手摸，无泄漏、无漏痕。⑤气、氨、氯等易燃易爆或有毒气体系统，用肥皂水检查无气泡，或用化学试纸试漏不变色。⑥氢气、氧气、氮气、空气系统，用肥皂水检查无气泡。⑦蒸气系统，宏观检查无渗透漏痕，不结垢。⑧碱、化学物料系统，宏观检查无渗透漏痕，不结垢，不冒烟，或用化学试纸试漏不变色。⑨真空管线用薄纸条吸附的办法，吸不住为不漏。⑩各种机床的变速箱盖、主轴、各种变速手柄，宏观检查无明显渗漏。没有密封的部位，如滑枕、导轨等不进行考核，但油量不宜过多，满足润滑即可。

（2）动密封点检验方法及要求。动密封点检验时达到以下要求即认为合格：①采用石墨填料密封，回转设备，介质为水和轻油，不超过20~25滴/分钟；介质为重油，不超过10滴/分钟；往复设备，介质为水、蒸气、轻油，不超过25滴/分钟；介质为重油，不超过19滴/分钟。②采用塑料材质填料，不超过5~25滴/分钟。③机械密封，用油脂做密封时，4500转/分以下时，不超过5滴/分钟；4500转/分以上时，不超过10滴/分钟。用自身介质做密封时，不允许有泄漏。

5. "无泄漏车间标准"

锦天化以"无泄漏车间标准"为参照，按公司考核细则中相关条款进行奖励与处罚。"无泄漏车间标准"包括①静、动密封点统计准确无误，密封档案记录齐全。②静密封点泄漏率经常保持在0.5‰以下，并且无明显泄漏。③动密封点泄漏率经常保持在2‰以下。④车间的卫生标准要达到一平、二净、三清、四无、五不漏。一平，场地道路平整；二净，门窗玻璃、灯具清洁见亮；三清，沟见底，轴见亮，设备见本色；四无，无垃圾、无杂物、无积水、无油污；五不漏，不漏水、不漏油、不漏气、不漏电、不漏烟。⑤有毒气体含量达到国家允许标准。⑥粉尘含量达到国家规定标准。⑦全部设备完好率达到95%以上，主要设备完好率达到98%。

（三）设备润滑

为减少设备磨损，降低动力消耗，延长设备使用寿命，保障安全运行，需要对设备进行定期润滑。设备润滑管理涉及各部门润滑油品种的储存、保管、发放、使用、废油回收及润滑用具的管理。

1. 油品的采购

（1）各用油部门必须在每年 11 月 1 日前向机动处提出下一年度的用油计划，机动处负责公司设备润滑的统一管理。供应处必须对公司所使用油品的供应厂家进行对比评价，并将合格厂家名录交机动处、质监处各一份备查。由机动处负责向供应处提供润滑油（脂）的采购计划（包括牌号、数量及推荐的生产厂家）。供应处采购的每一批次油品必须有厂家的产品质量合格证，并按国家标准要求，各项指标填写齐全。

（2）进厂的油品必须经过质监处取样分析。供应处凭质监处质量分析合格报告单办理入库手续。入厂油品的厂家产品质量合格证和质监处的分析报告单分别交机动处、供应处各一份存查。对进厂未做分析或分析不合格的油品，严禁长期入库存放。

（3）各车间领用油品时，库房保管员必须发放给车间领取的每个批次油品提供合格证或质监处分析报告单的复印件。

（4）现场设备临时发生需用油品，由使用部门报计划，经机动处审核，报主管经理批准后，供应处按计划采购。

2. 油品的发放

（1）各部门在领取油品时，必须注明设备位号、名称、所使用油品的型号及用量，到机动处审批存档后再领取，使用时要节约用油，降低消耗。

（2）出库油品的外包装必须具有标准、正规、永久性的标志（如生产厂家、牌号、生产日期及执行标准等），车间有权对库存油品提出质疑，有权拒绝使用不符合要求的油品，也有权要求对油品进行分析检验。

（3）各部门更换油品型号、厂家或加入添加剂时，必须提出书面申请，经机动处审核，主管经理批准后，方可进行，各部门不得随意更改。

（4）更换或添加其他型号或厂家润滑剂时，必须冲洗置换合格或混油试验合格后方可进行。

（5）发油注意事项。①发油人员和领油人员应严格执行有关安全规定。②打开或旋紧盛油容器盖时，应使用专用工具，严禁使用其他铁器等敲打。③发油人员如发现领油器具标记不清或盛油器具不合格时，应劝说对方予以改正，否则可拒绝发油。④发油人员应熟悉各种润滑油的名称、牌号、性能和指标，以及存放的地点，发油时要对领油单据和油品标签进行核对，确认无误后方可发放。

3. 油品使用

设备润滑加油标准，应符合如下规定（设备说明书另有规定者除外）：

（1）循环润滑：油箱油位应保持在 2/3 以上。

（2）油环带油润滑：①当油环内径的 D=25~40mm 时，油位高度应保持在 D/4。②当油环内径的 D=45~60mm 时，油位高度应保持在 D/5。③当油环内径的 D=70~130mm 时，油位高度应保持在 D/6。

（3）浸油润滑：①当 n>3000 转/分，油位在轴承最下部滚珠中心以上，但不得浸没滚珠上缘。②当 n<1500 转/分，油位在轴承最下部滚珠的上缘或浸没滚珠。

（4）脂润滑：①当 n>3000 转/分，加脂量为轴承箱容积的 1/3。②当 n=1500~3000 转/分，加脂量为轴承箱容积的 1/2。③当 n<1500 转/分，加脂量为轴承箱容积的 1/2。

（5）减速机的润滑：①当为正斜齿轮减速机时，油面应浸没高齿轮幅低齿高的 2~3 倍。②当为伞形齿轮减速机时，油面应浸没其中一个齿轮的全齿宽。③当为蜗轮蜗杆减速机时，若蜗杆在蜗轮上方或侧面时，则油位应浸没蜗轮齿高的 2~3 倍；若蜗杆在蜗轮上方或侧面时，则油位应浸没蜗杆螺纹高度。若为强制润滑，应按出厂说明书或实际标定确定。

值得注意的是，关键大型设备循环润滑油品，应根据出厂说明书的规定及时予以更换，特别是冬季和夏季的用油，车间应提前在入夏和入冬前提出更换计划，在机动处的指导下进行更换。在更换前可以按主要指标分析，如经鉴定尚可继续使用，可延长期必须再做鉴定。既做到节约用油，亦避免盲目延期。另外，各部门需要认真填写设备润滑记录，保证记录齐全，以便发现问题及时解决处理。

4. 油品的储存与保管

（1）润滑油品库房应储存一定的用油量，库房内不得存放其他易燃易爆物品，应干燥、清洁，通风良好，并有完善的消防设施和"严禁烟火"标志。

（2）各种储油器具应清洁、干燥，专品专用，完好无损，零附件齐全。贮存油的油缸，应严格执行有关管理制度，做到认真检查，及时维护，定期检查，及时清洁油库。装有油品的容器，应按种类规格分组，分层存放，层间应用木板隔开，每组要有油品标签，注明油品名称、牌号、入库时间及质量鉴定日期，严禁油品容器、用具混乱堆放。

（3）贮存汽缸油或其他高黏度油的容器或库房，应视具体情况，设置加热设备，以保持油品的正常流动性，但严禁使用明火加热，以免油品变质。

（4）库存合格油品（包括车间油库）其存放期超过一年的，要按规定定期对主要质量指标进行分析检验。不合格油品，应及时进行处理，防止不合格油品使用于设备。对于润滑脂，不允许用加热过滤的方法进行净化处理。

（5）润滑油品的保管应具有如下资料：①各类润滑油品的质量标准。②设备润滑及油库管理制度。③公司设备润滑用油统一规定。④设备润滑油品消耗定额。⑤产品合格证明书及化验分析报告单。油品保管员要熟练掌握上述资料。

5. 油品回收

（1）油品由机动处认定是否判废，各个部门通知供应处统一回收。

（2）各部门应根据本部门的实际情况，制定合理的废油品回收指标和有关管理制度，避免浪费。

（3）凡再生处理的油品，经化验部门分析检验合格后，可继续发放使用。

6. 润滑用具的管理与使用

各部门必须制作统一规格的润滑用具，并按岗位需要和润滑油品规格成套配齐。基本用具有：领油大桶、固定式油桶（箱）、油抽子、提油桶、手油壶、油滤斗、接油盘、黄油桶、黄油铲、黄油枪、活络扳手、平口起子、铜网丝布（40目-60目-80目-100目-200目）等。由上述各用具组成三级过滤如图5-1所示。

各用具新装过滤网应符合如下规定：①过滤汽缸油、齿轮油或其他黏度相近的油品，用40目-60目-80目铜丝布网。②过滤专用机油、压缩机油或其他黏度相近的油品用60目-80目-100目铜丝布网。③过滤汽轮机油、机械油、冷冻机油及其他黏度相近的油品用80目-100目-200目铜丝布网。

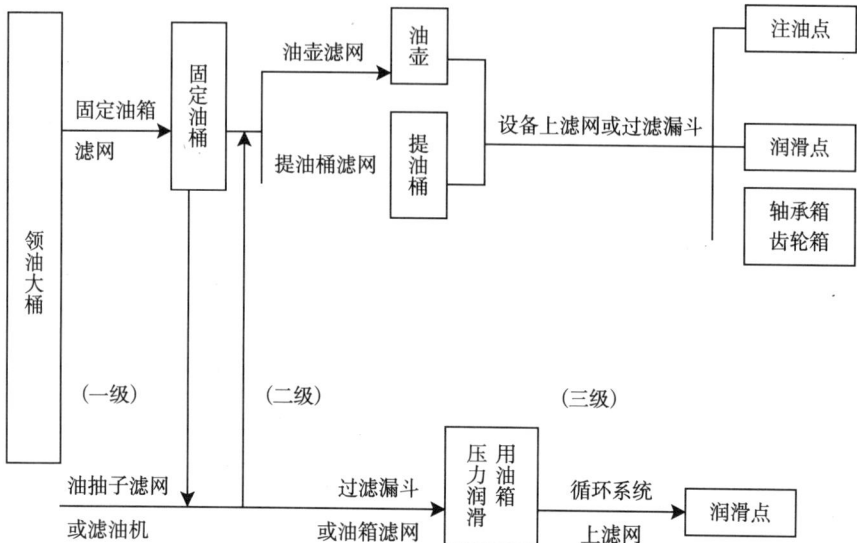

图 5-1　三级过滤示意图

　　各润滑用具应标记清晰，专油专用，定期清洗。一般情况下，领油大桶和固定油桶（箱）每月清洗一次，其余各用具每周清洗一次；各用具使用或清洗后，均按指定地点置放整齐，以免丢失和损坏。

　　7. 润滑油的质量监控

　　凡是适用于压力循环润滑系统，凡首次加油量大于 500 升的大、中型运转设备，实行定期监控。凡首次加油量在 300~500 升的运转设备，实行不定期监控。

　　（1）运行油品理化指标的试验。按照规定的时间，由用油车间协助中心化验室取样、化验。所用的采样容器每次都应按有关规定清洗干净并烘干。采样点一般均应设在油冷器出口。采样前应将油冷器出口取样管中的余油和水杂质排净，再将容器置换 1~3 次后取样。该实验的化验周期为：

　　第一，定期监控。其中，主要设备用油和汽轮机油每月化验一次其黏度、闪点、水分、机械杂质、酸值和破乳化时间，每季化验一次液相锈蚀。每半年化验一次氧化安定性和抗氨性（抗氨气轮机油），机动处和车间也可根据各设备运行情况随时提出检验要求。分析报告单交机动处、设备所在车间、质监处存查。其余油品（如工业齿轮油、液压油、冷冻机油、部分机械油、柴油机油等）则按其各自质量标准化验常规项目（如黏度、水分、机械杂质、闪点、酸值等）。

第二，不定期监控。实行不定期监控设备，其化验周期视情况而定。但其常规项目（黏度、闪点、水分、酸值和机械杂质）每季不得少于1次。其余各关键项目每半年不得少于1次。

（2）定期排放油箱杂质。各用油车间应当根据各机组的不同情况，规定其排水去污的周期，但每周不得少于1次。排放情况应当记录在案。若排出的水杂质较多则应及时向机动处汇报。经同意后，启动净油装置。

（3）补充添加剂。向运行的汽轮机油补充添加剂时，经机动处审核、主管经理批准后才能进行。补充添加剂情况应记录在设备润滑档案上。

（4）确保酸油（污油）处理装置处于正常运行状态。机组中的酸油处理装置，必须始终处于正常状态。酸油处理必须严格按照操作规程执行。一旦出现问题应当及时处理，以免污染物进入油箱而引起润滑油过早变质。

（5）适时启用净油装置。当润滑油中含水量大于0.05%或破乳化时间上升较快时，应当及时开启净油装置以排除油中含水。

（四）设备防腐保温

为防止及延缓设备遭受腐蚀和破坏，延长使用寿命，减少热量损失，改善操作环境，保证设备正常运行，需要加强现场设备管道防腐保温工作。

1. 防腐保温的施工

（1）防腐保温施工应严格执行专业部门规定的国家现行标准。执行标准包括：①HGJ229-91《工业设备、管道防腐蚀工程施工及验收规范》。②GB50212-91《建筑防腐蚀工程施工及验收规范》。③GBJ126-89《工业设备、管道绝热工程施工及验收规范》。

（2）对各生产车间正在运行的比较敏感的设备仪表等进行防腐保温维修时，各生产车间要及时通报给施工单位及相关部门，并且在现场挂警示标志，并派专人监护。

（3）施工单位进入各生产车间防腐保温维修施工前，认真办理设备检修工作票，防腐保温过程中需要车间监护的必须注明，车间有责任和义务进行监护。

2. 保温的拆除和恢复、更换

（1）保温拆除由车间保温专（兼）职人员及时上报机动处（紧急情况除外），对于已破损的保温（已没有保留价值的），可进行破坏性拆除，否则应仔细拆除，保留保护层及保温材料。保温拆除后，施工单位通知车间专（兼）职人员，如有异议，应及时提出并解决。

（2）保温恢复、更换的项目应由车间专（兼）职人员统一汇总，并由专（兼）职人员及车间主任共同签字，方可将保温计划上报机动处审批；由机动处安排维修。

（3）保温恢复完毕，机动处通知车间专（兼）职人员到现场共同检查验收，并及时将发现的问题反馈到机动处，由机动处安排处理。

（4）对于现场不具备保温条件的设备、管道（包括存在隐患的）应及时上报机动处。

五、维修和检修管理

（一）现场设备无损检测

无损检测是指采用某种手段，在不损坏被检对象的前提下进行检验、评定的一种方法。无损检验包括公司所属范围内的锅炉、压力容器、压力管道及其他受压元件的大、中、小修；日常维护检测，备品、备件检测；等等。

现场设备无损检测贯穿在设备使用过程中、设备的日常维护保养中，设备无损检测为设备检修和维修工作提供依据，是检修和维修工作的前置化，可以有效减少设备使用和保养过程中的安全隐患，是设备维修和检修的基础。

（1）检测方法和标准。目前，锦天化应用的常规检测方法有：射线探伤、超声探伤、磁粉探伤、渗透探伤、涡流探伤、超声测厚、声发射等。检测标准按设计图纸规定或相应的国家及部颁规范标准执行。

（2）检测要求。检测工件表面不得有油污、严重锈蚀、污物等，现场必须具备检测条件，检测人员有权责令设备所在部门按要求使其具备检测条件。进行 x、r 射线探伤时，检测部门应及时将探伤时间、地点通知被检部门及调度室。施工现场都应设有警示绳、警示牌，特殊情况应由安环处安排专人现场监护。调度室负责通知各岗位及相关人员，各岗位及相关人员不得以任何借口擅离岗位。

（3）检测程序。首先是检测申报，大中修的检测任务应按大中修计划中检测项目执行，日常检测由设备所在部门填写申请单，报机动处检测中心；其次是现场检测，现场检测应由车间技术人员指出具体位置及相应的工艺条件（如温度、介质、压力等），检测人员进入现场后，必须遵守公司安全管理规定，办理相应的作业票证；最后是检测结果反馈和存档，检测完毕后，检测部门应及时将检测结果通知给设备所在部门，检测报告应由检测部门、设备所在部门分别存档。

（二）设备维修

在设备的日常维修保养中，锦天化推行的是包机包修制度，即包机责任人对机械设备负责，包机责任人由工艺操作人员、机、电、仪人员组成，对其分管范围内的设备进行包机。一旦设备发生故障，包机责任人分管维修，公司内部无能力维修的设备，可以申请外委维修。

1. 包机包修

锦天化公司内部的各类设备均实现包机包修管理。包机责任人由工艺操作人员，机、电、仪人员，其包机和包修的要求包括：

（1）包机要求。①达到设备完好标准，达到无泄漏标准。②严格执行操作规程及各项制度，确保设备安全、正常运行。③及时消除设备缺陷，及时处理紧急情况，做到文明生产。④做好设备运行记录，严格执行交接班制度。⑤做好润滑工作，做到"五定"和"三级过滤"。⑥操作人员认真执行"五字操作法"（听、摸、查、看、闻），加强巡回检查。⑦保持设备清洁，保持环境卫生。⑧保持设备及仪表安全装置、工具完整无缺。⑨根据检修内容及质量标准进行验收。⑩设备产生较大故障和缺陷时，如因技术问题或工作量较大，可提请维修部门进行维修解决，或纳入计划检修。

（2）包修要求。①定期到岗位巡检，巡检中，注意设备的温度、压力、转速、润滑油、冷却水是否正常，及时发现设备存在的问题。②熟悉包修设备的检修技术，严格执行检修标准。③机电仪包修责任人对于分管设备有维修的责任。④定时上岗检查，协助操作人员检查和消除缺陷，不能立即解决的缺陷要详细记录逐级上报车间统筹安排。⑤备好包修必需的零部件、器材、工具，使用前必须保持完好。⑥参加本设备的计划检修，并保证检修进度和质量。保证按时完成检修计划。

2. 外委维修

外委维修的步骤。①设备在检修中发现部分零部件损坏或有缺陷，公司内部修复有困难的，维修车间应及时上报机动处，机动处及时安排外协单位加工、维修。②设备发生故障，使用部门一律以报告形式提出申请交机动处。机动处接到报告后，首先确认本公司能否维修处理，能处理的由机动处安排；确认本公司无能力解决问题，由机动处报请公司主管经理批准后办理相关合同或手续再安排处理。

维修费用管理。①费用的确认：维修费用在 5000 元以下，由机动处报请主管经理批准后方可实施；维修费用超过 5000 元以上时，机动处组织计财处预决算科和法律审计处确认，按程序办理相关手续。特殊情况的，通报计财处预决算科和法律审计处（包括承担任务单位和价格），并报请主管经理批准后方可安排实施。②费用管理：维修项目完成后，机动处按计财处预决算科和法律审计处最终决算的维修费用注明承担费用部门，由计财处负责办理。对费用花费较大的维修项目，各部门要执行公司加强资金预算管理的有关规定，提前申报明年的维修项目，以便机动处统一计划资金预算，减少预算外较大费用的发生。

（三）设备检修

1. 检修管理

（1）日常检修管理。日常检修主要是月度检修，主要包括月度检修计划的编制、检修费用核算和检修竣工的验收。机动处为公司设备、建构筑物检修工程主管部门，负责组织编制、审批月检修计划，平衡物资、备品备件、人力、资金，组织施工，组织竣工验收及工程善后问题的处理工作。

第一，月度检修计划编制。根据公司年度大修计划落实情况，具备施工条件的逐步安排月份检修计划。工艺车间需要下月检修的项目，维修车间应于当月 25 日前提出下月检修计划。注明项目、工作量、工种、材料、备件等报机动处，机动处落实后在本月 28 日之前报出，经主管经理批准后下发执行。

第二，月度修理工程费用核算，检修发生的各种费用计入相关部门。

第三，月度检修竣工的验收。厂控设备或较大的检修工程项目和外委工程的验收由机动处组织有关部门，按图纸、方案、规定、技术标准进行验收，并办理质量合格证；其余由维修车间组织验收。在验收检修质量的同时，验收检修记录。

（2）非计划检修管理。非计划检修项目是指没有检修计划的、临时发生的检修项目。根据检修时间长短不同，非计划检修有不同的项目申请程序。

第一，8小时以内非计划检修项目申请程序。首先由维修车间或工艺车间根据巡检发现的问题及时通知工艺车间技术员。其次有两种情况：①不影响系统运行的，通知维修车间领导，按检修程序实施，完毕后反馈工艺车间。②影响系统运行的，经机动处确认是否需检修，如需要检修，应与生产部门联系停车检修事宜，并请示公司主管领导同意后按检修组织程序实施，处理完毕反馈工艺车间。

第二，8小时以外非计划检修项目申请程序。首先由维修车间或工艺车间根据巡检发现的问题及时通知主控操作人员和生产调度。其次有两种情况：①不影响系统运行的检修，由生产调度通知维修车间值班人员，按检修程序实施，完毕后反馈给工艺车间或调度室。②影响系统运行的检修，由生产调度通知检修车间值班人员，车间按检修组织程序实施，处理完毕反馈工艺车间。其中，处理不了的检修项目，生产调度通知机动处及相关领导及专业技术领导，待几方确认后，请示主管经理审核是否进行停车检修。如果同意检修后，由机动处安排维修车间或其他单位，按照检修程序实施检修，处理完毕后反馈工艺车间；不同意检修，生产调度反馈给工艺车间。

（3）检修交接票证管理。日常检修，公司装置停车后设备的检修，基建、安措、技措与生产装置对接、预留作业，设备大修及外委项目施工时都需要出示检修交接票证。检修交接票证包括设备检修交出证、检修工作票、设备检修质量合格证、检修任务命令书。

检修交出证：第一，签发。设备检修交出证由工艺车间技术员或当班班长签发，一式两份，经车间主任审核后，一份由技术员交给检修人员办理相关手续，一份车间存查。维修车间接到工艺车间的交出证后，由车间技术员或主任签发检修工作票，一式两份，一份由技术员交给检修人员办理相关手续，一份车间存查。第二，签字使用。①检修工作开始前，检修项目负责人、操作班长应共同到现场检查并将工艺配合工作记入栏目，确认安全技术措施已全部落实，由操作班长在交出证上签字，将设备正式交给检修人员。②外委设备检修前，由机动处牵头，工艺、检修负责人及安环处管理人员共同到现场检查，确认安全技术措施已全部落实，并有相关部门签字认可；确认工艺处理方案已全部落实，并有相关领导签字认可，办理设备检修交出证后，方可检修该台设备。③设备发生故障必须进行夜间临时性抢修，经检修班长和操作班长许可进行抢修，抢修后补办设备检修交出证和相关手续。总之，设备检修交出证一定要在设备检修前办理妥当，设备检修交出证上的各栏目一定要认真填写，把检修该台设备各种工艺指标、运行状况认真落实，具体细化。

检修工作票：第一，在检修工作结束前，由于工作需要扩大检修设备的范围，应重新签发工作票并重新进行许可工作的审查程序。第二，检修工作结束后，检修人员在检修工作票上签字确认已完成工作票上所下达的检修任务，检修工作票由检修负责人交维修车间技术员保管，并与操作班长共同试车验收，试车合格后由操作班长在质量合格证上签字，一份由检修单位存查。

检修质量合格证：设备检修完毕，竣工验收由机动处组织有关单位，按图纸、方案、规定、技术标准进行验收，并办理质量合格证，工程项目无质量合格证，审计处不给予决算，不能办理工程款。验收时所办质量合格证，由该设备固定资产所在部门领导签字认可，同时车间、机动处及施工单位要做好检修记录及归档工作。

检修任务命令书：大修中重要项目由维修车间编写检修任务命令书，由机动处、安环处审批。外委施工安全措施或安全方案，须经安环处有关人员审批方可进入现场施工。

2. 大修管理

（1）大、小修的界定。大、小修的划分：①平时不能处理，必须在系统停车才可检修的项目，可列入大修项目。②车间上报本年度大修计划，经机动处确认、主管经理签字认可的检修项目，可列入大修项目。③凡属厂控设备，虽然平时可以检修，但检修费用比较高，机动处认可（原则按每台设备大修周期考核），可以列入大修项目。④紧急情况需要检修的重要及危险较大的设备，部门出具报告，机动处核实后，可列入大修项目。⑤除上述之外检修、维修项目均列入小修项目。

大、小修费用确定：①凡是上述列入大修检修项目，包括备件和材料检修费进入大修费，其余临时维修项目、检修项目都进入本部门维修费用。②机动处对年度大修费用进行总承包，公司对机动处进行考核，根据大修费用完成情况进行奖罚，机动处有权平衡各个部门大修费用、年度大修资金使用情况。③机动处有权支配临时需进大修费用的项目进某部门大修费。所有检修工作，实行工时定额管理和经济成本核算制。

（2）大修前的项目确定和方案审批（包括大修、化工检修、技改）。

第一，项目的确定。①大修项目的确定：生产车间、维修车间，应按机动处要求在规定的时间内申报本部门的设备大修计划，其中包括检修内容，所需的备件、材料配合工种，所需用的专用机具的规格、型号、数量及车间项目负责人。②机动处根据各车间申报的大修计划及现场设备运行状况，逐项审查确认检修内容和所需备件、材料。③大修前3个月，可根据设备实际运行情况，增补大修计划。④大修前2个月确定整个计划。大修计划须经过机动处审查后，报主管经理批准，公司经理办公会议定并报请集团主管部门核准后，各相关单位才能按计划执行。

化工检修项目的确定：①由生产车间根据化工生产的工艺状况，申报化工检修项目及具体的施工方案，所需的材料，配合工种，专用机具等。②生产处根据工艺运行状况，认真审查确认使用材料的型号、规格、数量。③对重要设备更换触媒、填料等化工检修项目，经生产处审批，主管经理批准后，方可列入大修计划中执行。

技改项目的确定：公司所有在大修期间实施的技改项目，应按照公司技改项目管理规定进行立项和设计后，按机动处规定的大修计划申报时间报到机动处。

第二，方案审批。设备大修的检修方案由机动处审批，属于厂控的主要设备经主管经理批准后方可执行。对化工检修项目的施工方案，化工部分由生产处审批；重要的化工检修项目，经主管经理批准后；施工检修部分由机动处负责审批。经主管经理批准经理办公会议定后的大修总体方案、大修项目计划、大修单项费用计划，上报集团设备管理部。

（3）大修施工现场管理。

第一，队伍安排。为了减少检修费用，降低成本，公司内各检修技改的施工任务安排，按先厂内后厂外的原则，主管部门认真考核施工队伍的综合素质，在保证工期、质量、费用相同的前提下，优先安排公司内部单位去承担。对重要的检修、技改项目，要参照集团相关规定，采取发包招标或议标的方式进行。

第二，外委检修（技改）项目的施工管理。机动处、生产车间和施工单位需要各负其责。①机动处的职责：一是负责检修（含技改、化工）项目前期技术准备工作，施工进度和检修质量，平衡检修力量，协调检修所需用的专用工具、吊车、供水、供电及施工现场的安排；二是协调解决施工时所需的备件、材料；三是协调解决施工现场的技术问题和材料的替代问题，发现问题应及时向主管领导汇报解决。②生产车间的职责：一是负责办理设备交出证并将施工人员带到现场，明确指定需要检修的设备；二是负责协助办理施工现场动火证、进罐证等手续，负责设备检修时所需要的特殊要求，如工艺置换处理等；三是负责协助提供施工时所需更换的备件、材料；四是负责检查督促施工进度和检修质量，发现问题及时通报并向有关领导汇报。③施工单位的职责：一是所有施工单位首先报安全施工方案和施工预算，经机动处审查后，方可到计财处预决算科、法律审计处办理正式施工合同；二是必须遵守公司颁布的各项规章制度，并须到安环处和保卫处进行入厂安全教育和办理入厂临时通行证。

（4）大修项目的质量验收和结算。

第一，验收。各单位承担的检修任务完成后，应及时通报机动处，机动处组织有关部门及时验收。对各检修项目的验收要办理质量合格证，对重要的动、静设备试车验收，要做好详细检验记录，验收合格后，档案、资料由机动处和维修车间存档。设备的试车和验收要求：验收时要认真执行设备检修规程，在试车验收过程中发生的设备故障，分清责任，由机动处安排施工单位或其他单位修复。如由外单位施工方造成经济损失，需按合同给予赔偿。

第二，结算。各施工单位凭检修质量合格证，按合同规定到审计处办理工程决算。施工单位需将决算单返回机动处或生产处一份存档备查。在办理工程结算时，需执行预算定额的检修项目，施工单位应把施工预算报机动处审核工程量，机动处签证确认检修工作量后，再到计财处预决算科及法律审计处办理决算。对大修现场临时增加的检修任务，机动处施工前报请主管经理同意，同时通知计财处预决算科及法律审计处，随时可以安排任何车间和施工队伍去承担检修任务，以确保大修的顺利完成。

（5）其他工作管理。

第一，备件、材料的发放。①大修期间所领取的各种备件、材料均按大修计划执行。各车间技术员检修前填写正式领料单，交付施工人员去领取，其他外单位人员无权随意领取，否则仓库有权拒付。施工单位领取后因保管运输不当，造成损失的，由施工单位负责。检修现场急需时，可由施工单位打借条，经机动处同意后领取备件及材料。检修后补办正式出库手续。②检修时，发现法兰、封头、阀门等设备螺栓拆不动时需动火切割（尤其是规格大，材质特殊的），必须经使用车间和机动处签证确认，并且要确认有新的替代材料后，方可进行施工，否则造成材料浪费及影响检修质量由施工单位负责。③大修期间领取大修计划外的备件和材料时，经机动处同意，可列入大修费。未经同意，列入正常维修费用。

第二，现场车辆机具的管理。①现场各施工队伍、各车间检修时，需要使用吊车、叉车、货车等配合时，到现场检修指挥部办理用车联络单。申办时说明使用地点、时间、起吊重量，充分做好吊装准备方可派车，完工后迅速通知检修指挥部，使车辆迅速返回停车场待命，并在用车联络单上签证，注明用车部门和结束时间，杜绝各类"窝工"现象。②公运公司应按机动处要求，提供现场所需的各种车辆。大修结束后，凭用车联络单进行结算。

第三，废旧物资的处理。大修期间各单位在施工中更换下来的废旧的备件和材料，由机动处和车间共同确认，能修复利用的备件材料，各车间回收，对备件材料开展修旧利废工作。不能修复使用的，由供应处回收，按废旧物资处理。

六、特种设备管理

锦天化的特种设备包括锅炉压力容器、起重机械设备、造粒塔电梯、压力管道等。由于具有高危险性和重要性，特种设备有其特殊的管理规定。

（一）锅炉压力容器

锦天化的锅炉压力容器分两级管理，车间级由车间主任负责，公司级由机动处处长和处室专职管理员负责。

1. 日常管理

（1）经过确认和验收合格的锅炉压力容器，投入使用前或者投入使用后30日内应向当地特种设备管理部门逐台登记，取得《使用登记证》后方可使用，登记标志应当置于或者附着于该特种设备的显著位置。

（2）根据生产工艺要求和锅炉压力容器的技术特性编制操作规程，其内容包括：①锅炉压力容器操作工艺指标及最高工作压力，最高或最低工作温度。②锅炉压力容器操作方法、开停车操作程序和注意事项。③锅炉压力容器运行中巡回检查项目和部位，运行中可能出现的异常现象和防范措施。④锅炉压力容器停用时的封存和保养方法。

（3）在使用中，不得随意提高原设计单位所提供的锅炉压力容器设计工艺参数。对锅炉压力容器逐台建立技术档案，对设计、制造、安装技术资料不详或遗失，及技术现状不明的在用锅炉压力容器，应有计划地进行技术鉴定，补全技术资料。

（4）机动处于每年年末将一年中的各种锅炉压力容器更新、报废等情况上报当地技术监督局安全监察机构。锅炉压力容器的检验可结合设备大修、中修和系统（装置）停车来进行，其定期检验应由省、市特种设备安全监察机构授权并由取得锅炉压力容器检验许可证的单位进行。无损检验人员必须持有省特种设备安全监察机构颁发的无损检验资格证，检验报告应由两个或两个以上的检验人员签署，并由检验单位技术负责人签字，盖有业务专用章方可生效。

（5）经过定期检验或专门技术鉴定，确认材质老化、用材不当、强度不够、缺陷严重或结构不合理，无修复价值的压力容器，应报废、更新。已报废的锅炉压力容器，如改为他用，必须符合新用途的安全技术要求，并经总工程师或技术负责人批准，重新登记，方可使用。

（6）锅炉压力容器发生事故时，应按国家有关规定及时、如实地向负有安全生产监督管理职责的部门和特种设备安全监督管理部门等有关部门报告。

2. 操作与维护

（1）操作人员的职责。锅炉压力容器的操作人员必须经过培训考核，考试合格后，取得操作证后方可独立操作。操作人员必须熟知岗位操作法，了解本锅炉压力容器技术特性、结构、工艺流程、工艺参数，了解对可能发生的事故应采取相应的防范措施、处理方法。操作人员必须严格执行工艺操作规程，严格控制工艺条件，严防容器超温、超压运行。操作人员和维修人员必须加强压力容器的日常维护，若发现异常现象，应及时处理或报告当班班长，记入值班日记和设备缺陷记录。

（2）使用注意事项。压力容器应分级缓慢升、降压力，不得急剧升温和降温。对于升压有壁温要求的压力容器不得在壁温低于规定温度下升压；对液化气体容器，每次空罐冲装时必须严格控制物料冲装速度，严防壁温过低发生脆断；对于耐火、陶瓷材料衬里的压力容器，干燥、养生或烘炉，必须严格按有关规定进行；对有内件和耐火材料衬里的反应容器，在操作或停车冲氮期间，均应定时检查壁温。如有疑问应进行复检；锅炉压力容器的安全附件必须齐全。

（3）异常情况处理。发生下列异常现象之一时，操作人员有权采取紧急措施停止锅炉压力容器运行，并立即上报：①锅炉压力容器的工作温度、工作压力或壁温超过允许值，采取各种措施仍不能使其正常时。②锅炉压力容器主要承压元件裂纹、鼓包、变形、泄漏危及安全运行时。③锅炉压力容器所在岗位发生火灾或相邻设备发生事故，已直接威胁锅炉压力容器安全运行时。④发生安全生产技术规程中不允许锅炉压力容器继续运行的其他情况。锅炉压力容器紧急停用后，锅炉压力容器所在车间应立即通知机动处，并组织有关人员参加，认真分析事故原因，采取有效处理措施。再次开车必须经总工程师批准，严防原因不明、措施不利、盲目开车。

（4）其他事项。锅炉压力容器运行或进行耐压试验时，严禁带压拧紧、拆卸螺栓和进行焊接等修理工作，对于设计要求热紧固的螺栓，可按设计单位提供的规范进行。严禁利用压力容器管线作电焊的零线和起重装置的锚点，室外高塔要有可靠的避雷针和接地线，球罐、氧气管线也要有可靠的接地线。车间对停用和备用的锅炉压力容器应做好维护保养及检查工作，必要时应在排放、清洗干净后用氮气置换，并封存。锅炉压力容器岗位发生火灾时，在许可的条件下尽量用氮气、蒸气或干粉灭火，以防事故扩大。

3. 检验

检验分为定期检验和不定期检验。定期检验主要包括外部检查、内外部检验、耐火试验。

（1）外部检查。外部检查是指在用锅炉压力容器运行中的定期在线检查，每年至少一次。外部检查可由检验单位有资格的压力容器检验员进行，也可由经安全监察机构认可的使用单位压力容器专业人员进行。其检查内容如下：①防腐层、保温层是否完好，无保温层的压力容器表面腐蚀的情况。②焊缝有无裂纹、渗漏，尤其注意转角、人孔及接管处的焊缝。③紧固件是否齐全和松动。④有检漏孔、信号孔的容器，检查这些部位有无漏液、漏气迹象，检漏管是否畅通。⑤高温容器的筒体壁有无超温和局部过热，如对壁温测量点有疑问时应进行复查。⑥压力容器有无异常振动和响声，压力容器与管道或相邻构件之间有无摩擦。⑦压力容器附件是否齐全、灵敏，其铅封是否完好，并在有效期内与压力容器有关的管件和安全接地线是否齐全完好。⑧对腐蚀冲刷较严重的部位进行定点测厚。

（2）内外部检验。内外部检验是指在用压力容器停机时的检验，应由检验单位有资格的压力容器检验员进行。其检验周期为：安全状况等级为1、2级的，每6年至少1次；安全状况等级为3级的，每3年至少1次；锅炉每2年1次。属于下列情况之一的容器，内外部检验可适当缩短：①介质对压力容器材料的腐蚀情况不明或介质对材料的腐蚀速率大于0.25毫米/年，以及设计者所确定的腐蚀数据与实际不符的。②材料表面质量差或内部有缺陷、材料焊接性能不好、制造时曾多次返修的。③使用已超过20年，经技术鉴定后或由检验员确认按正常检验周期不能保证安全使用的。④停止使用时间超过2年的。⑤经缺陷安全评定合格后继续使用的。此外，停用2年以上、需要恢复使用的以及由外企业调入的容器，投用前要做内外部检验。

（3）耐火试验。耐火试验是指压力容器停机检验时，所进行的超过最高工作压力的液压试验或气压试验。对固定式压力容器，每2次内外部检验期间内至少进行1次耐压试验；对移动式压力容器，每6年至少进行1次耐压试验。

凡经检验的压力容器，检验单位应写出检验报告，机动处应根据检验报告提出对容器处理意见，检验报告和处理意见须存入容器档案内。

4. 安装和修理、改造

（1）资质要求。从事锅炉压力容器安装、修理、改造的单位，应具备下列条件：①有与锅炉压力容器修理、改造、安装相适应的专业技术人员和技术工人。②有与锅炉压力容器修理、改造、安装相适应的检测手段。③有健全的质量管理制度和责任制度。

（2）方案和工艺要求。锅炉压力容器修理和改造，如开孔、补焊、更换筒节（包括封头、人手孔、接管等）均应根据现行《设计规定》和现行《钢制压力容器技术条件》制订具体施工方案和施焊工艺，并进行焊接工艺评定。

（3）产品要求。新建、改建、扩建、技改项目需安装的锅炉压力容器，项目负责单位必须组织对其合格证、安全质量监督检验证明书、质量证明书等出厂文件进行检查，缺少这些文件之中的任何一种均不允许安装。

（4）施工要求。①施工前，锅炉压力容器安装、改造、维修的施工单位应当在将拟进行的压力容器安装、改造、维修情况书面告知直辖市或者设区的市的特种设备安全监督管理部门，告知后方可施工。②竣工后，施工单位应当在验收后 30 日内将有关技术资料移交资料室，资料室将其存档。③对于重大维修过程，必须经国务院特种设备安全监督管理部门核准的检验、检测机构，按照安全技术规范的要求进行监督检验，未经监督检验合格的不得交付使用。

（5）材料要求。①对未施焊过的材料，在制定焊接工艺要求之前，必须按现行《钢制焊接压力容器技术条件》进行焊接工艺评定。②修理改造所用的材料（焊条、焊丝、焊剂）和阀门紧固件时，必须进行检查，合格后方可利用。③装配压力容器的紧固件应涂润滑材料，紧螺栓时应按对角依次把紧。高压容器的主螺栓，最好用液压工具拧紧。④非金属垫片一般不得重复使用。金属透镜垫经使用产生压痕，可用机械加工方法修复后重用。铜、铝垫片安装前应进行热处理。选用垫片时，应考虑对介质的耐腐蚀性。⑤对修理中进行过焊、堆焊、更换筒节的部位，应做无损检验，其质量应符合现行的有关规定。高强度钢制容器试压后还须进行无损检验复检。

5. 安全附件管理

锅炉压力容器应按《监察规程》的要求分别装置安全阀、爆破阀、压力表、温度计及截止阀等安全附件，并在使用中加强维护和定期检验，使之经常保持齐全、灵敏、可靠。

（1）使用的安全阀和爆破片应符合下列要求：①选用新的安全阀和爆破片必须有合格证，合格证上的内容应符合《监察规程》的要求。②安全阀的排气能力必须大于容器的安全泄放量，若发现排气能力不足，应遵循《监察规程》附件三的要求重新进行核算，并根据结果更换合适的安全阀。③安全阀应定期校验，每年至少1次。校验工作由有资质的检验单位进行，机动处和安环处的代表参加。④爆破片应定期检查、更换。对于超压未爆的爆破片也应及时更换。

（2）使用的压力表、液面计和测温仪表应符合下列要求：①压力表的精度等级，对一类压力容器不低于2.5级；对二、三类压力容器不低于1.5级。②压力表表盘的刻度极限值，应为容器最高工作压力的1.5~3倍，最好取2倍。压力表刻度盘上应有红线，指出容器最高工作压力。表盘直径大小和装设位置要便于操作人员观察，应避免受冻结和震动的影响。③压力表与容器之间应装设三通旋塞或针形阀，并有开启标志。盛水蒸气的容器，在压力表与容器之间应有隔离缓冲装置。④压力表应定期检验，每年至少1次，经校验合格的压力表应有铅封和检验合格证。在使用过程中如发现指示失灵、刻度不清、表盘玻璃破裂，泄压后指针回不到零位、铅封损坏等情况，均应立即更换。⑤盛装易燃或剧毒、有毒介质的液化气体的容器以及废热锅炉，应采用板式玻璃液面计或自动液面指示器，液面指示器上应有防止液面计泄漏的装置和保护罩，并标明允许的液位上限和下限。在严寒地区指示器导管应设有防冻设施。格式玻璃液面计，应以1.5倍工作压力进行耐压试验，合格方准投入安装使用。⑥测温仪表的测量、位号、灵敏度应按设计要求配置，不得任意取消。

（二）起重机械

锦天化公司内部安装和使用的起重机械包括：桥式起重机、龙门起重机、塔式起重机、悬臂起重机、桅杆起重机、铁路起重机、汽车起重机、履带起重机、电梯、电动葫芦起重机及绞车、千斤顶和滑车等。

1. 使用要求

（1）起重机械由机动处主管，由起重机械的部门设专人管理。专项管理人员应将起重机械的主要设计图纸及有关技术资料收集齐全，在起重机械的明显部位标明最大起重量，并附有完整的技术证明文件及使用说明书，所有资料应存放在公司档案室。

（2）对新安装、经过大修或改变重要性能的起重机械，在维修过程中必须经国务院特种设备安全监督管理部门核准的检验、检测机构，按照安全技术规范的要求进行监督检验，未经监督检验合格的不得交付使用。

（3）安装起重机械的地基、房架、轨道及其他建筑物，必须能安全稳固地承受运行时的最大负荷，并且保证其有足够的稳定性，以防倾倒、坠落。起重机的平衡物体应安装得稳固可靠，使其不致发生移位、脱落。行驶起重机的轨道，其坡度和轨距应当符合设计要求，汽车起重机和履带起重机工作的地面，应当平坦，不得在泥泞地面工作，桅杆起重机的拉索、地桩应当牢固。

（4）起重机的性能不得任意改变，如果需要增加起重机械的最大重量，加快起重速度，延长跨距悬臂或改变其他重要性能，必须检验其强度、刚性稳定率和功率，并对薄弱部分采取必要的加固措施。

（5）起重机械的工作地点，要有足够的照明设备和畅通的吊运通道，并且应当与附近的设备、建筑物保持一定的安全距离，使其在运行时不致发生碰撞。

（6）起重机械不得在架空输电线路下面工作，在通过架空输电线路时，应将起重机的起重臂落下，以免碰撞。在架空输电线路一侧工作时，不论在任何情况下，起重臂、钢丝绳或重物等与架空输电线路的最近距离应不小于表5-2规定：

表 5-2 起重机械在输电线路下面工作的最小安全距离

输电线路电压（千伏）	1 以下	1~20	35~110	154	220
允许与输电线路的最近距离（米）	1.5	2	4	5	6

（7）起重机的电气设备，应当符合电气安全的要求。在防爆车间，起重机的电气设备也应当符合防爆要求。

2. 安全装置与劳动保护设施

（1）安全装置。①机动的起重机和绞车，必须有音响清晰的喇叭、铃或汽笛等信号装置。②起重机的卷扬机和电机的移动、旋转和变速机构必须装有制动器。电动的起重机必须有卷扬限制器和行程限制器，卷扬限制器应使滑轮在提升到距离卷扬机极限 300 毫米以前时，能自动停止，条件许可的这种距离还可延长。行程限制器应使起重机在驶近轨道末端，或与同一轨道上其他起重机互相靠近时，或在悬臂转到最大角度，抬到最高位置时，能自动停车。③随着起重臂倾斜角度的大小而变更起重量的悬臂起重机应当设有起重量指示器。④在轨道上移动的起重机，除铁路起重机外，都必须在轨道终端设置末端立柱，同时还应设置缓冲器。⑤绞车、千斤顶滑车，应当有自动的制动性能，使重物可以停留在任何高度。

（2）电气防护。①电动的起重机上的金属构架、轨道、电气设备的金属外壳或其他不带电的金属部分，都必须有保护性接地。②桥式起重机和龙门起重机，在由司机室或房架平台进入桥架的门上，应当有自动连锁装置，以保证有人进入桥架时，能自动断电。③桥式起重机和具有供电滑线的悬臂起重机，其供电滑线应当有鲜明的颜色。为了防止上下人时发生触电，当起重机的上下平台靠近供电滑线，则应设置防护挡板，桥式起重机的上下平台，最好不要与大车的供电滑线同侧，为了防止钢丝绳摆动时碰着供电滑线，起重机靠近滑线的一边应设置防护杆，如果在厂房跨距内装有双层起重机，可沿下一层起重机供电滑线的全长设置防护杆。

（3）栏杆和平台防护。①起重机的梯子、平台、走台和桥式起重机的梁边都应设有不低于 1.05 米的防护栏杆，栏杆下不应当有挡板。起重机传动装置的危险部分，应当设有防护罩或防护栏杆、直梯和倾斜角大于 75 度的斜梯，其高度超过 5 米者，应设置弧形防护圈。②桥式起重机除设有必要的维修平台外，应当设有足够的供上下司机室用的梯子、平台，在工人上下起重机频繁的车间，应设走台，以代替上下平台。

（4）作业防护。露天工作的起重机，司机室应当有防雨、防晒的设施。在地面轨道上行驶的露天工作的起重机应当有夹轨钳，以增加其稳定性，防止在最大风力吹袭时自由移动或被风刮倒。

3. 安全使用管理

（1）统一登记。主管起重机械部门及使用部门分别对起重机进行登记，详细记载每台起重机的规格、性能等有关技术资料以及历次技术校验、大修理、改变起重机的重要性能和重大事故等情况，以备查考。

（2）固定人员使用。安装在机器设备附近、由地面操纵的机动起重机，应当指定固定人员负责使用。除此之外，机动起重机一般应由专职的司机驾驶，并且指定人员负责挂钩和指挥工作。起重机司机和负责挂钩指挥人员，必须视觉、听觉正常，经过专门训练，并经企业安全技术部门考试合格发给合格证后，方准许独立操作。

（3）统一信号。公司规定统一的起重机信号，公司内有关人员，包括由其他单位借调来的人员都必须按照本公司的指挥信号执行。除了在吊运工作发生紧急危险时，任何人都可以建议指挥人员发出停止信号。除此之外，只许负责指挥起重机的人员指挥吊运工作。

（4）规范操作。①禁止起重机械超负荷运行。②随着起重臂倾斜角大小而变更起重量的起重机，在工作时，起重臂倾斜角度和起重量应当符合设计要求。③用两台起重机吊运一个重物，应在主管部门同意并监督下进行，吊运时起重的钢丝绳应当保持垂直，每台起重机所受的负荷不能超过其最大起重量。④起重机吊运重物时，应捆缚吊挂并牢固平稳；吊运时，应当先稍离地面试吊，证实重物挂牢，制动性能良好和起重机稳定后，再继续起吊。捆缚吊运带有锋利锐角的重物时，应当放垫。禁止斜吊，禁止吊拔埋在地下或凝结在地面、设备上的东西。⑤起重机吊运重物时，一般应走吊运通道，禁止从人头上越过，禁止在吊运的重物上站人，禁止对吊挂的重物加工，不许吊着重物在空中长时间停留。⑥当起重机运行时，禁止人员在起重臂下行走，禁止从事检修工作，禁止从一个桥式起重机越到另一个桥式起重机上去，除停车检修外，禁止在桥式起重机的轨道上行走。当悬臂起重机、桅杆起重机、铁路起重机、汽车起重机、履带起重机工作时，其悬臂所及工作区域内禁止站人。使用起重机电磁铁的起重机，应当划定一定的工作区域，在此区域内禁止站人。

（5）按时检修。起重机司机、挂钩（起重人员）和维修人员，应经常检查各自负责的设备和吊具，以保证安全运行。在进行检修，人工加油和清洁等工作时，起重机应停止运行。如是电动起重机应切断电源。起重机停止工作后，司机应当将起重机安全稳妥地停放在规定的地方，方可离开。

4. 技术检验

（1）检修频率。机动处应根据使用情况对起重机械规定 1 年或 2 年作一次技术检验，对新安装、经过大修或者改变重要性能的起重机械在使用前应进行技术检验。

（2）检修范围。在技术检验时，应当检查金属构架、各种动力设备、传动机构、电气设备、安全装置、制动器、钢丝绳、链条、吊钩、键、销和螺钉等是否完好，安装是否妥当和磨损程度等情况，并且对起重机做静负荷试验和动负荷试验。

（3）检验内容。①静负荷试验。对起重机做静负荷试验时，应当将试验的重物吊离地面100毫米悬空10分钟，以检验起重机构架的强度和刚性。静负荷试验所用重物的重量，对于新安装、经过大修或改变重要性能的起重机，应为最大重量的125%。②最大起重量检验。对于定期技术检验的起重机，应为其最大起重量的110%。试验中如果发现其钩头有永久变形，则应修理加固或降低原定的最大起重量，方可使用。桥式起重机在试验中，如果发现桥架的刚性不够，弹性强度很大，凡电动双梁的，大于跨距的1/700，电动单梁的大于跨距的1/500，手动的大于跨距的1/400时，也应当经过修理加固或降低原定的最大起重量，然后使用。③动负荷试验。起重机的动负荷试验，应当在静负荷试验合格后进行。试验时应当吊着试验重物反复地卷扬、移动、旋转或变幅，以检验起重机各部分的运行情况。如有不正常现象，应当更换或修理，动负荷试验所用重物应为最大起重量的110%。对于新的捆绑或吊挂用的钢丝绳和链条，也应当做静负荷试验，根据工作频率程度，以后至少每6个月试验1次。试验时，应当以2倍于最大负荷量的重量悬挂10分钟，验明钢丝绳没有断丝或严重变形，链条的各个链环没有断丝或严重变形现象后方可使用。

（三）造粒塔电梯

造粒塔电梯应实行三级保养制（例行日保养，一级季保养，二级年保养），由专业维保单位负责，保证电梯随时都处于良好的技术状态。具体要求如下：

（1）及时排除故障。在电梯运行过程中，使用人员时刻注意机构的运转和电压的波动及变化，一旦电梯发生故障应通知有关人员。维修人员随叫随到，及时排除故障。遇到紧急情况如憋、卡人及停电，电气车间有义务把人救出和恢复照明。

（2）清洁。尿素车间、电气车间每周对电梯机房、机电设备进行清扫，吸尘检查，使机械、电气保持清洁。尿素车间在清扫造粒塔时，应注意防止井道和轿箱进水，以免造成电气元件短路，锈蚀损坏。

（3）检查。①维保单位每2周对电梯的主要安全设施和电器控制部分进行1次重点检查，视其工作是否正常。其中，层门连锁要严格检查，在层门外面绝不允许有扒开层门的可能，否则立即予以修复。②维保单位每季对电梯的所有机构，电器等传动，控制与安全设备进行一次全面检查，并进行必要的调整、维修和润滑，检查范围包括机房、井道和低坑。③机动处每年组织有关人员进行1次安全技术检验，检查所有机械、电气、安全设施的工作情况，修复更换磨损严重的零部件。

第四，大修。根据电梯使用情况，每3~5年对电梯进行1次大修。包括各活动部位的轴承拆洗，加润滑脂，调整蜗轮减速机及油箱清洗更换新油，等等。

（四）压力管道

为了保证化肥生产安稳运行，必须对压力管道进行特殊管理。压力管道分两级，车间一级由车间主任和车间技术员负责，公司一级由机动处设专职人员负责。设备主管经理是压力管道的技术负责人。

1. 操作管理

锦天化对压力管道的使用实行操作人员岗位责任制，具体包括：①操作人员必须经过安全监察机构进行安全技术和岗位操作法学习培训，经考核合格后才能持证上岗。②操作人员必须熟悉本岗位压力管道的技术特性、系统结构、工艺流程、工艺指标、可能发生的事故和应采取的措施。做到"四懂三会"，即懂原理、懂性能、懂结构、懂用途，会使用、会维护、会排除故障。③操作人员必须严格按操作规程进行操作，严禁超压、超温运行。

在具体操作中，锦天化还制定了相应的安全操作规程，至少应包括：①操作工艺控制指标，包括最高工作压力、最高或最低操作温度。②压力及温度波动控制范围，介质成分，尤其是腐蚀性或爆炸极限等介质成分的控制值。③岗位操作法，开停车的操作程序和有关注意事项。④运行中重点检查的部位和项目。⑤运行中可能出现的异常现象的判断和处理办法、报告程序和防范措施。⑥停用时的封存和保养方法。

2. 日常维护保养

压力管道的日常维护保养是保证和延长使用寿命的重要基础，主要工作内容包括：①经常检查压力管道的防护措施，保证其完好无损，减少管道表面腐蚀。②阀门的操作机构要经常除锈上油，定期进行操作，保证其操纵灵活。③安全阀和压力表要经常擦拭，确保其灵敏准确，如发现异常，及时通知有关部门进行校验。④定期检查紧固螺栓的完好状况，做到齐全、不锈蚀、丝扣完整、联结可靠。⑤注意管道的振动情况，发现异常振动时，应立即通知有关部门采取隔断振源，加强支撑等减振措施，发现摩擦时，应及时采取措施。⑥静电跨接、接地装置要保持良好完整，发现损坏及时报修。⑦停用的压力管道应排除内部介质，并进行置换、清洗和干燥，必要时做惰性气体保护。外表面应进行油漆防护，有保温的管道，注意保温材料完好。⑧检查管道和支架接触处等容易发生腐蚀和磨损的部位，发现问题及时采取措施或通知有关部门进行防护。⑨及时消除管道系统存在的"跑、冒、滴、漏"现象。⑩对高温管道，在开工升温过程中需对管道法兰连接螺栓进行热紧；对低温管道，在降温过程中进行冷紧。⑪禁止将管道及支架作为电焊零线和其他工具的锚点、撬抬重物的支撑点。⑫在对生产流程的重要部位的压力管道，穿越公路、桥梁、铁路、河流、居民点的压力管道，输送易燃、易爆、有毒和腐蚀性介质的压力管道，工作条件苛刻的管道，存在交变载荷的管道，应重点进行维护和检查。

3. 定期检验

压力管道的定期检验分为在线检验与全面检验。在线检验是在运行条件下对在用工业管道进行的检验，由具有市技术监督局颁发的压力管道在线检验资格证的检验员进行，检验完毕出具检验报告，在线检验每年至少进行1次；全面检验工作由市锅检所进行，机动处负责制定在用工业管道全面检验计划，按时申报给技术监督局锅炉科和市锅检所，并协助检验单位进行全面检验工作。

其中，在线检验的项目包括：①各项工艺操作指标参数、运行情况、系统平衡情况。②管道接头、阀门及管件密封情况，是否存在泄漏。③保温层、防腐层和保护层是否完好。④管道振动情况。⑤管道振动支架是否完好。⑥管道之间、管道和相邻构件的摩擦情况。⑦阀门等操作机构润滑是否良好。⑧安全阀、压力表、爆破片等安全保护装置的运行、完好状态。⑨静电跨接、静电接地、抗腐蚀阴极保护装置是否完好。

4. 新建、扩建、改建

（1）压力管道的修理与技术改造的基本要求：①压力管道的修理与技术改造单位必须具备一定的能力和资格。②必须具有完整的质量保证体系。③具有与之相应的技术力量、设备和检测手段。④对压力管道进行重大的技术改造时，其技术和管理要求应与新建的压力管道要求一致。

（2）压力管道的修理和技术改造必须做到：①结构合理，保证管道的强度能满足最高工作压力的要求。②管道的补焊、更换管段、管及热处理等技术要求，应按现行的技术规范，制订施工方案和工艺要求，必要时进行强度校核。③修理改造的焊接必须作焊接工艺评定，焊接材料必须符合规范要求。

（3）管道检修前的安全要求。①管道系统的降温、卸压、放料和置换：管道系统停车后，应按操作规程把管道温度降至 45℃以下，卸压至大气压，放料应彻底。介质为易燃、易爆和有害气体的管道，应采用惰性气体进行置换。②用盲板将待修管道与不修的管道隔离。③清洗和吹扫：清洗一般采用蒸气、水和惰性气体。酸性液体可用弱碱洗涤、清水冲洗，强碱性介质用大量水冲洗。系统不宜夹带水分的，一般用空气或惰性气体（通常用氮气）吹扫。④气体取样分析，确认合格后方能交付检修。

5.经事故处理

在压力管道的操作使用中遇到下列情况时，应立即采取紧急措施并及时报告有关管理部门和管理人员：①介质压力、温度超过允许的范围且采取措施后仍不见效。②管道及组成件发生裂纹、鼓瘰变形、泄漏。③压力管道发生冻堵。④压力管道发生异常振动、响声，危及安全运行。⑤安全保护装置失效。⑥发生火灾事故且直接威胁正常安全运行。⑦压力管道的阀门及监控装置失灵，危及安全运行。

压力管道一旦发生事故，要按以下规定进行处理：①执行压力管道救援预案。②发生特别重大事故、特大事故、重大事故和严重事故后必须报告主管部门和质量技术监督行政部门。发生重大事故或特大事故后还必须直接报告国家质量监督检验检疫总局。

七、设备管理考核

为主抓设备完好率和防止"跑、冒、滴、漏"，并以此为切入点，全面深入地排查设备隐患，从技术、管理等方面制定科学、合理、严密的各项措施，确保设备安全，锦天化在其精益化生产和精细化管理考核活动中将设备管理列为考核内容之一，其具体的考核细则如表5-3所示：

表 5-3 设备管理考核细则

考核项目	考核内容	考核标准
一、单独考核项目	(一) 设备原因引起的非计划停车	每停车 1 次绩效考核减 5~10 分，设备事故造成的停车扣 5~20 分
	(二) 及时发现隐患	如巡检中及时发现隐患，避免事故发生加 1~20 分，设备出现故障积极参加抢修加 1~20 分
	(三) 取得突出经济效益	取得突出经济效益加 5~20 分
二、设备运行管理	(一) 运行指标考核	
	全部设备完好率	95%以上得满分，95%以下每降低 1%扣 1 分
	主要设备完好率	98%以上得满分，98%以下每降低 1%扣 1 分
	动密封点泄漏率	0.2%以下得满分，0.2%以上每增加 0.1%扣 1 分
	静密封点泄漏率	0.05%以下得满分，0.05%以上每增加 0.01%扣 1 分
	润滑油品使用	每多使用 1000 升扣 1 分
	仪表完好率	98%以上得满分，98%以下降低 1%扣 1 分
	仪表投用率	98%以上得满分，98%以下降低 1%扣 1 分
	仪表自控率	98%以上得满分，98%以下降低 1%扣 1 分
	(二) 备用设备管理考核	
	备机抢修不过夜执行情况	少执行 1 次扣 5 分
	备用转动设备定期盘车	每台未进行定期盘车扣 2 分
	备用转动设备定期盘切换	每台未进行定期切换扣 1 分
	锅炉点火、系统联试	起重机械点动；电机摇测绝缘；仪表执行器联试；检测仪表确认；连锁系统联试；冗余配置设备 (卡板、电源等) 完好确认：每台次未按期执行扣 1 分
	备用设备不能正常投用	每台次扣 5 分
	(三) 规章制度建设及设备档案填写情况	
	各种管理制度齐全	设备管理制度、五大制度、无泄漏、防腐保温、卫生等及执行情况，一项不符合要求扣 3 分
	各种技术规程齐全	主要设备检修规程、特种设备管理和其他各专业相应的管理规程，各种仪电设备技术规程齐全，标准仪器、计量仪表检定制度齐全，一项不符合要求扣 2 分
	资料登记情况	各类规程、标准、资料、档案、记录有专人或兼职人员统一管理，各种档案、记录填写及时，资料齐全。做到分类明确，登记清楚，一项不符合要求扣 2 分

续表

考核项目	考核内容	考核标准
二、设备运行管理	按规定编写备件计划编码	不按规定执行扣 1 分
	各类报表、计划等上报的及时、准确、规范	不按规定执行扣 2 分
	巡检线路合理，巡检记录完整准确	设备管理人员每日巡检一次，维修工、仪表工、电工每日巡检二次。并将巡检情况集中记录在巡检本中，不按规定巡检并不及时记录的扣 3 分
	各种检修要有检修委托单及设备交出证并有存档可查	不按要求执行的扣 2 分
	设备位号铭牌标示清楚，包机牌齐全、整洁	有一项不符合要求扣 1 分
	危险设备应急措施和救援预案、演练情况及记录	
	冬季防冻措施	有冬季防冻措施，内容全面，不符合要求扣 1 分
	特种设备	告知情况；注册登记情况；管理机构及管理人员配置情况；人员持证情况；维保情况；定期检查情况；检验计划及执行情况，不按规定执行一项扣 1 分
	做好设备检修的计划管理工作	要有年度大修计划、月维修计划，不按规定执行扣 3 分
	有密封档案并及时记录漏点处理情况	密封档案齐全，漏点做好记录，有一项不合格扣 1 分
	漏点管理	对不停车处理不了的漏点，要挂牌、登记，有安全防护措施，不按要求执行扣 5 分
	事故管理	认真制定机械、仪表、电气设备事故处理预案，并对事故现象、原因、处理方法及结果及时做好记录，不按规定执行扣 5 分。根据事故原因，按生产处对应细则执行，不重复扣罚
三、设备基础管理	做好特殊仪、电设备的周期保养，及时填写周期保养记录	没按要求做好保养和不及时填写记录扣 1 分
	对仪电设备的操作按规定办理票据，内容填写规范	不按规定办理票证扣 5 分
	设备评级	评级报表上报不及时扣 2 分，与实际不符每项扣 1 分

续表

考核项目	考核内容	考核标准
三、设备基础管理	（一）润滑油品管理	
	基础管理	设备润滑管理程序；建立设备润滑档案和卡片；设备润滑管理员岗位责任制；按时上报月、季、年的润滑油脂、器具消耗计划，一项不符合要求扣3分
	现场管理	滤油机、净油机的维护；现场设备润滑的维护，包括油温、油位、油压、漏油、跑油、定期分析（大机组）、油变质；废油回收；冬季换油，一项不符合要求扣2分
	润滑油脂柜（站）管理	账、物、卡清楚；管理制度；加油工制度；消防设施；卫生；五定、三过滤，一项不符合要求扣3分
	（二）防腐、保温管理	
	各单位要有专（兼）职人员负责防腐、保温工作	不按要求执行扣2分
	根据现场具体情况，各单位应及时提出防腐、保温的施工任务单，要求写明部位、数量、材料提供单位等	有一项不符合要求扣3分
	设备、管线、阀门等防腐保温状态良好，不许有破损	有一处没及时保温和破损扣2分
	闲置设备有专人或兼职管理，并且按规定进行保养，不能有积水、油污、锈蚀	有一项不符合要求扣1分
	（三）现场定置化（卫生）管理	
	设备及周围环境整洁、无灰尘、无油污、无垃圾、轴见光、沟见底	设备及卫生有一项达不到要求扣2分
	检修与施工现场的各种材料、工具摆放有序、整齐、不乱放各种备件、材料、废旧物品，做到文明检修与施工	一项达不到要求扣1分
	检修与施工完毕后，要及时清理现场，做到工完料净场地清（包括临时照明灯等）	厂内施工单位施工完成后，不能做到工完料净场地清，扣2分，如外委施工扣外委施工管理单位和施工地点所属车间各1分
	装置区现场物品摆放要有定置图，各类与生产相关物品必须按图要求放置	一项不符合要求扣1分
	现场规格化（设备安装、管线、电缆）符合要求、标志明显	一处没有标志扣1分
	现场管线不能有捆绑吊挂现象	有一处发现捆绑吊挂扣1分
四、信息化执行情况	EAM执行情况	执行EAM各项规定流程，未执行扣2分，检修记录未录入扣3分
	压力管道管理系统执行情况	及时录入压力管道检验情况及变更情况，未录入扣3分

第六章 锦天化公司人力资源管理

一、公司人力资源状况

锦西天然气化工有限责任公司（简称锦天化公司）隶属于辽宁华锦化工（集团）公司，是我国第一个以海底天然气为原料的大型化肥生产企业。

公司自1987年国家批准立项至今，企业历经工程建设、建厂转制、重组改制三个历史性发展阶段，是集采购、生产、研发、营销、运输、管理信息化为一体。锦天化目前具有先进的工艺监控、质量检验、设备维护、环保监测能力。

公司总投资20.1亿元，设计能力为年产30万吨合成氨，52万吨尿素，其中合成氨装置采用美国布朗公司深冷净化工艺，尿素装置采用意大利斯那姆公司氨气提工艺，整套装置由DCS系统控制，具有生产能力大、产品能耗低、自动化程度高三大显著特点，具有20世纪90年代初国际先进水平。2007年，销售收入10.2亿元，利润近2亿元，是华锦集团主要创利企业之一。

锦天化公司下设合成、尿素、甲醇、仪表等9个生产车间；生产、机动、安环、质监4个生产管理部门；设计处、技术处、技术中心、信息中心、供应处、运销处等7个生产支持部门；人力资源处、财务处、企管处、公司办、法审处等8个综合管理处室；保卫、三产、公运、金秋等5个后勤服务单位。锦天化虽然隶属华锦集团，但由于处于异地，相对的独立性和特殊性，有些职能要归属地管理，企业在完成生产任务的同时也承担着一定的社会责任，因此设置了一些相对应的独立职能处室岗位和职务，如保卫处、武装部等。

公司现有员工 1536 人，其中，中高层管理人员 97 人，占 6.32%；专业类人员 265 人，占 17.26%；技术类人员 106 人，占 6.914%；一线操作人员 816 人，占 53.12%；后期辅助人员 252 人，占 16.41%。

随着知识经济的来临，企业间的竞争，已由产品的竞争、资本的竞争发展成为智力资本的竞争。激烈竞争的焦点是智力与知识载体的人。将来谁能拥有具有高度竞争力的各类员工，谁就掌握了市场竞争的先机和主动。

锦天化人深切理解人力资源是所有资源中最宝贵的资源，人是生产力诸因素中最积极、最活跃的"第一资源因素"，锦天化运用现代人力资源理论充分开发人力资源，迎接新市场的挑战。

二、公司人力资源管理

（一）人力资源战略规划

锦天化人力资源规划遵从企业的管理状况、组织状况、经营状况变化和经营目标的变化，结合企业发展对人员的需求，通过对企业资源状况以及人力资源管理现状的分析，制订具体的工作方案和计划。人力资源规划的重点在于对企业人力资源管理现状信息进行收集、分析和统计，依据这些数据和结果，结合企业战略，制订未来人力资源工作的方案，实现企业的目标。

为避免制订人力资源战略计划的盲目性，应对企业的所需员工作适当预测。在估算员工时考虑以下因素：因业务发展而所需增减的员工；因现有员工的离职和退休而所需补充的员工；因管理体系的变更、技术的革新及企业经营规划的扩大而所需的员工。

1. 发挥员工潜能，做到人尽其才

锦天化着眼于本地实际，提出人人都有成为专家型人才的巨大潜能。现行人才教育定位的偏差给了人们错误的导向，使大多数人放弃了成才的努力，重学历轻技能，造成高技能工人严重缺乏。因而，要打破现行的企业管理机制，确定新的人才观，恢复成才信心，激发成才之志。专家型人才不是以文凭为依据，只要在某个领域达到岗位所规定的要求，在这一专业中有所创新，在某个方面发挥不可替代的作用的人都是专家型人才。最有把握的是岗位成才，锦天化的干部员工要在岗位上勤于学习、勤于实践，在岗位上成才，成为专家型人才。

人才的成长遵循特定的规律，知识的广博是无限的，而人生有限，只有把有限的时间和精力投放到某一领域中，做到专注，才有成才的机会。即使天才，如果不专注，也将一事无成。人才的成长有四个阶段：一是入门阶段，主要路径是竞争心、意志、持续努力、入门；二是爱好与诚心阶段，形成爱好，投入的精力和时间相对增加，效率提高，前进的阻力就减少了；三是偏好、创建阶段，专注程度明显提高，关心、关注科学行业动态，观察能力提高；四是能量释放攻克难关阶段，人才成长的过程就是能量积累与释放的过程，人的技能、潜能释放厚积薄发如火山爆发一样，释放是人的需要，如何释放，就要选定所要突破和达到的目标，就要具有使命感，具有执著的努力，知识的积累和研究达到前沿，就能够形成相对优势，攻克难关，取得成功。提高专注程度相当重要，坚定信心，敢于挑战极限、权威，敢于攻克难关。能量积累过程是量变到质变的过程，人才的成长是加速努力的过程。爱好在竞争中升华，竞争是成功、成才的原动力，只要持续努力下去，人人都可以成才，85%的成才率是完全可以做到的。要克服"执行型员工+违令惩罚=驯服型员工"等管理弊端，改变以罚为主的做法，实施全员参与、自主管理、全员创新管理的体制，激发全员岗位成才的热情和活力。

2. 塑造高品质员工，打造优秀团队

为了塑造高品质员工，打造优秀团队，突破发展"瓶颈"，实现个人和组织的共同超越，2003年初，锦天化引入并全面推行6S管理。小事成就大事，细致铸就完美。推行6S管理，既是一种管理方法的导入，也是一场思想观念变革。锦天化以"员工品质提升与公司发展同步"为推行理念，以"零杂物、零浪费、零事故、零违纪、零缺陷"为推行目标，通过整理、整顿、清扫、清洁、安全和素养来强化企业基础管理，达到规范行为、提升素质、重塑团队、安全生产的目的。锦天化推行6S管理是"以人为本"文化理念的深入和细化，是对过去零散管理做法的系统整合。

3. 营造有利于人才发展的企业环境

有利于高技术人才成长和发展的环境是加快人才培养、促进人才成长的关键所在。培养技能型、复合型、知识型人才，要靠培养来实现，靠实践来锻炼。要把技能人才的培养和使用作为推进企业发展的重中之重，通过加大培训力度、拓宽培训渠道、充实培训内容等措施，促进人才快速成长，使拔尖人才脱颖而出，优秀人才层出不穷，为企业的发展提供强有力的人才支撑。一是观念上要引导人，积极营造气氛，让职工牢固树立"培训就是最大的福利"的意识，用思想决定行动，激发和调动职工们学业务、强技能的积极性，积极营造全员学业务、提高技能的氛围；二是方式上要创新，积极搭建平台让员工参与业务技能培训，已培训内容订单式、培训方式多样化、培训效果检验式为主要手段，坚持办好班长、车间以上的培训班，不断创新培训方式、方法，采取"请进来、走出去"与高等院校联合办学校的办法，进行全员拉动式的学习，通过岗位练兵、岗位培训、技能比赛等形式，促进职工在岗位实践中成才；三是待遇上要激励，待遇是激发人才不断创新的原动力，要为高技能人才提供必要的物质待遇，是保证他们全力以赴为企业发展贡献毕生精力的必要手段。因此，要促进人才成长、激发人才创新的热情，必须要营造"付出就有回报、贡献就有报酬"的氛围。实现报酬与贡献统一，使高技能人才有创业的机会、有干事的舞台、有发展的空间、有个人的实惠，促进企业高技能人才尽快成长。

4. 建立和完善科学、高效的人才评估与考核机制

（1）健全完善科学的高技能人才评价机制，克服人才评价中重学历、资历，轻能力、业绩的倾向，建立以业绩为依据，以品德、知识、能力等要素构成人才评价指标体系，进一步改革高技能人才评价方式、方法。

（2）健全完善的高技能人才使用制度，建立以能力和业绩为导向的用人机制，进一步推行技师、高级技师聘用制度的要求，完善聘用制、推行聘任制，规范、考核、落实对职业技能竞赛中涌现出来的优秀技术人才，给予精神和物质上的奖励。同时，可以按规定直接晋升职称或优先参加技师、高级技师的考核、考评，坚决破除在人才选拔中以性别、年龄、学历为划分标准的传统做法。

（3）积极吸收先进人力资源管理方法，改进公开选聘、竞争上岗的办法，实行优胜劣汰，真正做到公开、平等、竞争、择优的原则，不拘一格选拔和使用人才，为高技能人才的成长提供快车道。提高认识是基础，加强培训是关键，提高技能是根本，实践应用是核心，促进发展是目的。就企业而言，鼓励高技能人才干事业，支持高技能人才干成事业，帮助高技

能人才干好事业，是确保高技能人才大量涌现、健康成长的关键所在。所以，各单位要加快培养技术技能型、复合技能型和知识技能型人才的步伐，进一步营造尊重劳动、尊重知识、尊重人才、尊重创造的气氛，创新高技能人才培养使用管理机制，为高技能人才的成长搭建平台、提供舞台，为社会、企业的发展做出贡献。

（二）招聘与员工配置

1. 人力资源规划

锦天化人力资源规划遵从企业的管理状况、组织状况、经营状况变化和经营目标的变化，结合企业发展对人员的需求，通过对企业资源状况以及人力资源管理现状的分析，制订具体的工作方案和计划。人力资源规划的重点在于对企业人力资源管理现状信息进行收集、分析和统计，依据这些数据和结果，结合企业战略，制订未来人力资源工作的方案，实现企业的目标。

2. 招聘计划

因为锦天化无人员招聘权，因此，我们根据人力资源规划对人力资源所需要员工增加制订出招聘计划报集团公司人力资源部，一般为一个年度，其内容包括：

计算各年度所需员工，并计划出内部晋升调配的员工，确定各年度必须向外招聘的员工专业和数量，对集团分配来的员工合理安排工作职位，并防止员工流失。

3. 员工培训

员工培训计划是人力资源管理的重要内容，员工培养计划应按照公司的业务需要和公司的战略目标，以及公司的培训能力进行全方位、多层次培训：

（1）新进员工培训计划。对于新进公司的员工来说，要尽快适应并胜任工作，除了自己努力学习，还需要公司提供帮助培训内容有企业发展历史、企业文化培训、规章制度培训、安全培训、岗位技能培训以及管理技能开发培训。

（2）管理干部。现场 6S 管理培训、精细化管理培训、传统文化与现代管理培训、执行力文化培训等。

（3）管理干部和技术人员，与高校合作办学，先后与辽宁工业大学举办继续学历教育办学、与华东理工大学举办仪表设备研究生班、与沈阳化工大学举办工程硕士班、与辽宁大学举办 MBA 工商管理硕士班等。

（4）一般员工。安全培训、技能培训、企业文化培训等。

同时我们还经常举办公开讲座，如商务礼仪讲座、心脑血管健康讲座、环境与生活科普讲座、心理健康讲座等。

4. 薪酬与福利

一个有效的薪资福利体系必须具有公平性，保证外部公平、内部公平和岗位公平。外部公平会使得企业薪酬福利在市场上具有竞争力，内部公平需要体现薪酬的纵向区别，岗位公平则需要体现同岗位员工胜任能力的差距。对过去业绩公平地肯定，会让员工获得成就感，对未来薪资福利的承诺，会激发员工不断提升业绩的热情。薪酬福利必须做到物质形式与非物质形式有机地结合，这样才能满足员工的不同需求，发挥员工的最大潜能。

执行集团制定的薪酬福利政策，充分发挥薪酬与福利的作用：一是对员工过去业绩的肯定；二是借助有效的薪资福利体系促进员工不断提高业绩。

5. 绩效管理

制定有效的绩效管理体系、合理的考核标准，以及与考核结果相对应的薪资福利支付和奖惩措施。应更多地关注绩效的后续作用，把绩效管理工作的视角转移到未来绩效的不断提高，此项工作由公司企管处具体管理。

6. 员工关系

以国家相关法规政策及公司规章制度为依据，管理员工关系，制定相关管理规定，签订劳动合同，明确劳动者和用人单位的权利和义务。在合同期限之内，按照合同约定处理劳动者与用人单位之间权利和义务关系。要为企业业务开展提供一个稳定和谐的环境，并通过公司战略目标的达成最终实现企业和员工的共赢！

三、公司员工培训

（一）培训对企业发展的作用

1. 什么是决定企业成败的因素

美国最大的管理咨询公司麦肯锡公司的资深咨询专家们，经过精选美国数十家经营管理最成功的公司，对他们进行较长时间的深入研究后，发现他们经营管理取得成功的共同之处，都在于全面关注和抓好了7个因素，即战略、结构、制度、作风、人员、技能和共同价值观。这些因素相互关联，构成一个完整的系统。由于这些因素的第一个英文字母都是 S，故称"麦肯锡 7S 模型"，如图 6-1 所示。

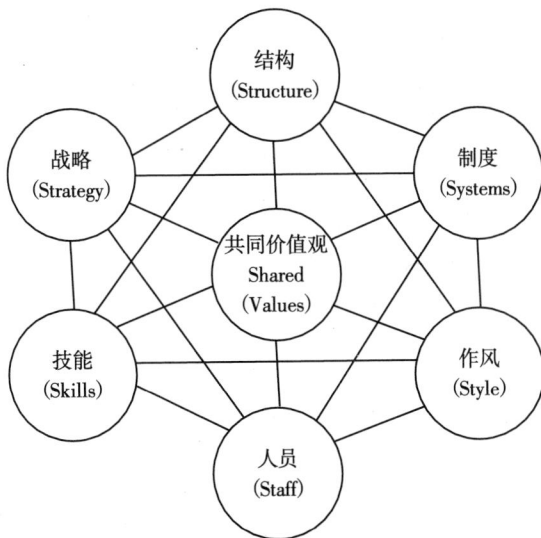

图 6-1　麦肯锡 7S 模型

在这 7 个因素中，战略、结构和制度 3 项比较直观、理性，较易直接观察；作风、人员、技能和共同价值观 4 项不易直接观察，是"软指标"。这 4 个因素都与人有关系的"共同价值观"处在模型图的中央，即"人的因素第一，人的思想第一"。

2. 企业需要什么样的人

企业最需要的是那些既具有高度专业知识、专业技能，同时又有良好的工作态度和人文素养的人（见图6-2）。这种人才是企业竞相争夺的对象和培养的目标。

图6-2　企业需要的人才

3. 企业为什么需要培训员工

科学技术迅速发展和知识经济崛起，知识更新、技术更新的周期越来越短。科学技术成为企业发展的最主要动力，企业必须通过培训来不断提高员工的综合素质，从而提高企业核心竞争力。

从另一个角度看，企业员工因学历、背景、个性的不同而有不同的主导需求，但他们渴望不断充实自己、完善自己，把自己的潜能充分挖掘出来。企业提供充分的培训，使员工成长成为可见的、可实施的、可实现的目标，从而激发员工深刻而又持久的工作动力，使企业成为员工实现自我价值的舞台。

（二）制定企业培训工作流程

图6-3为锦天化公司培训工作流程。

第一步：首先根据公司目标和员工的需求确定培训的需求；

第二步：确定培训目标；

第三步：制订公司年度培训计划；

第四步：确定公司培训执行计划；

第五步：培训计划的实施；

第六步：培训效果的评估；

第七步：培训所获得知识在实际中的应用。

然后根据员工培训后实际应用的效果重新确定培训需求，开始新的培训流程。这是一个闭合的循环过程。

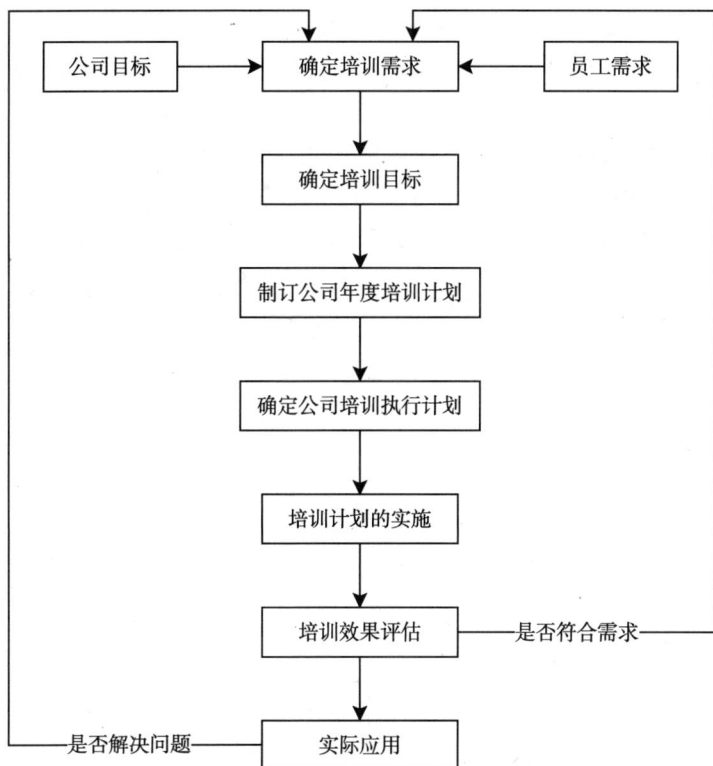

图6-3 锦天化公司培训工作流程

（三）调查培训需求

培训计划是建立在培训需求体系之上的，而培训的需求必须与企业的战略相互协调，必须与企业的生存、发展和竞争等方面的组织需求相联系。只有这样，培训工作才会是有效果、有效率和有针对性的。

人力资源处在每年12月下旬发出《员工培训需求调查表》、《年度培训计划申请表》，各部门提供详细培训项目包括培训时间、内容、接受培训人员、要求以及达到的目的，期望以何种形式进行培训，培训费用预算等。人力资源处根据反馈回来的信息，结合公司整体战略方针目标对二级单位培训计划申请进行评估，然后制订公司年度培训计划，经部门主管领导审核，报总经理批准后执行。

1. 培训需求调查的内容

培训需求调查的内容包括培训需求分析和工作分析。

（1）培训需求分析。个人需求:大多数员工都渴望公司或单位提供适当的培训和学习机会。一方面，通过培训提高本人的综合素质，增强相对竞争优势；另一方面，按照马斯洛的需求层次理论（见图 6-4），在满足第一层、第二层次需求外，还希望得到归属感、自尊、受人尊敬、自我实现需要的满足，合理利用公司培训这种形式，能使员工的这些需要得到满足。

图 6-4　马斯洛的需求层次

企业需求:在进行培训需求分析的时候，确立以员工与企业同步成长为最终目标，要考虑通过培训，将为企业带来什么？员工成长了没有？培训的最终目标通常为：①提高员工素质和工作绩效。②加强团队凝聚力、执行力以及创新能力。③支持公司总体工作和战略目标的实施。

（2）工作分析。工作分析是确定完成各项工作所需技能、责任和知识的系统过程。这些信息通过《锦天化岗位职位说明书》来进行描述。通过工作分析，我们可以确定某一工作的任务和性质是什么，哪些类型的人适合从事这项工作。通过工作分析，找到员工在知识、技能以及态度方面与其从事的工作岗位需求之间的差距，培训管理人员必须针对这之间的差距合理安排培训活动。

2. 培训需求调查的方法

进行培训需求分析一般可以采用以下方法：问卷调查、个人访谈、集体座谈、实际观察。这些方法各有优缺点（见表6-1）。在实际使用时，为了保证调查结果的准确性，常常四种方法综合使用。

表6-1 培训需求调查方法的优缺点

调查方法	优点	缺点
问卷调查	覆盖人多；省费用；量化数据；用匿名得到诚实回答	费时间；答卷人不一定了解意图；回答可能不认真；没有面对面的感受
个人访谈	参与性强；感受直接；讨论深入；发现真正问题	费时间；需要专业技巧；覆盖面不大；所谈和实际可能有差距
集体座谈	共同参与；分享与整合；深入了解	组织上有难度；较难量化与分析
实际观察	最真实信任感，便于发现问题	费时间覆盖面小；需要专业技巧

3. 培训需求调查的途径

培训需求调查的途径（见图6-5）：在公司层面，培训需求可以通过参加公司会议、与高层经理直接面谈、研究会议纪要和通讯等途径获得；在主管层面，培训需求可以通过直接面谈、问卷调查、绩效考评等途径获

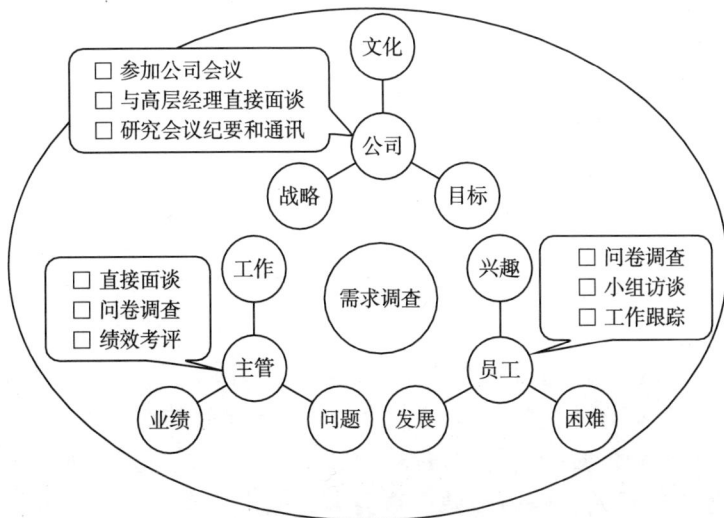

图6-5 培训需求调查途径

得；在员工层面，培训需求可以通过问卷调查、小组访谈、工作跟踪等途径获得。

（四）制订培训计划

培训计划一般包括培训需求调查结果、培训目的、培训目标、培训课程、培训师资、培训形式、培训设施、培训效果评估方法、跟踪辅导和检查等内容。

1. 培训目的

将员工和企业视为并列的独立的主体，尊重员工的价值理念和发展目标，争取做到员工个人目标和企业的整体目标一致，即实现两者的"双赢"。

通过培训提高和增强员工对企业的认同和归属，提高员工的工作能力、知识水平和潜能发挥，有利于员工个人职业生涯发展；最大限度地使员工的个人素质与工作要求相匹配，进而促进员工现在和将来的工作绩效的提高，提高团队整体素质水平，以谋求企业与员工共同发展为最终目的。

（1）企业内部培训的目的，如图 6-6 所示。

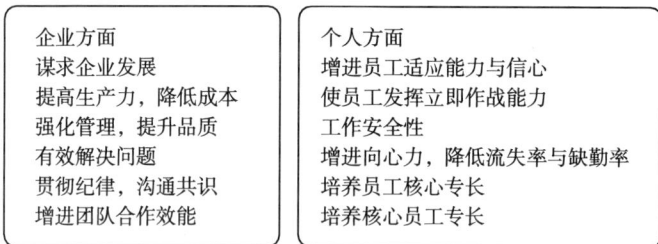

企业方面	个人方面
谋求企业发展	增进员工适应能力与信心
提高生产力，降低成本	使员工发挥立即作战能力
强化管理，提升品质	工作安全性
有效解决问题	增进向心力，降低流失率与缺勤率
贯彻纪律，沟通共识	培养员工核心专长
增进团队合作效能	培养核心员工专长

图 6-6 企业内部培训目的

（2）培训是要为社会和企业提炼出"人财"，如图 6-7 所示。

人材：就是企业的门面，就是那些高学历、长相好的企业人员，态度很好，能力很差。人材就是有卖像而无实际价值的人员。

人才：具有真才实学的人。这类人员具备良好的综合素质。有文化、有能力、有专业的技能，能力很强，但是态度很差，对企业不认同。

人裁：态度很差，能力很差。这类人只能用"人裁"形容，因为他们最容易成为裁员的对象。

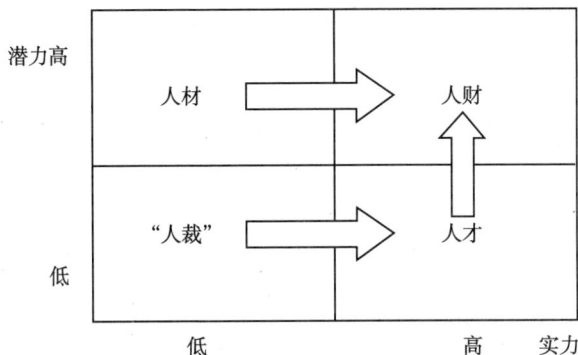

图 6-7　企业人材—人才—"人裁"—人财

人财：为社会、企业带来财富的人员，这才是企业、社会最需要的人员。也许他们不具备乖巧的外表，也许没有亮堂堂的 MBA 毕业证书，但是这类人能力很强，态度很好，认同企业价值。这类人是给企业带来财富的人，用财富的"财"字来形容他。可以说，他们是老板最喜欢的人。

2. 培训原则

（1）战略原则。战略原则是企业开展员工培训的首要原则。企业制订培训计划，既要满足目前工作需要，又要与企业发展战略一致，符合企业长远发展的需要。缺乏战略性考虑的培训计划，虽然在企业现阶段工作中能起到一定的作用，但必将因与企业整体发展规划脱节而落后被动，顾此失彼的出现是由于人才短缺而后继乏力的局面。

（2）按需培训、学以致用的原则。企业培训与普通教育的根本区别在于，它特别强调以工作的实际需要为出发点，与职务、岗位的特点紧密结合，企业发展需要什么、员工工作缺什么就培训什么。培训是为了产生实效。培训应从实际工作开始，通过发现工作中的问题，进而寻找问题产生的原因和探究解决问题的方法，再由培训教师加以总结提炼，结合有关理论有针对性地对相关员工开展培训。

（3）专业知识和技能培训与组织文化和职业道德培训兼顾的原则。企业员工培训的内容应该与干部、员工的任职标准相衔接。德才兼备是多数企业对其员工的基本要求，因此企业除了安排专业知识、专业技能的培训内容外，还应安排企业文化、个人信念、价值观、道德观等方面的培训。组织文化和职业道德方面的培训有助于增加员工行为的一致性，提高员工对企业价值观、使命等的认同及塑造员工健全的人格。

（4）数量与质量并重，形式和内容统一的原则。由于培训是一个循序渐进、潜移默化的过程，因此一方面企业必须舍得投入相当数量的人、财、物和时间对员工开展培训；另一方面企业要考虑如何科学地组织实施培训，因材施教、因地制宜，做到培训形式和内容的统一，才能保证培训的质量，最终取得培训的实效。可以说，培训的数量、质量、形式、内容等因素，必须统筹综合考虑，缺一不可。

（5）全员培训和重点提高相结合原则。全员培训，就是有计划、有步骤地对所有员工进行的培训和训练。这既是当今世界科学技术迅猛发展形势提出的客观要求，也是员工渴望通过持续学习、不断提升自己，跟上企业社会发展的需要。全员培训要求全体员工都要无一例外地接受培训。同时，全员培训又要分清主次先后、轻重缓急，制订规划，分散进行不同内容、不同形式的培训。

当然，考虑到培训的成本和效益、企业对不同员工需求的紧迫性不同，在开展全员培训的同时，要重点培训企业的领导人才、管理人才和工作骨干，要优先培训企业急需的人才。

（6）主动参与原则。培训取得实效的关键是充分调动员工对培训的参与度。企业应利用各种办法提高员工参加培训的积极性和主动性。例如，在每个年度末可要求每个员工填写"年度培训需求表"。首先，员工根据自己的岗位现状对技能的需要、自己目前的技能水平，以及行业发展方向做一个综合论述，然后提出自己的培训需求。其次，上级负责人在与员工沟通后，结合员工岗位的发展变化，确定员工下年度主要培训内容和一般培训内容。这种做法可使员工意识到个人对于工作的"自主性"和对于企业的"主人翁地位"，创造出上下级之间思想交流的渠道和场合，更有利于促进集体协作与配合。

（7）严格考核和择优奖励原则。培训工作与其他工作一样，严格考核和择优奖励是不可缺少的管理环节。严格考核是保证培训质量的必要措施，也是检验培训质量的重要手段。鉴于很多培训只是为了提高员工素质，并不直接涉及录用、提拔或安排工作问题，因此对受训人员择优奖励就成为调动其积极性的有力杠杆。企业可根据受训员工的考核成绩，设立不同的奖励等级，还可记入档案，作为与他们今后的奖励、晋级等评定、挂钩的依据。

（8）投资效益原则。培训是一种投资，投入的是企业的人、财、物，得到的是员工素质的提升和工作效率的提高。就像人们在做任何投资决策时，要考虑其投资收益一样，在投资培训时，也必须要考虑培训投资的效益大小问题。

（9）改革创新原则。培训是为企业和员工服务的。时代在变化，企业在发展，员工在进步，培训自身也必须不断进行改革创新。例如，计算机的普及、互联网的发展及企业信息化建设的推进，为企业拓宽培训渠道，创新培训方式，通过建立网络学习平台为员工提供个性化、定制式的电子学习方式提供了可能。

3.设定培训目标

（1）针对培训需求设定培训目标，培训目标从大的方面看有三个方面：①知识目标：培训后员工将新获得什么。②行为目标：员工知道在工作中怎样做。③结果目标：通过培训，组织要获得什么最终效果。

（2）通过培训解决存在的问题。①企业发展与人才储备不匹配。②管理人员管理技能与相关知识的缺乏。③团队凝聚力不足，员工工作积极性不高。④员工稳定性差，存在潜在的人才危机。⑤部门沟通不畅，存在这样或那样的阻碍。

4.培训内容和课程的设计

培训课程主要包括五类。

（1）新员工培训课程。培训对象：新入厂员工（大中专毕业生、社会招聘人员）。目的就是使新员工在最短时间内了解企业的基本情况，了解本岗位的基本情况，尽快融入团队，开展工作。

新员工培训课程内容一般由以下几部分构成的：公司历史沿革、现状与未来目标；企业文化（哲学、理念、精神等）与人才观；公司管理制度、国家法律法规；员工行为规范；团队精神训练；岗位职责和工作要领；岗位安全教育；等等。

（2）通用技能培训。所谓通用技能，是指不论员工从事何种工作，无论职位高低均应掌握的技能。例如，商务礼仪、沟通与人际关系、时间管理、团队训练、压力管理、变革管理、商务写作、演讲呈现技巧等。

（3）专业技能培训。合成氨、尿素等化工工艺、机械、仪表、电气等专业知识和操作技能、质量管理、营销技巧培训、财务培训、人力资源管理培训、信息技术培训等。通过专业技能培训，提升员工素质，适应随着企业的发展和企业外部环境不断变化。

（4）管理能力培训。"千军易得，一将难求"。公司中层管理人员的决策能力、组织协调能力、对部属的管理能力、工作执行力等，对公司的成败以及员工的士气，起至关重要的作用。培训课程包括领导艺术与组织行为学；管理思想、人际关系、危机管理、公司发展战略、在恰当的时候开展拓展训练等课程。

（5）其他方面的培训课程。从某种角度讲，应当把企业的每一次会议、集体活动都理解成培训的过程。通过这些活动，使员工对企业的战略、目标、经营方针、经营状况以及规章制度等加深理解、达成共识，增强员工的参与感和主人翁意识。

以上主要培训课程，可以用"培训课程三明治体系设计"来概括表示，如图 6-8 所示。

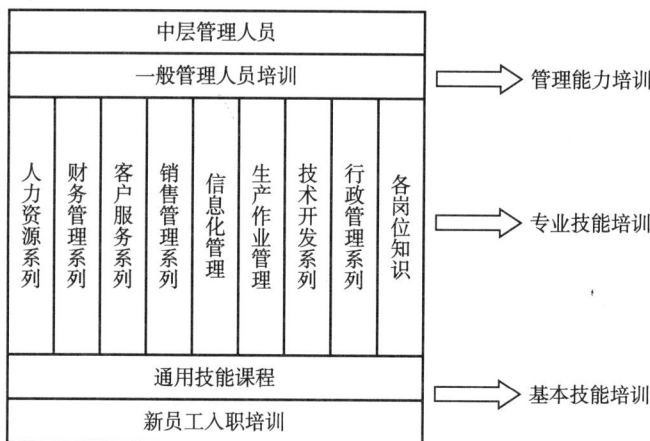

图 6-8　培训课程"三明治"体系设计

5. 策划培训形式

根据培训目的和培训课程的特点，可以策划不同的培训形式。

（1）授课式培训。它是一种迅速、便捷地同时向许多受训人传授知识的方法。教师除了讲解培训内容以外，学员可以针对培训内容要点、难点向讲师提出问题，并及时得到答案。在采用授课式培训时，应注重课堂的互动性。

（2）多媒体及网络培训。利用多媒体和网络培训特有的优势，针对企业一些特定的培训内容进行培训。

（3）在职培训。在职培训是指员工不离开岗位，通过工作实际来学习提高的培训方法。过去的师傅带徒弟，现在的新员工跟着有经验的老员工都属在职培训。

（4）工作轮换。同一部门的员工在本部门内部进行岗位轮换；不同部门员工之间的岗位轮换，逐步实现员工一岗多能，以扩大他们对企业各环节工作的了解，有助于丰富他们的经验，还可以改善员工间、部门间的合作和沟通。根据公司人才培养目标和每个员工的需求，将逐步开展工作轮换计划。

6. 选择培训老师

在选择培训老师时，需要注意结合企业文化、培训内容员工的接受水平，具体情况如表 6-2 所示。

表 6-2　企业内外部培训教师的优缺点

老师来源	优点	缺点
企业外部聘请	选择范围大，可聘请高质量的培训老师；可带来许多全新的理念；对培训对象具有较大吸引力；可提高培训档次，容易营造氛围，促进培训效果	缺乏对企业及其培训对象的了解，可能降低培训适用性；可能由于缺乏实际工作经验，导致"纸上谈兵"，成本高，加大培训风险
企业内部聘任	对企业情况比较了解，更加有针对性，提高效果；与培训对象熟悉，保证培训中交流的顺畅；培训相对易于控制；内部开发教师资源成本低	不易于树立威望；可能影响培训对象的参与态度；内部选择范围较小，讲师看待问题受环境决定，不易上升到新高度

7. 与外部咨询、培训机构或院校的合作

管理人员的系统化管理能力培训、某些专题培训、专业学历教育、MBA 工商管理硕士学历教育、工程硕士学历教育等，就需要与外部咨询、培训机构或院校的合作。

（五）培训的实施

培训实施是将设计好的培训计划、方案付诸实践的过程。

1. 培训的实施靠全方位努力来实现

锦天化在定位培训的时候把培训的成功因素分解成培训教师、各级主管、管理人员、学员、管理、制度，如图 6-9 所示。

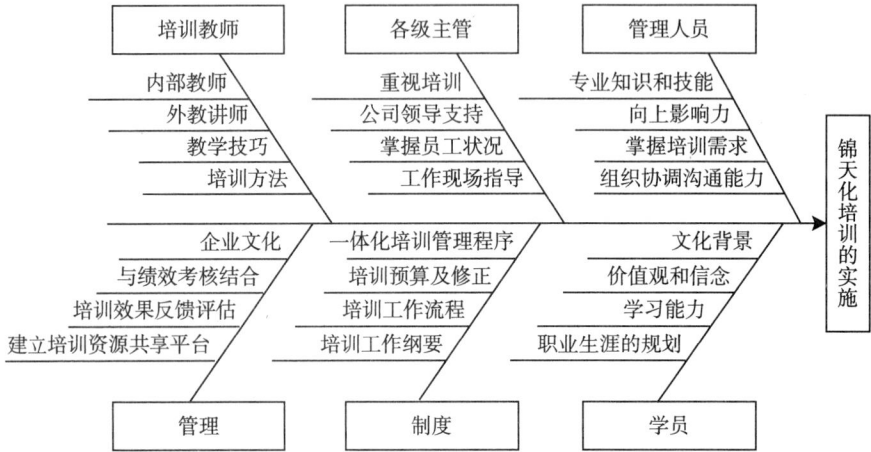

图6-9 锦天化培训实施的因素分解

2. 培训实施有关理念问题

（1）学习的本质。学习的本质是个人在与环境交互作用的过程中逐渐建构自己思维图式的结果。"图式"是个人对世界的认识，理解和思考的认知框架或心理组织结构。学习就是通过自身的认知、抽象和创造，在原有图式的基础上构建新的图式的过程。对于学习来说，学员原有的图式（知识和经验）非常重要，因为它是认知新事物的基础和起点。

获得新知是个人与他人经由磋商并达成一致的心理建构过程，因此，注重互动的学习方式，科学的培训必须通过对话、沟通的方式，在交互质疑讨论的过程中，澄清疑虑，逐渐完成新的意义建构，形成新的科学知识。

经过培训后员工输出的是行为、习惯和能力。

（2）新的教学观。学习环境应包含情境、协作、对话和意义建构四个要素。以学员为中心，在培训过程中教师具有组织者、指导者、帮助者和促进者的作用，应利用情境、协作、对话等学习环境要素，充分发挥学员的主动性、积极性和创造精神，最终使学员有效地实现对所学内容的新的意义构建。

建立"行动学习"（Action Learning）新观念，"行动学习"就是一个团队针对现实中真实的问题进行讨论、分享的学习过程：AL = P + Q + A + R，行动学习 = 成型的知识 + 提问 + 行动 + 反思。行动学习，简言之就是从"做"中学，即先"用"后"学"。理论围着应用转，以学员为核心，以团队为核心，老师是过程专家，从而将学习和应用有效关联。

（3）培训教师的新角色。在建构主义学习环境中，学习者必须通过自己主动的、互动的方式学习新的知识，教师不再是以自己的看法及课本现有的知识来直接教给学生，而是植根于学员的先前经验的教学。在这个过程中，师生之间是一种平等、互动的合作关系。因此，在建构主义教学模式下，教师不再是知识的灌输者，而应该是教学环境的设计者、学生学习的组织者和指导者、课程的开发者、意义建构的合作者和促进者、知识的管理者，是学员的学习顾问。教师要从前台退到幕后，要从"演员"转变为"导演"。

（4）对学员的要求。学员必须做学习的主人。美国著名的认知学派心理学家和教育家杰罗姆·S.布鲁纳提出了"发现教学"、"发现法"教学模式的核心和精髓，就是要求学习者由"被动接受"知识转化为"主动发现"的"积极学习"。把学习当作一种享受，要有某些素质。这些素质包括勤奋、主动、志趣、好奇、想象、诚实、热情、合作和自律。这些素质并非与生俱来，而是需要通过不断努力来获得、强化和保持的。

（5）锦天化日常培训实施流程。人力资源处对年度培训工作计划进行分解，各部门在月初通过人力资源管理系统提交部门月培训计划，启动培训活动。实施培训，人力资源处根据各单位提交的月培训计划进行检查培训活动，月底将各单位培训活动实施后的总结进行汇编，通过人力资源管理系统，提交培训总结，申请培训费用并下发至各单位。

年度培训计划外的临时性培训内容，通过人力资源管理系统提出申请，审批合格后实施。

（六）培训效果的评估

培训结束后，效果评估是必不可少的环节，如果培训不能增长员工的知识、改变员工的观念和在工作中的行为而提高企业的业绩，这个培训过程必然是不完整的，甚至是无效的。培训效果的评估主要来自两方面的信息：培训课程本身的效果评估和实际运用对企业产生的收益评估。

1. 内部培训效果评估

内部培训效果评估的通常做法是培训结束后，让员工填写一份简短的问卷。在问卷中，要求学员对培训科目、授课讲师的表达与授课技巧、自己的收获、培训时间的适合程度等方面做出评价。除此之外，还可以用口头询问及座谈的方式来进行调查。根据学员的反馈，及时调整课程内容、授课讲师以及授课方式。

2. 外部培训效果的评估

外部培训效果的评估有两种方法：

（1）根据外培受训者是否获得证书进行评估。这种方法适用于以取得资格证、学历证为目的的培训。培训结束后，受训员工应将获得的证书交人力资源处备案。

（2）通过评估表或填写《外培学员培训报告》进行评估。人力资源处根据填写的评估表或报告对培训做出评估，以利于今后审批此类培训。此外，为了更好地合理利用培训资源，对于接受先进的、前沿的高额培训费用培训内容的培训者，在外训结束后，受训者有义务对公司内部相关人员进行授课，让更多的员工从中受益。

外培学员培训报告

* 附培训管理规定

类别：人力资源类   标准编号：Q/JTH.G02.07.0003-2011

标准名称：培训管理规定

起草部门：人力资源处   起草人：杨会臣   审核人：赵福元

批准人：李永华   发布时间：2011 年 1 月 1 日

标准内容：

培训管理规定

一、总则

第一条 为满足公司发展需要、有效开发员工潜在能力，提高人力资源的利用效率，使员工最大限度地掌握完成本岗位工作所需的专业知识，促进员工自身的职业发展，特制定本规定。

二、适用范围

第二条 本规定适用公司全体员工培训工作管理。

三、职责划分

第三条 人力资源处是培训管理工作的归口管理部门，负责公司长期战略培训发展规划和公司年度培训计划的制定和实施；负责公司培训费用的控制与分解、报批支付。

第四条 人力资源处负责公司各类管理人员、专业类、技术类、操作类及辅助类人员的业务能力培训的管理工作。

四、具体要求

第五条 人力资源处负责编制公司长期战略培训规划和年度培训计划，经主管经理审批后，组织培训计划实施和协调工作。

第六条 员工培训内容应包括安全、文化、意识、专业理论和操作技能。

第七条 新入厂员工培训应包括公司历史沿革、公司管理制度、质量、环境与职业健康安全一体化知识，国家政策法规，安全教育。

第八条 公司在职员工应进行如下课程培训：国家政策法规；公司规章制度；企业文化；公司发展、形势和任务；岗位操作规程、作业指导书（含取证培训）；岗位工作标准；其他适应性培训（工艺条件改变、新技术应用与新产品开发等需要的应急培训；公司生产经营所需的全员专题培训等）。

第九条 一般管理人员应进行沟通艺术，团队建设与合作等其他管理知识培训。公司中层以上干部应培训现代管理技巧。

第十条 各部门根据公司发展和本部门岗位技能要求提出年度培训需求计划，并报人力资源处进行汇总，人力资源处拟定年度培训计划，并将培训计划进行按月分解，经主管经理审批后公布实施。

第十一条 各单位按年度培训计划实施，每月初上报本部门月培训计划，月培训计划应明确培训实施的具体时间、内容、培训课时、培训地点、授课人、负责人、受培人员。

第十二条 各类培训课程应按培训计划严格执行，不得擅自改变。

第十三条 人力资源处负责公司级培训的教学及档案管理，并对各部门培训质量、效果进行考核、分析、评估。

第十四条 二级单位负责的本部门岗位培训课程由本部门负责组织实

施，并由该部门负责进行教学中的考勤及培训后的档案管理。

第十五条　参加由公司承担培训经费脱产、半脱产培训的员工，应与公司签订培训合同，培训合同明确培训目标、内容、形式、期限、培训费用、工资福利、双方的权利、义务及违约责任。

第十六条　员工履行培训合同规定的各项义务，服从公司安排的工作，搞好本职工作。

第十七条　培训结束，员工有义务向公司其他员工传授所学的知识和技能。

第十八条　根据公司员工培训的需要，设置相应数量的专（兼）职教师。

第十九条　定期考核专（兼）职教师，发放专（兼）职教师聘任资格证书，持证上岗。

第二十条　各部门因特殊需要临时增加的培训项目，须提前一周向人力资源处提交申请，经主管经理批准后方可组织实施。

第二十一条　未按规定办理申报手续自行办理者，其培训费用自理。

第二十二条　培训课程结束后各单位负责本部门的培训项目的培训记录，并提交月培训总结，人力资源处组织的培训项目其培训档案由人力资源处负责填写。

第二十三条　员工外培取得的资格证书在培训结束后到人力资源处备案存档。

第二十四条　每年召开一次培训先进表彰和经验交流会。

第二十五条　公司培训费由人力资源处归口管理，负责经费计划的编制、报批以及经费指标的控制和分解下达。

第二十六条　对培训工作取得突出成效的部门，公司将给予嘉奖。

第二十七条　员工个人培训期间学习成绩优良、表现突出者，给予嘉奖。

第二十八条　凡未按公司要求开展的培训项目或者外培项目未获得相应合格证书、资格证书者，培训费用自理，并给予适当的经济惩罚。

第二十九条　员工培训计划纳入公司和各部门长期规划，近期计划和年度方针目标，并实施检查考核。

五、奖励与惩罚

第三十条　违反以上规定的，由人力资源处负责扣罚该单位200~1000元。反之给予相应的奖励。

六、附则

第三十一条　本规定由人力资源处负最终解释权。

第三十二条　本规定自下发之日起施行，原有规定作废。

附表1　员工培训需求调查表1

附表2　员工培训需求调查表2

附表3　员工培训需求调查表3

附表4　员工培训需求调查问卷

附表5　年度培训申请表

附表6　团体培训申请表

附表7　个人外部培训申请表

附表8　课程培训效果评估表

附表9　培训效果调查评估表

附表10　实施培训管理者评估表

附表11　外培学员培训报告

附表12　2009年锦天化公司各单位培训课程汇编1

附表13　2009年锦天化公司各单位培训课程汇编2

四、公司员工绩效考核

绩效考核是企业人力资源的重要一环，涉及对员工的评价、公司的价值导向、奖励、处罚、职务升降等方面，既是非常必要又是非常难开展的一项活动。作为国有企业，锦天化的基本考核内容与指标是常围绕着"德、能、勤、绩"这四个主要方面展开的。对"德、绩"有描述性的标准，如"德"是指事业心和政策水平、道德品质、团队协作性和原则性；

"绩"是指工作成绩、工作质量、工作效果。

锦天化由于自身发展的特点是白手起家、艰苦创业而来，因此目前锦天化绩效考核时的评价标准是由公司的人际关系文化和一些现代企业管理而决定的。这样做有一定的好处，即通过公司的文化筛选，获得对公司文化认同的人，有助于加强公司的文化。尤其是在一个历史比较长的公司里，这种文化的积淀对公司的稳定有好处，但对改革可能造成较大阻碍，不过这也要看公司文化中对改革的价值判断和习惯。如果企业文化本身包含了善变的特点，选拔的是创新求变的人，则会保持公司的创新发展。

锦天化考核的内容包括态度、能力与绩效三个方面。在具体的考核内容权重上，不同的岗位会有所区别，打分的比重不同。譬如，以绩效为主要考核部门，绩效权重较大，行政部门因为绩效目标不是特别明确和明显，所以权重会较小一些。因此，考核的表格和针对性是不同的，这也就是为什么考核一定要分类别、分层次进行。因为不同的岗位所侧重的考核指标不同，所以不同的人考评作用也是不相同的。

福特曾经说过，优秀的领导通常都有优秀的绩效。因此，领导行为是领导者与下属之间的互动结果，正如优秀的员工造就优秀的公司一样，优秀的员工也能造就优秀的领导。像锦天化这样的大型国有企业的考核常常具有比较大的刚性和标准统一的特点。因为在国有企业里面，管理基本上是按身份制进行的，这并不仅仅是职称、职务或者用工的形式。正式调入和分配来的在编员工是企业所保护的既得利益者，是一个统一的、完整的整体，当有外界因素损害到这个集体利益的时候，群体的反应异常一致，其主要的危险就是来自区别对待。但是，国有企业在选人时，"民意"比重大的情况下，企业可以选拔到彼此认同的人，从这个角度上讲，有助于保持企业文化的统一性和延续性，保持企业的稳定。从这个角度看，国有企业也可以看作是一个具有生命的有机组织，其自适应的发展无论是好与坏，常常取决于其内在的机制。锦天化在这方面具有典型意义。

1. 锦天化绩效管理的目标

锦天化管理层认为，当前锦天化面临四个方面的挑战：一是面临改造老设备，提高工艺装备水平，加快产品结构调整的挑战；二是面临站在排头兵不放松，始终保持国内同行业领先地位的挑战；三是面临深挖潜能，增加品种，提高质量，降低成本，大幅度增产增效的挑战；四是面临提高综合管理水平，提高员工队伍的整体素质，适应锦天化发展要求的挑战。在这样的背景下，锦天化需要建立以实施卓越绩效管理为核心，以企业文化建设为起点，以创建学习型企业为载体，以实施精益化生产为手段，提高企业管理水平的工作思路。

2. 锦天化绩效管理的特点

锦天化提出，要做到在始终保持国内同行业第一的基础上，启动社会存量资产，实施设备工程的精益再造，实现由优秀到卓越的跨越，形成成熟的绩效管理模式和持续改进、追求卓越的机制和文化，创建可尊、可信、共创共赢的格局，使锦天化价值观成为统一思想、统一行动、"超越自我，追求卓越"的坚实基础。可尊就是站在"排头兵"不放松，勇争行业第一；可信就是眼睛向内，深入挖掘，永不自满；共创共赢就是在锦天化发展的基础上，实现员工与企业的共同发展，实现企业与顾客发展的共赢。潜力无限，事在人为，永不满足，敢于超越。潜力来自智慧，超越来自创新，价值来自奉献，效益在职工手中，价值在岗位上体现。

具体工作要求统一职工上岗行为，实施半军事化管理，要做到"三不带"、"三清楚"、"四化"。"三不带"，即不带不良情绪上岗，不带不文明行为上岗，不带与工作无关的物品上岗；"三清楚"，即核心价值观、企业使命要讲清楚，当班工作任务要讲清楚，安全要领、警句要讲清楚；"四化"，即每日工作制度化，基础管理规范化，现场作业标准化，执行命令军事化。具体而言，锦天化有以下八个方面的做法：

（1）建立科学高效的员工绩效管理系统。锦天化提出没有科学严格的考核体系支撑就没有一切。要提高组织纪律、团队精神，培养雷厉风行的工作作风。要设立科学的系数，形成分厂、车间、班组三级责任制，工作量化，明确绩效考核的目标，进行奖罚兑现。实施干部员工绩效考核办法，建立自评、逐级考核、绩效评议卡。对员工从行为规划、协作精神、工作态度、服从领导、技能水平、协调合作、责任感、工作绩效等方面进行量化评价。工作考核实行量化管理绩效表决，对实现的成果加分奖励。

（2）建立学习型企业，深挖员工绩效潜能。锦天化认为，学习力促进创新力，创新力促进生产力。组织员工学业务、强素质、提技能，形成持续学习、创新的氛围，激发员工学业务的主动性、积极性，着力提高员工整体素质。帮助员工形成个人学习计划，为员工提供广阔的学习平台，通过进行每周一课、一专多能读书会、专业互动交叉的导师带头活动，编制员工文化活动手册、技能手册，作为员工培训教材，提高培训的针对性和时效性。

（3）组织具有锦天化特色的文化活动。开展"五个一"、"五自"、"四合一思考"等活动，"五个一"，即每日一清，每周一课，每星期一课，每季一赛，每年一评；"五自"，即自己发现存在的问题，自己调查、研究、分析问题，自己制订解决方案，自己组织实施解决问题，自己组织评价考核实施效果；"四合一思考"，即整体思考、动态思考、本质思考、换位思考。开展深度会谈活动，针对突出问题、关键问题和薄弱环节，组织员工讨论。设金点子奖、绝活奖，评出好的合理化建议并给予奖励。

（4）深入开展凝聚力工程建设。关注后备人才培养，加强100名专家队伍的建设，把"德、能、勤、绩"作为衡量人才的根本标准，不拘一格选拔人才。在多方面实行主任、技师、现场工程师评聘制度，提高待遇，赋予责任和权力。群众利益无小事，提高员工的满意度，理解人、帮助人、教育人，尊重员工，照顾满足员工的个性化需求。

（5）优化生产组织结构，提高整体管理效率。为实现当今社会生产组织的快速发展，提高组织的科学化、高效化、快速化整体效益，要强化横向协调，减少管理协调环节，自检自修，操检合一，提高效率。

（6）实施对标学习、挖潜，保持持续领先优势。锦天化提出必须时刻关注竞争对手在企业管理、装备水平、工艺技术、市场决策、产品结构等方面的变化，不断给自己以准确的定位；必须保持清醒的头脑，对标学习，持续改进，追求卓越；必须保持谨慎，建立快速反应典型借鉴管理的机制，对竞争对手开展对口学习，对标挖潜活力，发扬"超越自我，追求卓越"的精神，使公司主要经济指标始终保持在全国同行业第一。

（7）大力推动技术创新，以工艺拉动设备创新。在过程中持续推进，向管理要效益，实施技术创新，推进管理创新，提高设备作业率。

（8）全力为顾客提供价值，实现共赢。重视顾客的需求，保持快速反应和高度灵敏度，及时进行研究分析客户需求，充分利用顾客信息，实行过程改造。

各单位实现卓越绩效管理，取得了以下效果：培育了企业的使命感和文化理念，提高了全员的凝聚力、向心力；建立了特色的学习机制，形成了学习工作化、工作学习化的良好氛围；全体员工形成了勤于学习、勤于思考的习惯，提高了学习力、创造力；在行业内提高质量、降低成本、节能降耗等方面，引导同行业技术发展的新潮流。

3. 锦天化绩效管理的四大系统

锦天化绩效管理建设的目标是建立一套科学的管理体系，实现企业的正规化管理。锦天化提出，企业要健康地再活 10 年，就必须不断建立、健全、完善经营预算系统、岗位职责系统、业绩跟踪系统、绩效考核系统，建立起一整套规范的、科学的业务管理制度和流程系统管理制度。

（1）精英预算系统——将战略规划变成可执行的行动计划。具体由三个模块构成：公司年度计划模板，包括年度目标、生产/销售平衡表、财务预算等；生产/销售部门的详细季度、月度计划分解模板，销售部门包括销售量、新客户开发、应收账余额、库存量四个部分；完成这些计划的主要行动措施责任人与实践安排模板。

（2）岗位职责系统——为业务岗位进行角色定位并设计绩效目标。岗位职责系统包括主要岗位工作职务权限模板；关键岗位标准模板；部门岗位设置表；岗位职责说明书（包括每个职位责任、汇报关系、可升迁的位置等）；岗位业绩考核指标模板；经营责任书模板。

（3）业绩跟踪系统——加快改进速度，进行有效的控制。业绩跟踪系统的构成有业绩跟踪报表体系（计划完成情况，月报、季报、半年报、年报等重大措施的实施情况表与财务分析表）；周期性质询会（会议议程模板、总经理监督表模板）；行动改进系统（包括部门行动措施改进表、个人行动措施改进表、改进监督工作单）。

（4）绩效考核系统——将个人利益与业绩完全挂钩。绩效考核系统的构成有主要业务指标制定方法模板；工作责任书指标模板；人力资源业绩矩阵模板；短期激励体系；长期激励体系。

4. 锦天化的绩效考核做法

锦天化根据各单位的职能，做出每年度、每个月的工作目标，有序、有效地开展工作。根据工作（含指令性工作）实施的效果和工作到位的程度进行业绩评价。为使考核公正、客观，对工作业绩量化为四个大项：业绩效果、素质、能力、违规违纪。其中，每个大项细化为若干个小项，每个小项视工作情况分为五个档次，每个档次确定不同的分值，档次高则分值高，档次低则分值低，依次递减。违规违纪为否决项，无违规违纪此项不扣分。工资兑现与评议分值同比挂钩，以核定工资额划分为 100%，评议分值数则为工资兑现百分数。

第七章 锦天化公司财务管理

随着锦天化自身资源和外部环境的不断变化，锦天化的财务管理工作也随之不断进行变革，为公司的经营和发展提供支持和服务。锦天化的子公司地位决定了其在全面预算、投融资和财产担保等多个方面必须服从总公司的安排和规定，在严格执行总公司的相关财务制度和规定的基础上，逐步完善自身的财务组织架构和财务职能建设。锦天化目前在公司内设有财务处，共有 19 人，其中，处长 1 名，副处长 1 名，全面负责全公司的财务工作，另外负责工程管理 5 人，销售相关账务 3 人，会计核算 2 人，计划统计 1 人，出纳 1 人，全面预算 1 人，宾馆财务 2 人，成本核算及分析 1 人，费用 1 人，分别负责各个方面的财务具体工作。

锦天化的财务工作内容比较完善，覆盖了《中华人民共和国会计法》、《企业会计制度》等相关法律和制度要求的所有工作。锦天化根据具体的生产特点和经营管理的需要，在预算和计划方面，分别从财务和生产两个角度制定了全面预算管理规定和生产经营计划管理规定。针对资金、财务章等特殊财产的使用问题，出台了财务专用章管理规定、公务出差旅费报销管理规定、资金支付控制办公例会管理规定以及资金管理办法。此外，锦天化还制定了公务借款管理规定、会计档案管理规定、统计工作管理规定等一系列具体的财务制度。这些财务制度从制定、执行再到考核都经过了公司管理层和财务处人员的精心安排，在整个公司范围内具有较强的执行力和执行效果。锦天化已经实施了全面预算管理制度，并实施了全面预算管理信息化，把全面预算分为业务预算、专门决策预算、财务预算、资金预算和费用预算等部分，取得了良好的管理效果。随着锦天化从 2002年开始实施全面信息化建设以来，公司的财务工作发生了新的变化，依托 IT 技术和网络基础，锦天化的财务工作和业务工作逐渐实现一体化。目前，锦天化 ERP 系统和 CRM 系统已经投入运行，促进了产品的销售，强化了营销计划管理、营销活动管理和营销成果管理，使企业的营销活动日趋科学、主动和高效。锦天化 ERP 系统的投入运行，使其实现了采购、仓储、存货、财务的集成化管理，强化了企业物资采购管理，实现了采购过程比质、比价，降低了采购成本和费用。精益化生产和精细化管理理念的提出和应用又使得锦天化在管理理念、管理模式和管理方法方面实现较大的突破和发展。与之相呼应，锦天化在绩效考核、财务分析等方面也提出标杆管理等先进的方法。鉴于篇幅限制，本部分只选择锦天化卓有成效的三个方面进行探讨，分别是财务指标与对标分析、全面预算管理和财务信息化管理。

一、财务指标与对标分析

随着我国经济的不断发展，国家对外开放力度的不断加大，我国化工企业的发展得到越来越多的机遇。2011 年，化工行业运行平稳，工业总产值稳步增长，增长率逐步上升，占国内生产总值的比重也在不断增加。但是在后金融危机和欧债危机的双重影响下，国内经济增长减速，化工行业增加值和出口交货增速下降，库存累计风险增加，化工产品价格传导难度进一步增大，行业经营困境未能显著改善，行业经济运行向下的风险有所增加。在机遇与挑战并存的环境下，化工企业能否保持昂扬前进的势头，带动中国经济的前进，虽存在诸多不确定性因素，却也备受瞩目。不管企业处于哪个行业，只有确定正确的发展方向，制定选择良好的发展战略并有效执行，才是企业战略管理的良性循环。在这个循环中，财务分析和标杆管理是必不可少的重要组成部分。财务分析对于企业不同利益相关者具有至关重要的作用，尤其是上市公司。对外，财务分析有助于债权人、投资者做出正确的投资判断；对内，财务分析有利于了解企业现金流量状况、运营能力、获利能力、偿债能力等，方便管理者及相关人员客观评价经营业绩和财务状况。标杆管理是企业根据外部环境变化、行业发展变化和竞争力度等因素影响，向行业内的优秀企业学习或者优秀部门学习的过程，设置合适的标杆对象，学习其优秀的竞争政策，不断提升自身综合能力。

（一）财务指标与对标分析

从财务评价的内容上来说，我国主要是从财务效益状况、资产安全状况、资产流动状况和发展能力等方面对财务状况进行分析，指标体系以财务性指标为主；从评价方法上来说，则主要有比较趋势法、比率法、因素法、构成法等。在实际工作中，人们根据大量财务报表中的大量数据，计算出很多有意义的比率，通过对这些比率来对企业财务经营状况进行分析比较。为了对锦天化的财务状况进行更好的分析，我们将结合比率分析法、趋势分析法以及对标分析法，主要针对以下五个指标进行分析，分别是成本费用指标、运营效率指标、盈利能力指标、财务增加值指标、人均指标。

1. 成本费用指标

本书采用的成本费用指标是指成本费用类项目相对于主营业务收入的比率，它反映了企业经营收入和经营耗费的比例关系，即一定数量的收入所耗费成本的数量。它是衡量企业盈利水平和成本水平的一个综合指标，成本费用指标的比率越低，表明企业控制业务费用支出的能力越强，经营效率越高。

根据锦天化近 3 年的财务报表数据，计算部分成本费用指标，结果如表 7-1 所示。

表 7-1　锦天化近 3 年的成本费用指标

单位：%

指标类别	指标项目	本企业			
		2009 年	2010 年	2011 年	平均值
成本费用指标	成本费用占主营业务收入比重	81.87	79.94	75.78	79.20
	主营业务成本占主营业务收入比重	59.42	62.29	58.69	60.13
	管理费用占主营业务收入比重	14.69	14.04	14.25	14.33
	财务费用占主营业务收入比重	3.98	0.81	0.78	1.86
	销售费用占主营业务收入比重	1.36	1.39	0.98	1.24
	人工成本总额占成本费用比重	12.66	13.65	18.06	14.79
	折旧占成本费用比重	11.99	11.85	9.90	11.25

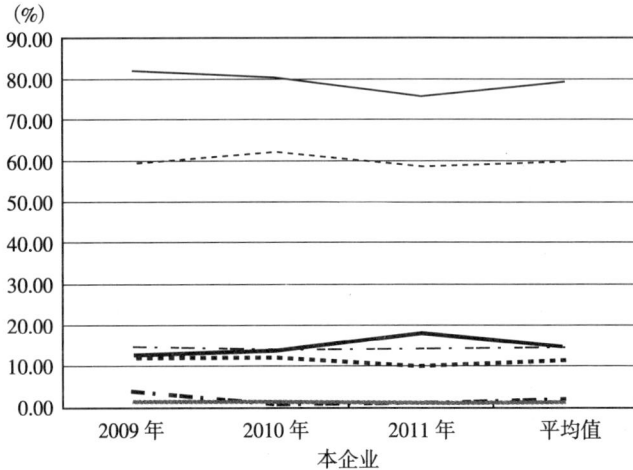

图 7-1 锦天化近 3 年各项成本费用指标变化趋势

表 7-2 锦天化成本费用指标与行业指标的对比

单位：%

指标类别	指标项目	化工行业		本企业	
		优秀值	平均值	2011 年	平均值
成本费用指标	成本费用占主营业务收入比重	93.42	98.10	75.78	79.20
	主营业务成本占主营业务收入比重	75.75	85.26	58.69	60.13
	管理费用占主营业务收入比重	4.82	6.55	14.25	14.33
	财务费用占主营业务收入比重	-0.14	2.11	0.78	1.86
	销售费用占主营业务收入比重	0.57	1.73	0.98	1.24
	人工成本总额占成本费用比重	4.34	7.77	18.06	14.79
	折旧占成本费用比重	3.55	4.02	9.90	11.25

根据表 7-1、表 7-2 和图 7-1 的数据，我们对成本费用指标的比率和趋势变化进行分析。

成本费用总额占主营业务收入的平均比重为 79.20%，且 3 年来该比重还在不断下降，2011 年达到了 75.78%，远低于化工行业该项指标的平均值 98.10% 和优秀值 93.42%，表明锦天化的成本管控能力非常强，企业的资金使用效率在不断上升。主要的成本费用，如主营业务成本、管理费用、财务费用、销售费用以及折旧等同比均有所下降，与总的成本费用变化趋势保持一致，接近甚至优于化工行业该项指标的平均值或优秀值。各项费用不断下降说明企业产品、自有资金具有强大的价值创造能力，财务资金运营效率在不断提高，企业控制各项支出的力度加强，盈利能力也在不断上升。锦天化卓越的成本管控能力，无疑为该企业在化工行业内的长久发展奠定了良好基础。但是，各项成本费用占比在不断下降的同时，人工成本总额占成本费用的比重却在不断增加，远高于行业该项指标的平均值和优秀值，其中管理人员、销售人员以及基本生产工人的人均人工成本都在不断上升。企业在加大对员工重视程度的同时，应保证恰当的岗位安排和高效的人员组织结构，控制企业人工成本的合理性支出。

在面对国家对于化工企业管控力度不断加强、环境保护政策实施力度不断加大、化工产品原材料的价格居高不下、供应商拥有强大议价能力等如此紧张的外部环境中，锦天化依然能够把成本费用控制在合理范围内，且近年来不断降低成本费用占主营业务收入的比重，说明企业财务的成本调控能力非常好。

2. 运营效率指标

企业价值创造的源泉是企业所拥有的资产是否得到合理利用。营运能力是指通过企业生产经营资金周转速度的有关指标所反映出来的企业资金利用的效率。它表明企业管理人员经营管理、运用资金的能力，企业生产经营资金周转的速度越快，企业资金利用的效果越好效果越高，企业管理人员的经营能力越强。对于化工企业来说，存货和应收款项占企业资产的份额较大且两者的周转至关重要，所以对于锦天化的运营效率，我们从总资产周转率、流动资产周转率、存货周转率、应收账款周转率和固定资产周转率5个指标进行分析。根据锦天化财务报表的相关数据，我们计算出上述5项运营指标的近3年数值和平均值并与行业指标相对比，如表7-3和表7-4所示。

表7-3　锦天化近3年运营效率指标

单位：次

指标项目	本企业			
	2009年	2010年	2011年	平均值
总资产周转率	0.56	0.59	0.73	0.63
流动资产周转率	1.33	1.32	1.57	1.41
存货周转率	5.62	6.79	8.92	7.11

指标项目	本企业			
	2009 年	2010 年	2011 年	平均值
应收账款周转率	1.61	1.57	1.86	1.68
固定资产周转率	0.98	1.09	1.42	1.16

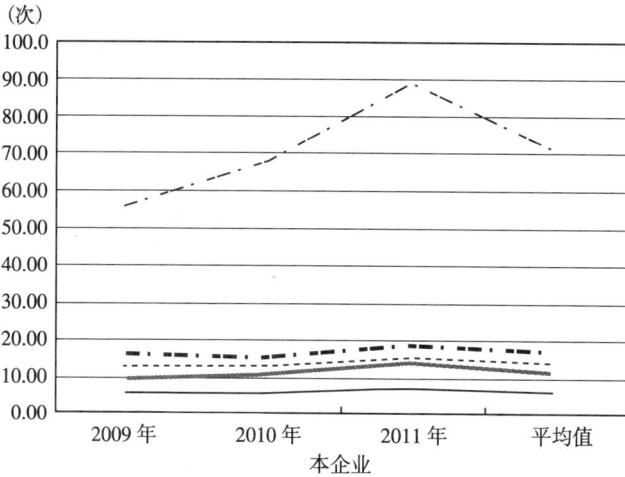

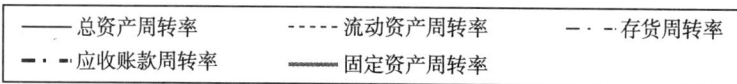

图 7-2 锦天化近 3 年运营效率指标的变化趋势

表 7-4 锦天化运营效率指标与行业指标的对比

单位：次

	指标项目	化工行业		本企业	
		优秀值	平均值	2011 年	平均值
运营效率指标	总资产周转率	1.03	0.83	0.73	0.63
	流动资产周转率	3.09	2.31	1.57	1.41
	存货周转率	9.42	6.86	8.92	7.11
	应收账款周转率	—	26.48	1.86	1.68
	固定资产周转率	2.21	1.94	1.42	1.16

　　总体来看，锦天化生产经营性资产周转速度同比不断加快，总资产周转率、流动资产周转率、存货周转率、应收账款周转率及固定资产周转率都有明显改善，说明企业资金的整体运用效率、资产利用效率在不断提高，企业的销售能力、短期偿债能力及资产流动性也在不断增强，从而间

接提高了企业盈利能力。但是与行业指标的标准值或者优秀值相比，企业尚存在很多值得完善的地方。从数值来看，锦天化的总资产周转率、流动资产周转率、固定资产周转率虽与行业平均值接近，但仍低于行业平均值；存货周转率虽高于行业指标的平均值，但低于化工行业该项指标的优秀值，持久低下的资产周转率会使锦天化决策受限，无法发挥其规模优势，大大降低锦天化创造价值的能力，所以企业需要进一步加强资产周转速度，改善资产利用效率，提高资产创造价值能力。一般来说，应收账款周转率越高越好。应收账款周转率高，表明公司收账速度快，平均收账期短，坏账损失少，资产流动快，偿债能力强。与之相对应，应收账款周转天数则是越短越好。由表7-3和图7-2可知，锦天化近3年的应收账款周转率保持在较平稳水平，没有太大变化，平均在1.68次。从近3年的数据来看，锦天化应收账款的回收速度偏低，周转速度大大低于行业平均值，行业平均值为27次左右，而锦天化的周转率仅为1.68次。应收账款的周转天数过慢，会增大坏账或呆账发生的风险，降低企业流动资金的流动性，增大资金成本。

整体来说，锦天化总资产、流动资产、固定资产及存货的周转效率不错，接近行业平均水平。但锦天化资产的整体周转速度仍有很大的提升空间，企业应当根据各项的资产制定不同改进措施，加快资产的周转效率。

3. 盈利能力指标

企业的盈利能力是赚取利润的能力。利润是企业内外有关各方都关心的中心问题，是投资者取得投资收益、债权人收取本息的资金来源，是经营者经营业绩和管理效能的集中表现，同时也是员工集体福利设施不断完善的重要保障。企业作为一个为盈利而存在的经济实体，企业是否具有较强的盈利能力才是企业最应该关注的，所以对企业盈利能力的研究已经成为了公司财务分析的重要步骤。

反映公司盈利能力的指标很多，有销售净利率、净资产收益率、总资产报酬率、市盈率、主营业务利润率等。本书主要对与投资有关和与销售有关的两方面盈利能力进行分析，具体如下：

（1）与投资有关的盈利能力分析。与投资有关的盈利能力分析包含的指标主要有净资产收益率、总资产报酬率和盈余现金保障倍数指标进行分析。

根据锦天化近 3 年的财务报表数据，可得净资产收益率、总资产报酬率和盈余现金保障倍数近 3 年的比率，如表 7-5 所示。由指标的变化趋势图 7-3 可以看出，净资产收益率和总资产报酬率上涨幅度较明显，盈余现金保障倍数轻微上扬。从以上三个财务比率指标近 3 年的表现来看，锦天化一直以来保持不错的盈利能力。于股东而言，投资资本有很好的回报并有稳定的现金流作支撑，增大了其投资信心；于上市公司而言，资产的盈利能力提高且保障倍数稳定，不但可以稳定市场股价，提高企业市场声誉，还可以吸引更多的投资者，为企业扩大生产规模创造有利条件。

表 7-5　锦天化近 3 年与投资有关的盈利能力指标

指标项目	本企业			
	2009 年	2010 年	2011 年	平均值
净资产收益率（不含少数股东）(%)	14.37	16.91	22.94	18.07
总资产报酬率（%）	12.41	13.91	19.58	15.30
盈余现金保障倍数	0.46	0.67	1.13	0.75

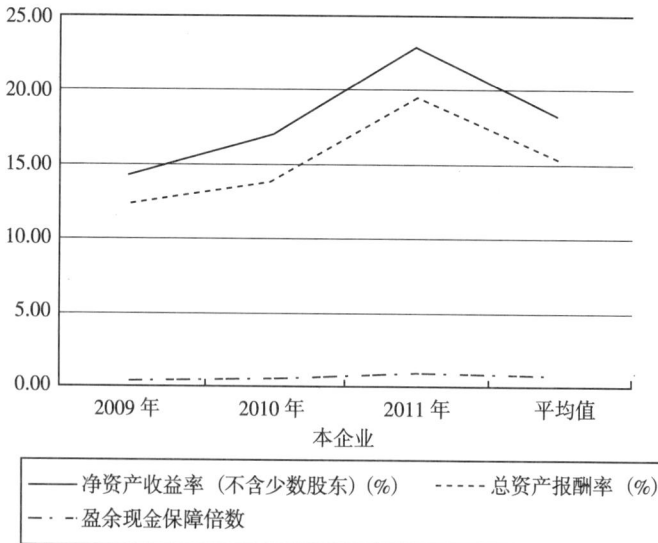

图 7-3　锦天化近 3 年与投资有关的盈利能力指标趋势

表7-6 锦天化与投资有关的盈利能力指标与行业指标的对比

指标类别	指标项目	化工行业		本企业	
		优秀值	平均值	2011年	平均值
盈利能力指标	净资产收益率（不含少数股东）(%)	7.86	3.94	22.94	18.07
	总资产报酬率（%）	4.98	4.05	19.58	15.30
	盈余现金保障倍数	9.84	3.16	1.13	0.75

从行业指标对比来看如表7-6所示，净资产收益率和总资产报酬率都远高于化工行业指标的优秀值，但是盈余现金保障倍数却略低于行业平均值，一方面反映了锦天化拥有很强的盈利能力，另一方面也说明了锦天化的现金保障能力略低。盈余现金保障倍数是指企业一定时期经营现金净流量同净利润的比值。从运营效率指标的分析我们可以看出，锦天化应收账款的周转率要远低于行业标准值，而应收账款的周转速度对现金净流量有很大影响，所以间接导致盈余现金保障倍数的下降。企业应继续保持优异的行业盈利能力，加强流动资产周转速度，不断提高盈余现金的保障力度，增大投资者和债权人对企业能够有效经营的信息。

（2）与销售有关的盈利能力分析。经营盈利能力分析即利用损益表资料进行利润率分析，可以从收入利润分析或成本利润率来分析。本书采用收入利润分析中的主营业务利润率指标来衡量锦天化与销售有关的盈利能力。

根据锦天化财务报表数据，计算其近3年的主营业务利润率指标，结果如表7-7所示。

表7-7 锦天化近3年与销售有关的盈利能力指标

指标项目	本企业			
	2009年	2010年	2011年	平均值
主要业务利润率（%）	40.58	37.71	41.31	39.87

根据趋势变化图7-4可知，企业近几年的主营业务利润率有所波动，但整体盈利能力非常可观，2011年达到了41.31%。另从表7-8行业指标对比来看，锦天化主营业务利润率远高于行业优秀值和平均值，说明企业主营业务的获利能力和企业经营效益很好，发展潜力大，主营业务市场竞争力强。

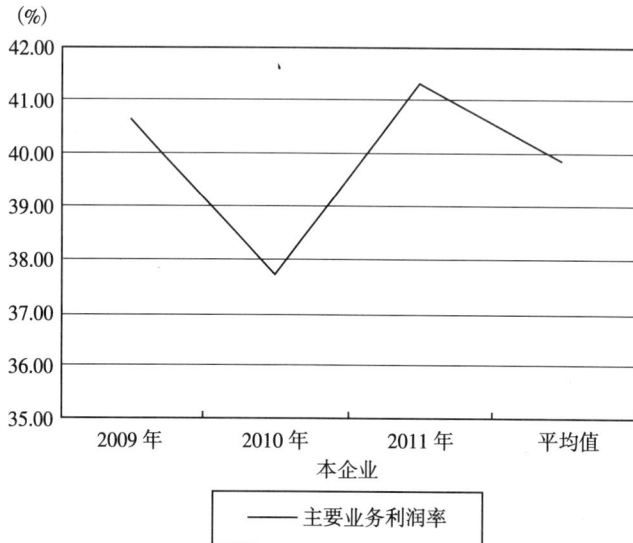

图 7-4　锦天化近 3 年与销售有关的盈利能力指标趋势变化

表 7-8　锦天化与销售有关的盈利能力指标与行业指标的对比

指标类别	指标项目	化工行业		本企业	
		优秀值	平均值	2011 年	平均值
盈利能力指标	主要业务利润率（%）	23.93	12.29	41.31	39.87

4. 财务增加值指标

企业的全部经济活动可以分解为创造价值和分配价值两个环节。

从创造价值的角度看，财务增加值是企业当期实现的营业收入扣除全部外购成本之后的净额；从分配价值的角度看，财务增加值可理解为各生产要素获得收益或补偿的来源。其分配去向主要包括：体现固定资产补偿的折旧；作为劳动报酬的人工成本；研发投入；各种风险准备；作为企业资本积累的净利润；所得税等税收。通过对财务增加值的使用方向与结构的分析评价，可以引导企业合理安排财务增加值的使用，平衡企业资本积累与职工收入、当期利益与长远发展等方面的关系，并有效控制各项费用消耗。

以财务增加值为基础的分析体系在管理过程中主要有两大功能：一是分析评价功能。通过对生产经营活动的评价分析，找出并改进企业价值创造过程中的薄弱环节，提升企业的价值创造能力。二是预算控制功能。以销售收入为基础，通过测算财务增加值目标，并在此基础上进行固定资产补偿、人工成本、研发投入等预算，确保新增加值、各项支出和利润目标之间的合理平衡。

本书通过对财务增加值与收入总量的匹配关系以及财务增加值的变动情况进行分析，评价锦天化的价值创造能力。通过对锦天化财务报表的数据计算可得以下指标，如表7-9所示。

表7-9 锦天化近3年财务增加值指标的相关数据

单位：%

指标类别	指标项目	化工行业		本企业	
		优秀值	平均值	2011年	平均值
财务增加值指标	财务增加值占主营业务收入比重	36.10	39.26	44.05	39.80
	利润总额占财务增加值比重	41.87	52.79	56.34	50.33
	折旧占财务增加值比重	21.81	24.14	17.03	20.99
	职工薪酬占财务增加值比重	23.04	27.79	31.07	27.30
	自主研发投入占财务增加值比重	4.62	5.06	3.78	4.49
	各项税金占财务增加值比重	13.38	16.82	18.57	16.26
	资产减值损失占财务增加值比重	0.01	0.01	—	0.01
	其他经营管理费用占财务增加值比重	—	—	—	—

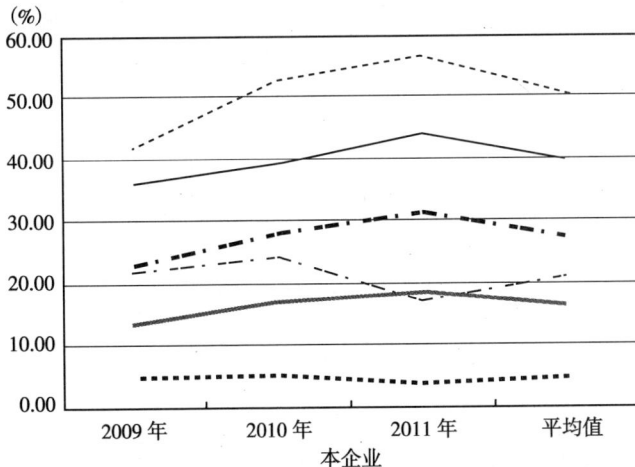

图7-5 锦天化近3年财务增加值指标的趋势变化

表 7-10 锦天化财务增加值指标与行业指标的对比

单位：%

指标类别	指标项目	化工行业		本企业	
		优秀值	平均值	2011 年	平均值
财务增加值指标	财务增加值占主营业务收入比重	42.10	20.58	44.05	39.80
	利润总额占财务增加值比重	20.88	13.75	56.34	50.33
	折旧占财务增加值比重	8.67	19.59	17.03	20.99
	职工薪酬占财务增加值比重	17.02	28.23	31.07	27.30
	自主研发投入占财务增加值比重	—	4.23	3.78	4.49
	各项税金占财务增加值比重	4.68	35.92	18.57	16.26
	资产减值损失占财务增加值比重	—	0.75	—	0.01

通过表 7-9、表 7-10 和图 7-5 可知，锦天化近几年财务增加值占主营业务收入的比重、利润总额占财务增加值的比重均在不断加大，接近或优于行业指标的优秀值，说明企业所实现的营业收入中新增加值的含量很高，企业的生产运营效率及在经营活动中最基本的价值创造能力非常好，盈利能力很高。从折旧、研发投入、各种减值准备等相关比重的变化趋势来看，企业财务增加值发展投入率有所下降，企业应严格监督各项成本费用及折旧的产生过程，不断提高企业运营效率。职工薪酬占财务增加值的比重在不断上升，与行业优秀值相比，企业员工的价值创造能力尚有待进一步提高。

5. 人均指标

人均指标是指成本费用、主营业务收入、总资产等财务指标相对于所有员工来说，每个员工承担的比例。

本书通过对锦天化财务报表数据的计算，得出 14 个人均指标数据，结果如表 7-11 所示。

表 7-11 锦天化近 3 年人均指标数据

单位：万元 / 人

指标类别	指标项目	本企业			
		2009 年	2010 年	2011 年	平均值
人力指标	全员劳动生产率	26.11	23.87	32.77	27.58
	从业人员人均利润	10.93	12.60	18.46	14.00
	从业人员人均资产	98.80	107.42	95.35	100.52
	从业人员人均人工成本	6.02	6.63	10.18	7.61

续表

指标类别	指标项目	本企业			
		2009 年	2010 年	2011 年	平均值
人力指标	从业人员人均主营业务收入	58.02	60.83	74.40	64.41
	从业人员人均财务增加值	26.11	23.87	32.77	27.58
	从业人员人均管理费用	8.52	8.35	10.60	9.16
	管理人员人均办公性费用	1.93	1.85	1.92	1.90
	管理人员人均固定性费用	14.30	16.03	27.29	19.21
	管理人员人均研发性费用	6.59	6.67	6.89	6.72
	管理人员人均其他费用	23.79	21.56	22.83	22.73
	管理人员人均人工成本	12.66	14.41	25.78	17.62
	销售人员人均人工成本	4.38	4.80	9.24	6.14
	基本生产工人人均人工成本	3.97	4.80	5.19	4.65

表 7-12　锦天化人均指标与行业指标的对比

单位：万元 / 人

指标类别	指标项目	化工行业		本企业	
		优秀值	平均值	2011 年	平均值
人力指标	全员劳动生产率	32.81	12.60	32.77	27.58
	从业人员人均利润	4.85	1.96	18.46	14.00
	从业人员人均资产	49.64	95.60	95.35	100.52
	从业人员人均人工成本	—	5.32	10.18	7.61
	从业人员人均主营业务收入	213.83	76.70	74.40	64.41
	从业人员人均财务增加值	33.06	15.56	32.77	27.58
	从业人员人均管理费用	3.47	4.81	10.60	9.16
	管理人员人均办公性费用	3.45	3.95	1.92	1.90
	管理人员人均固定性费用	13.59	14.81	27.29	19.21
	管理人员人均研发性费用	3.14	6.19	6.89	6.73
	管理人员人均其他费用	8.57	15.21	22.83	22.73
	管理人员人均人工成本	—	12.93	25.78	17.62
	销售人员人均人工成本	—	7.10	9.24	6.14
	基本生产工人人均人工成本	—	3.61	5.19	4.65

从表 7-11 和表 7-12 计算数据可以看出，企业的劳动生产率在不断提高，人均利润、人均创造的财务增加值、人均主营业务收入都在不断地增加；与行业指标相比较，锦天化的劳动生产率大大高于行业平均值，人均利润远高于行业优秀值，由此表明企业员工的价值创造能力很强，经营效

益越来越好，业绩绩效也在不断提高。当然我们看到员工效益不断提高的同时，也看到员工成本费用类人均指标也在不断上升，如人均固定性费用、人均人工成本等。对于人均利润来说，如果员工产生的利润高于用于支持其工作的资本成本，则员工可以为企业创造价值；如果员工产生的利润低于支持其工作的资本成本，则企业应考虑解雇低利润生产效率的员工，雇用一批人均利润更高的员工。

（二）财务分析与价值创造

通过比较和分析可知，锦天化拥有优秀的财务管理效益和资本回报率，且成本费用支出的管控能力很好，企业的盈利能力、运营效率及员工创造价值的能力很强，从综合各方面实力来看，锦天化的综合表现是非常强的。但是通过财务指标分析和对标分析，锦天化体现出的实力并不是在每个财务能力上都最强，甚至有些方面、有些时候还不如化工行业的其他企业表现得好，这些潜在的风险因素可能会影响锦天化今后的可持续发展能力和价值创造能力。

近几年，影响化工行业的各项因素不断加剧，政治法律环境、技术和需求的变化以及环境成本等因素对化工行业的影响越来越深，为了使锦天化持续拥有优异的财务管理效益和价值创造能力，我们对该企业做出以下几点建议：

1. 提高资产管理效益

从企业的运营效率指标对比分析可知，锦天化在化工行业内的资产整体周转速度较慢，尤其是应收账款。如果存货周转率比较慢就会出现商品滞销的情况，应收账款周转率过慢就会形成呆账，对企业很不利，可能会影响企业的偿债能力、盈利能力及资金的价值创造能力。企业应仔细调查各项资产的具体运作情况，找出影响其周转速度过慢的驱动因素，制定良好的政策，提高资产管理效益，企业运用资金的能力、企业生产经营资金周转的速度越强，则企业资金利用的效果越好效率越高，企业管理人员的经营能力则越高。

2. 加强全面预算管理的绩效考评

全面预算管理的绩效考评是对企业预算执行情况和预算管理情况的绩效考评，有利于提高全面预算管理体系的效益。良好的全面预算管理体系对于优化企业资源配置、降低企业经营风险，加强企业各部门的沟通与协调，实现企业短期经营目标和长期战略计划具有十分重要的意义。锦天化的全面预算体系已相当完善，但是在实际操作中，企业还需要对预算管理绩效考评的结果进行跟踪查验，依据需要不断改进，保证全面预算管理绩效考评体系的可靠性、科学性和客观性，由此才能更好地保证全面预算管理体系的有效性。

3. 建立合理的人员组织结构

由人均指标可以看出，锦天化劳动生产率及人均利润等指标均说明企业员工的价值创造能力不错。但是与此同时，员工的人均成本和人均固定性费用等指标也在不断增加。化工行业是一个技术不断变化的行业，锦天化作为该行业重要的一员，应随着技术的进步不断提高人员整体素质，优化员工结构，提高企业全面质量管理水平。

二、全面预算管理

进入 21 世纪以来，全面预算管理的理论和方法已在国内外大中型企业中广泛推行，其成功的管理模式已成为我国建立现代企业制度进程中加强企业管理的重要内容和一项管理创新的手段。企业实施全面预算管理是涉及全方位、全过程和全员的一种整合性管理系统，具有全面的控制能力和约束力。它必须围绕市场中心渗透到企业管理的所有方面，以成本效益为核心而统揽企业的全局。全面预算管理的"全员性"是指企业内部各部门、各单位、各岗位，上至最高负责人，下至各部门负责人、各岗位员工都必须参与预算的编制与实施；全面预算管理的"全程性"，体现为企业组织各项经济活动的事前、事中和事后都必须纳入预算管理，即全面预算不仅限于预算的编制、分解和下达，而是由预算的编制、执行、分析、调整、考核和奖惩等一系列环节所组成的管理活动；全面预算的"全方位"体现在企业的一切经济活动中，包括经营、投资、财务等各项活动，企业的"人、财、物"各个方面，"供、产、销"各个环节，都必须纳入预算管理。全面预算将企业的发展战略、目标规划、操作细则以"责、权、利"为杠杆有机地结合起来，不仅可以全面反映企业的整体经营状况，同时把"承诺、目标、责任、执行和效益"始终贯穿于企业日常经营管理活动中，可以说，全面预算管理是企业经营目标得以实现的重要环节，是现代化管理的重要手段，它对于规范企业按照集团战略向着既定的目标运行，有着控制和导航的作用。推行全面预算管理对企业来说是一项行之有效的财务管理手段，对建立现代企业制度，提高管理水平，增强竞争力有着十分重要的意义。

（一）全面预算管理的 6S 制度体系

锦天化是华锦集团控股的股份制企业，随着体制的改革和加入 WTO 的需要，强化全面预算管理变得尤为重要。"全面预算"是企业总体规划的量化说明。编制全面预算是把涉及公司经营目标的一整套经济活动连接起来，制定如何完成的方法和措施，并且按照预算体系进行经营管理和监督考核，从而达到明确奋斗目标、协调各职能部门的工作、控制日常经济活动、评定实际工作绩效的目的。它是沟通公司内部情况最重要的过程，是公司为实现目标而设定的一整套监控程序。

公司要对所有经营活动实施全面的预算管理，通过确定年度预算目标，编制预算年度销售预算、生产预算、采购预算、成本预算、费用预算、资本预算、损益预算、资产负债预算和现金流量预算，形成全面预算报告，实现实时预警和预算追踪，并建立起对各责任中心的预算考评体系，从而有效地实施预算管理的过程控制，使公司整个经营活动都能沿着预算管理轨道科学合理地运行。集团公司及所属的预算责任主体，都需执行集团公司制定的贯穿全面预算管理全过程的六个制度体系（6S 体系），如图 7-6 所示。

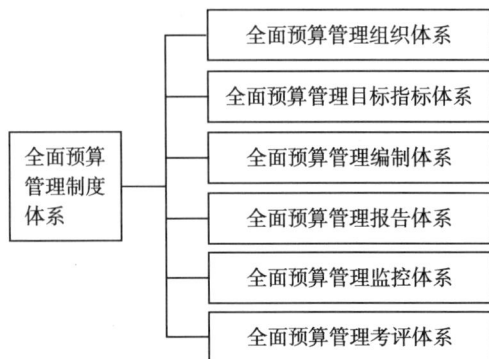

图 7-6　锦天化全面预算管理制度体系

1. 全面预算管理组织体系

为明确各相关机构、单位和部门在预算组织工作中的职责权限、工作流程，保证预算工作的顺利进行，特制定了公司全面预算管理组织体系。

锦天化按照集团公司的规定，遵照《公司法》对公司预算组织的法律规范，落实了公司治理原则，强调管理职能的整合和组织流程再造，推行扁平化管理。为保证全面预算管理目标有效落实、工作有序推进，锦天化按规定成立了全面预算管理指导委员会。委员会主任由公司经理担任；副主任由主管副经理担任；委员由总工办主任、供应处长、设计处长、机动处长、审计处长、运销处长、生产处长及计划财务处长担任。全面预算管理指导委员会作为全面预算管理的领导机构，需要根据集团公司的要求，结合本公司实际，组织、领导预算管理的工作。

2. 全面预算管理目标指标体系

全面预算管理目标指标体系体现了公司的总体战略规划，强调公司的战略管理重点，并考虑企业发展规划，是实现公司战略发展的直接"调控棒"，是公司年度经营业绩的指南针和行动纲领。

锦天化的预算目标体系以集团公司下达的预算目标指标为依据，主要包括利润总额、综合效益、净资产收益率、主营业务增长率、资产负债率、经营成本率、应收账款周转率、财务利息率、存货周转率等。根据集团公司的要求，锦天化结合公司中长期的发展需要，由预算工作小组对公司预算期目标指标进行讨论商定，通过公司预算委员会同意并经过与集团公司预算管理沟通后，由集团公司预算管理机构下达确定。锦天化在确定预算执行目标时树立了良好的财务风险意识，充分沟通和协调了全过程，强调成本管理、期间费用的控制，保证了收益，实现了收入规模的扩张。

3. 全面预算管理编制体系

公司预算的编制是细化目标、责任和分配、落实资源配置的过程。在预算编制过程中，为实现预算目标必须将责任分解落实到具体的部门、人员，使部门和人员有明确的目标。

（1）全面预算的主要内容。锦天化按照集团公司的规定编制全面预算，其全面预算是按预算所涉及的一系列经济内容及其相互关系，经有序排列组成的有机整体，主要用来规划计划期间的经济活动及其成果。其主要内容包括业务预算、专门决策预算和财务预算三大类。

第一,业务预算。业务预算主要是公司日常发生的各项具有实质性基本活动的预算,包括:销售预算——由运销处负责,年度销售预算包括销量、销价、流向;月份销售预算包括销量、销价、流向和回款金额;生产预算——由生产处负责,生产预算包括各种产品产量、各项消耗;直接材料采购预算——由供应处负责,直接材料采购包括大修及生产用材料与备件采购、工程及技改项目用材料与备件采购;生产成本及期间费用预算——由计财处负责编制,生产成本包括各成本项目、总成本及单位成本,期间费用是指管理费用、销售费用、财务费用。

第二,专门决策预算。专门决策预算是公司不经常发生的、一次性业务的预算,它一般需要投入大量资金并在较长时期(1年以上)内对公司有持续影响的投资决策,也叫“资本预算”。它包括固定资产购置、扩建、改造、更新等。此项预算由设计处、机动处、总工办、项目办、供应处负责编制:设计处负责年度固定资产新增投资建设项目的立项、可行性分析报告(技术经济评价需以表格形式上报)、设计费用的现金支出预算;总工办负责年度及临时增补的技术改造、设备更新项目预算(必须附技术经济评价计算表);机动处负责年度固定资产零星购置及月份支出预算、年度大修理费用预算及大修理外委工程的现金支出预算、每月技术改造和更新项目的工程进度预算及现金支出预算;项目办负责固定资产新增投资建设项目的进度及现金支出预算;供应处负责固定资产零星购置及技术改造、更新项目购入设备的现金支出预算。

第三,财务预算。财务预算是公司在计划期内反映有关预计现金收支、经营成果和财务状况的预算。包括现金预算、预计利润表、预计资产负债表、预计现金流量表。财务预算由计财处负责编制,现金预算根据各部门上报的预算表编制现金收入、现金支出、现金差额和融资数额,利润预算根据各车间、处室上报的费用预算和计财处编制的生产成本及期间费用预算编制。

各经营业务预算、资本预算、财务预算都有相应的现金流量预算与之对应,最终出具的预算主表是损益预算表、现金收支预算表和资产负债表。公司各预算内容之间的逻辑关系如图7-7所示。

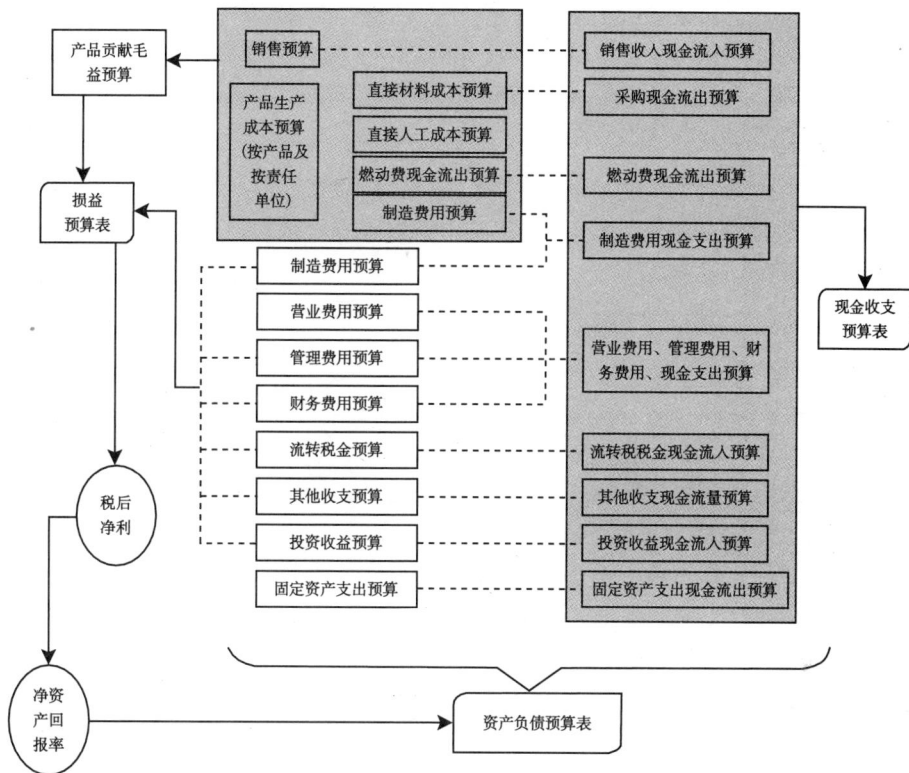

图 7-7 预算内容逻辑联系

（2）全面预算的编制程序。为了保证全面预算的科学性和准确性，公司制定了严密的预算编制程序。锦天化根据集团公司全面预算委员会下达的目标指标，结合本公司实际情况，由各预算责任主体和职能部室采取"自上而下、自下而上、上下结合"的方法共同编制，具体编制安排如图 7-8 所示。

4. 全面预算管理报告体系

预算报告分为常规预算报告、重点事项独立披露报告和突发时间紧急报告。锦天化本着紧跟预算、缩短时滞、清晰可读、独立运行等原则设计了预算报告体系，该预算报告体系成为公司提升控制力的重要工具。报告体系以公司信息化工程为平台，建设公司内部高效、通畅、有序的预算信息传递机制，并由此逐步增强公司对企业的控制力、协调力。锦天化的全面预算管理制度体系相互联系、相互影响，良好的预算体系为监控和考评

```
                        ┌─────────────┐
                        │  企业战略规划  │
                        └──────┬──────┘
                               │
                        ┌──────┴──────┐
                ┌───────│  企业预算目标  │──────────────────────┐
                │       └──────┬──────┘                       │
                │              │                              │
        ┌───────┴──────┐  ┌────┴────────┐                     │
        │  主营业务收入预算 │─→│  产品产量预算  │                     │
        └───────┬──────┘  └────┬────────┘                     │
                │              │                              │
        ┌───────┴──────┐       │                              │
        │   产品贡献    │       │                              │
        │   毛益预算    │       │                              │
        └──────────────┘       │                              │
                               │                              │
  ┌──────────────┐  ┌──────────┴────┐  ┌──────────────┐       │
  │ 其他业务收支预算 │  │ 单位产品成本预算 │  │ 营业、管理    │       │
  └──────────────┘  └───────┬───────┘  │ 费用预算      │       │
                            │          └──────────────┘       │
        ┌──────────┬────────┼────────┬──────────┐             │
   ┌────┴────┐┌────┴───┐┌───┴────┐┌───┴────┐                  │
   │单位产品  ││单位产品 ││单位产品 ││单位产品 │                  │
   │直接材料  ││直接员工 ││制造费用 ││燃动费   │                  │
   └────┬────┘└────┬───┘└───┬────┘└───┬────┘                  │
   ┌────┴────┐┌────┴───┐┌───┴────┐┌───┴────┐                  │
   │采购预算  ││工资预算 ││制造费用 ││燃动费预算│                  │
   └────┬────┘└────┬───┘│预算    │└───┬────┘                  │
        │          │    └───┬────┘    │                       │
        └──────────┴────────┴─────────┘                       │
                   ┌──────────┴──────┐                        │
                   │  产品制造成本预算  │                        │
                   └────────┬─────────┘                        │
                   ┌────────┴─────────┐          ┌─────────────┴──────┐
                   │  产品销售成本预算  │          │                    │
                   └──────────────────┘    ┌─────┴─────┐  ┌──────────┐
                                           │ 固定资产  │  │ 投资与收益│
                                           │ 支出预算  │  │ 预算     │
                                           └───────────┘  └──────────┘
```

                ┌───────────┐   ┌──────────────┐   ┌──────────────┐
                │ 损益预算   │   │ 资产负债预算 │   │ 现金收支预算 │
                └───────────┘   └──────────────┘   └──────────────┘

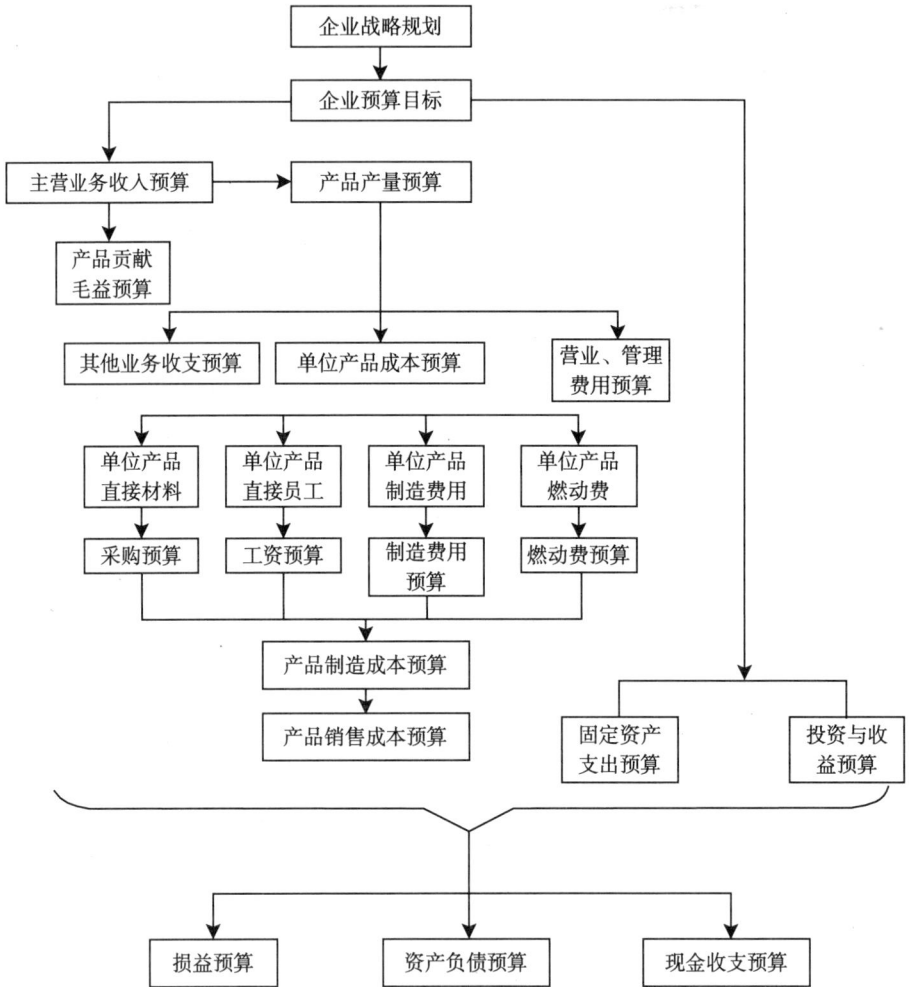

图 7-8　预算编制程序

提供了有力的信息支持和依据。

5. 全面预算管理监控体系

预算的监控体系由预算监控组织、预算监控制度、预算实施过程监控三个基本部分构成。锦天化结合公司现状，建立了全面预算管理监控体系，强化了全程控制意识，使事前、事中、事后监控相呼应；同时建立了及时、通畅的预算信息反馈机制，以保证预算监控的有效运行。预算的执行过程涉及企业的各个环节、各个部门及全体成员，因此锦天化的预算监控借助了各方面的共同努力，将责任中心的自我监控和预算管理部门的监督约束有效地结合起来。

6. 全面预算管理考评体系

预算的考评体系由考核组织、考核办法、考核指标和考核实施过程等构成。对于锦天化来说，全面预算考核是业绩评价和激励的有效工具，是评价企业生产经营多个方面工作成果的基本尺度，是预算管理反馈环节的重要方面。锦天化综合各个方面的因素进行考虑，设计了合理的、量化的关键业绩指标，并定期进行全面预算考评，通过全面及时的业绩数据，检查目标与实际结果的差距，分析存在的问题，及时采取措施，确保运营管理的健康运行。

（二）全面预算管理与精细化管理

精细化管理是源于发达国家（日本 20 世纪 50 年代）的一种企业管理理念，它是社会分工的精细化以及服务质量的精细化对现代管理的必然要求，是建立在常规管理的基础上，并将常规管理引向深入的基本思想和管理模式，是一种以最大限度地减少管理所占用的资源和降低管理成本为主要目标的管理方式。精细化管理的"精确预算、职责明确、贯彻执行、有效监督"的内涵使其成为现代化企业管理的必然选择。目前，精细化管理的理念正在各行各业中广泛应用，在探索提升企业管理水平、提高企业核心竞争力中发挥着越来越重要的作用，不同企业都在不断完善符合本企业发展精细化管理模式。

1. 精益生产和精细化管理

精益生产和精细化管理是锦天化积极响应集团公司管理要求的需要，是企业提升管理水平、提高经济效益的一个重要途径。面对激烈的外部市场竞争和不断提升的企业发展要求，唯有不断升华管理理念、管理模式和管理方法，把先进的管理根植于企业的各个层面，渗透于管理活动的体制、机制当中，融入于生产经营活动的常态运行中，才能真正实现与时俱进，在竞争中立于不败之地。因此，精细化管理成为了锦天化大力推行的前沿管理理念。它的实质是流程的再造，即在生产的各环节设定一个目标，并不断进行提升，力争达到尽善尽美。在危机来临之际，精细化管理的效能凸显，缓解了持续上升的生产经营压力，提升了企业市场创效水平。

在锦天化领导者看来，"精细"是一种意识，是一种认真的态度，是一种精益求精的文化。为确保装置安全、连续、长周期、优化运行，锦天化人坚守"必须依靠强化精细化运作和细节控制来提高效益"的信念，狠抓细节和过程控制，减少事故和工作失误。生产系统向最先进的管理水平看齐，重新构建装置成本、消耗等工艺考核指标体系，借助生产执行系统（MES）等控制平台，实现生产运行管控一体化。尤其关注装置的经济运行和工艺指标的优化，努力实现生产操作和工艺控制的精细化，充分体现全员管理的理念，达到实时、全方位监控与管理生产过程、设备运行、物料消耗、产品质量的目的，从而有效地提高装置的运转效率和运行质量，达到了效益最大化。公司要求要消除生产经营管理过程的一切浪费，努力做到个"七个零"，即零切换浪费（转产工时控制）、零库存（削减库存）、零浪费（全面成本控制）、零不良（降低不合格品数量）、零故障（提高装置运转率）、零停滞（快速反应装运交货）、零灾害（安全第一）。这种近乎苛刻的要求，打造出了用心工作的员工，提升了企业团队的整体能力。

2. 全面预算管理是精细化管理的核心

可以看出，精细化管理与全面预算管理的思想并不矛盾，甚至可以说二者是相辅相成的。锦天化将这两种思想结合起来运用于实践中，不仅是对精细化管理的贯彻落实，也是对全面预算管理活动的推动。

一般来说，精细化管理应具备三个条件：一是要建立现代企业管理制度，做到决策科学化、精细化；二是要为企业定位，拟定经营和发展目标；三是以人为本，充分挖掘企业一切资源，实施激励措施，激发干部员工参与的积极性和主动性。因此，实行精细化管理应具备的三个条件，其核心就是实行全面预算管理。全面预算管理对企业内部各部门、各单位的财务和非财务资源进行分配、考核和控制，以现金流为核心，按照实现企业价值最大化等财务目标的要求，对资金筹集、资产营运、成本控制、收益分配、重组清算等管理活动，建立全面具体的管理制度，精细地组织预算编制、报告、执行、调整与控制工作，建立相应机构，配备工作人员，细化职责权限，加强内部协调，强化执行监督，实现企业的既定经营发展目标。所以说，全面预算管理既是精细化管理的核心，也是实现企业精细化管理的有效工具。

开展"精益化生产和精细化管理"活动是锦天化目前及以后一段时期内为推动管理进步适应发展要求而采取的一项重要举措，是贯穿于当前和今后一个时期的工作主线。而解决这一问题的有效工具就是全面预算管理。全面预算管理是有效地将企业管理的所有关键问题融于一个体系，全面整合企业的管理，提高企业的管理效率和管理水平，保证企业战略目标的实现。全面预算管理把企业的经济活动看成一个整体，以预算目标进行统筹规划，具有一套完整的预算管理流程、方法体系及运行机制，是一个完整的、要素齐全的、结构关系紧密的、具有较强逻辑顺序的企业管理系统。该系统的构建与运行、各要素的优化设计等充分地体现了精细化管理的思想和本质要求。因此，锦天化要实现精细化管理就必须将全面预算管理置于战略高度。

（三）全面预算管理的实施效果

锦天化经过近些年来在全面预算管理方面的实践，已建立了具有鲜明特色的全面预算管理体系，在公司的价值提升、风险控制、目标管理、资源配置等方面发挥了重大作用。制定全面预算并实施严格的预算管理，其优势是显而易见的：通过预算管理制订年度实施方案，为企业中、长期发展规划提供具体实施基础，引导企业稳步向上向前，直至实现中长期发展目标；同时，通过预算管理的预测、协调和控制，提高管理效率，以更优的发展质量、更有效的资源配置实现战略目标，从而在根本上提高企业的综合实力。如今，锦天化的全面预算管理具备以下特点：

（1）全面预算管理组织和制度体系健全，预算管理手段先进。迄今为止，锦天化已建立了与公司组织架构和权力架构相适应的预算管理组织体系和制度体系，预算工作实现标准化、规范化和制度化。在全面预算管理的运行过程中，锦天化不断对该制度进行修订、完善，以保证预算的全面展开。为准确地将全员、全过程、全方位的管理理念和管理要求固化到日常工作中，并更为友好、高效地为大家所接受，仅依靠大幅度增加管理人员，沿用以往的预算管理手段已不能满足要求。因此，锦天化于 2004 年正式上线用友 ERP 系统，实现了采购、库存、销售、财务业务一体化。通过对 ERP 系统的使用，锦天化找到了实现生产经营管理科学化、现代化的便捷途径。

（2）预算文化盛行，预算理念深入人心。在锦天化内部，预算文化已由早期的强制手段逐渐过渡到普遍接受并倡导的文化。预算管理关注的重点从经营结果（利润预算）延伸到经营过程（业务预算和资金预算）进而扩展到经营质量（资产负债预算和现金流量预算）。预算申请、预算批复对各级管理人员、计划财务人员可谓是耳熟能详。在全员参与意识方面，锦天化做到了从上到下各主要岗位人员的参与，员工在开展工作时都会事先考虑预算。员工树立起了强烈的投入产出意识，关注投入产出效益。

（3）预算已成为工作中有效的管理工具，推动工作方法由被动向主动的转变。全面预算管理的主要功能就是落实经营目标，合理配置资源，及时发现和纠正运营过程中出现的偏差，保证经营目标的实现。全面预算管理的推行，使各部门的具体情况都能在预算中反映出来，预算成为反映部门工作进度及效果的晴雨表，各部门、人员可以根据预算自行判断工作的得失，从而成为管理者的助手。在实施全面预算管理之前，工作是由上级制定下达，下级被动接受。在实施全面预算管理之后，要求资源需求与相应的工作目标相对应，要求对预算工作进行广泛深入的沟通，沟通一致后方能执行。由此，预算成为下级对上级承诺的工具，即以什么样的资源完成什么样的工作，实现了工作由被动向主动的转变。

（4）预算费用的准确性进一步提高。通过实行全面预算管理，锦天化各部门在编制预算时变得更加严谨、合理和科学。在执行预算时也极为严格，层层负责。各部门除认真编制预算外，还进行了适时跟踪，及时沟通，使预算完成情况保持在一个令人满意的水平。

（5）预算监控全面有力，监控措施合理有效。预算监控体系是全面预算执行有效性的组织保证，锦天化根据自身的管理水平、管理特点，设置了有效的预算监控体系。各部门均以全面预算管理为核心，自觉承担相应的预算监控职责。在监控体系中，每一个部门甚至每一个人都是监控主体，公司全面布置监控点、监控的力度和强度大，不断对找出的偏差进行修正，以保证预算目标的顺利实现。

（6）落实基于战略导向的预算考评制度。锦天化结合组织预算管理的实施，以预算目标水平和控制标准为依据，采用财务与非财务指标相结合的方法，对预算管理的各项活动进行动态的衡量，考察其目标的完成程度，并及时提供反馈信息。管理层能从考评信息中捕捉到相关契机，促使组织总结成功经验，吸取失败的教训，以利于更好地实施预算管理。

虽然锦天化的全面预算管理已经取得了一定的成效，对企业的生产经营和战略执行起到了有力的推进作用。但不可否认的是，公司的预算管理仍然存在一定的缺点与不足，因此，要想全面预算管理真正在企业中发挥作用，成为连接战略管理与绩效管理以及落实精细化管理的重要牵引环节，并逐渐从成本控制手段演进为财务绩效评价工具和企业战略执行平台，那么锦天化的全面预算管理建设还需要付出更多的努力，有待于更深层次的优化。

三、财务信息化管理

随着企业规模的扩张和组织结构的日益复杂化，企业对财务信息的及时性、正确性、完整性的要求越来越高。只有这样，企业才能对企业内部的各种内部资源进行高度集中的管理、控制和配置，才能够迅速地对各种经营管理方案做出科学的、符合企业价值最大化的决策。20 世纪90 年代后期到 21 世纪，互联网技术、数据库技术和电子商务技术的出现和发展在一定程度上解决了企业的上述需求。IT 环境既为财务管理的创新提供了坚实的基础，也为企业实现财务信息化提供了强大的技术基础。IT 环境既为提高财务信息质量提供保证，也为财务职能的转变和发展提供支持。

锦天化作为国内第一家利用海底天然气为原料的大型化肥生产企业，和其他企业相比，在财务核算和财务管理方面具有化工行业的一些特点：①特殊的车间物料控制，化工行业物料在库存耗用统计、盘点时，企业需要将这些物料的剩余数量以假退料的方式入库，保证库存数据的真实性。②复杂的成本核算，化工行业的工艺过程复杂，采购凭证和实物流转不能同步，这些都导致化工行业的成本核算非常复杂。③准确的原料、产品计量，化工行业计量一般不够准确，大宗原料、液体以及气体原料、设备及备品备件的盘点都相当困难。④动态的固定资产管理和设备管理，化工企业的固定资产种类多，编号复杂，尤其是固定资产折旧方面情况多种多样，导致固定资产的信息不能及时查询或是不能反映固定资产的真实状况。⑤计算单位换算，化工行业有些产品最后的计量方法需要换算成国家标准或者行业标准。

锦天化的这些核算特点也要求锦天化在进行财务核算和财务管理时能够满足上述特点，有效地提供正确的财务信息，为公司的进一步发展提供支出和服务。与此同时，随着锦天化重组改制的完成，对财务信息的及时性和准确性的要求也越来越高，集团总公司出于考核和控制的需要，同样要求锦天化及时、按要求地提交财务数据。

为此，锦天化在 2002 年正式提出加强企业信息化建设的奋斗目标，遵循"用信息化推动企业管理进步、用信息化支持企业管理变革、用信息化服务企业战略实施"的指导原则，明确了"建立面向客户的研、供、产、销一体化系统"的信息化建设愿景。锦天化的信息化建设（见图 7-9）主要包括财务信息化和非财务信息化两个大方向，将财务信息化作为基础，对生产流程和其他相关业务进行信息化，实现电子化审批、电子化采购、电子化生产、电子化存货管理等，依托先进的互联网技术和软硬件条件，建立强大的管理信息系统，从而实现内外部资源的整合，追求企业价值最大化。锦天化的信息化建设工程主要包括信息化一期 ERP 财务业务一体化、信息化二期 ERP 全面计划预算管理和信息化三期 CRM、OA、EAM、AMS 管理系统。具体来看，锦天化的信息化建设是以财务业务一体化为基础，全面优化和改进业务流程和财务流程，实施全面预算管理，进而推进整合内外部资源，实现企业资源高度继承与优化配置，使信息化对企业战略实施起到更好的支持与服务作用。

锦天化的财务信息化工程包含在公司的整体信息化战略之中，战略目标不仅仅包括实现会计电算化，还包括通过建立财务系统与销售、生产、供应等系统的合作与集成，实现信息共享、统一管理，实现生产经营全过程以及管理工作的信息流、物流、资金流的集成和数据共享，保证财务管理工作的规范化、高效化。为了保证财务和业务能够完美契合，真正发挥财务信息化对公司经营管理的支持作用，锦天化切实考虑公司的战略定位、组织结构、人力资源管理体系、预算管理现行体系、营销体系及物资采购体系等方面的现实情况，以公司"相关多元化战略、绿色化工战略、联盟战略和成本领先战略"为指导，实施财务信息化以及整个公司的信息化建设。特别地，锦天化在新系统开发和上线之前，分别对采购管理业务流程、销售出库管理业务流程、合同管理业务流程等几个典型的企业流程进行描述和分析，了解企业流程的现行的具体操作流程，并根据财务信息化完成后的需求对各个业务流程提出优化和再造方案。

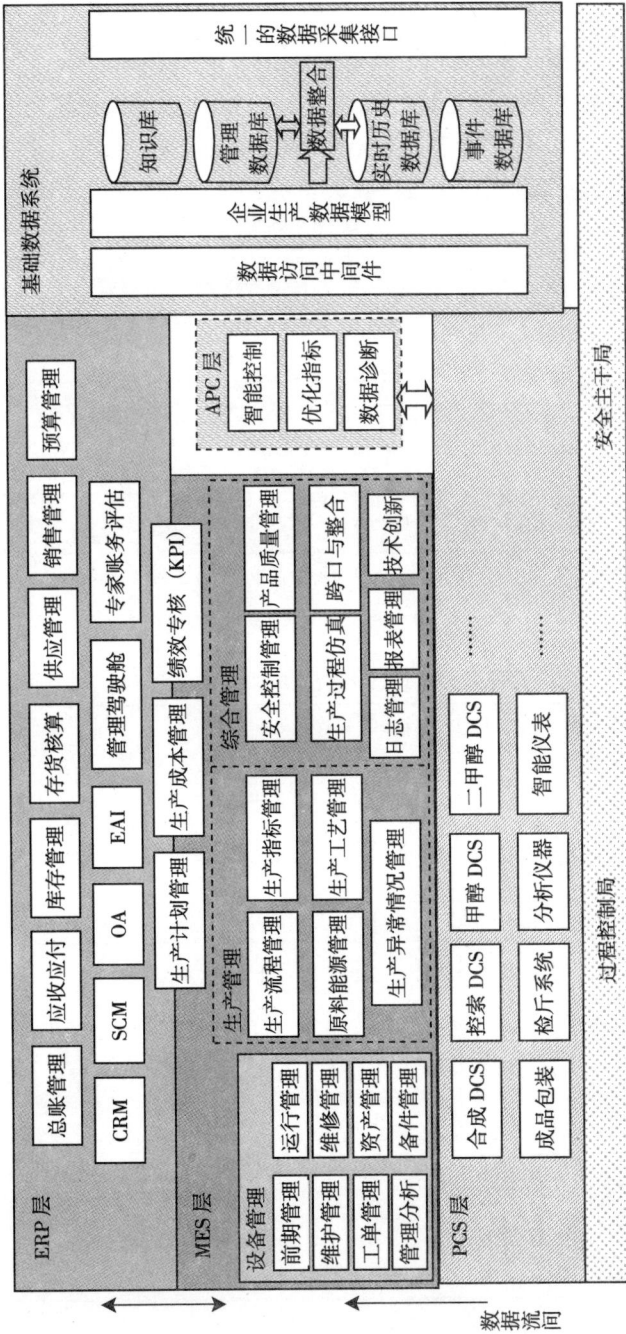

图 7-9 锦天化信息系统架构

（一）财务信息化进程

1. 2004 年 3 月，信息化一期工程——ERP 系统上线运行

从 2003 年 10 月开始实施 ERP 系统，经过项目培训、系统测试、业务匹配、系统对账等工作，历时 90 天奋战，实施了如图 7-10 所示的管理。

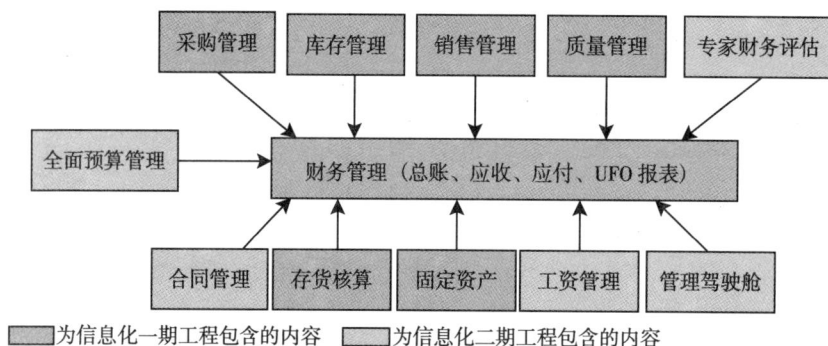

为信息化一期工程包含的内容　　为信息化二期工程包含的内容

图 7-10　锦天化 ERP 系统构成示意

表 7-13　ERP 系统构成模块及应用部门

应用部署	LICENCE 数	应用部门
总账	20	计财处
应收、应付	20	计财处
UFO 报表	10	计财处
固定资产	10	计财处
采购管理	10	供应处
库存管理	15	供应处
存货核算	15	计财处
销售管理	10	运销处
合同管理	20	法审处、供应处、运销处
质量管理	10	供应处
预算管理	20	计财处、业务部门
管理驾驶舱	20	总经理、营销、供应、生产各级主管
专家财务评估	10	计财处
EAI 企业应用集成	10	信息处

如表 7-13 所示，首先，锦天化的信息化一期 ERP 系统的建设的核心内容是财务管理模块，主要包括总账模块、应收模块、应付模块和 UFO 报表模块四个部分。其次，锦天化在建设其 ERP 系统时，通过加入采购管理、库存管理、销售管理、质量管理等生产流程的管理模块，使得财务系统和生产系统能够相互联系，实现了物资流和财务流的同步和统一管理。而在财产保护和控制方面，锦天化将存货核算、固定资产管理等模块和财务管理模块联系起来。

2. 2005 年 1 月，信息化二期工程——全面预算管理系统上线运行

信息化二期工程的实施以全面预算管理为主线，还包括合同管理、管理驾驶舱、专家财务评估等系统，为了实现公司集成化的管理思想，达到有效控制和管理的目的，全面预算管理、合同管理、管理驾驶舱、专家财务评估必须与 ERP 系统形成统一架构，为此锦天化把 ERP-U851 升级到 ERP-U860，从 2004 年 10 月开始，经过 90 天奋战，2005 年 1 月，锦天化的信息化二期工程投入运行。

全面预算管理是从企业的整体出发，通过科学预测，以货币或数量的预算形式明确企业预定期间内的经营成果、财务状况及实现手段，从而对企业及各业务部门的经济活动进行调整与控制，实现企业全面管理的重要工具。在实施财务信息化之前，锦天化已经实施了全面预算管理制度，并实施全面预算管理信息化，把全面预算分为业务预算、专门决策预算、财务预算、资金预算和费用预算等部分，取得了良好的管理效果。锦天化的全面预算管理是在总公司的总体规定下进行的，是对公司发展战略与经营目标的细化，是锦天化财务控制体系的一个重要方面。全面预算管理模块的成功上线，使得锦天化能够综合分析和考量总公司下达的预算目标，并在实际的生产过程中可以实时监控，不断地将实际的损益和预算目标进行比较，这不但实现了期末的考核目标和结果控制，更实现了事中控制，能够及早发现问题，从而有机会更好地对公司的情况进行调整与控制。锦天化的所有工作都是从合同开始的，如采购、销售、工程承揽、外委、服务等，是企业管理流程的源头。强化合同管理，就控制了企业运营。对于锦天化的管理工作而言，将合同管理与 ERP 系统形成统一架构，应收、应付、采购、销售等工作一目了然，控制了付款和收款，控制了采购和销售过程，规范了企业管理工作。

上述两期信息化工程的完成，使得锦天化的 ERP 系统成功运行，进

而整个公司实现了采购、仓储、存货、财务的集成化管理，也为日后进一步的信息化建设打下了坚实的基础。锦天化通过财务管理模块掌握企业的财务信息，及时生成财务报表，并通过专家财务评估系统对公司的业绩进行考核和计量，实施标杆管理。与此同时，财务信息化也使得锦天化实现了物料信息同资金信息的集成，支持"财务账"与"实物账"同步生成，实现跨地区、跨部门的信息资源集成，使得锦天化能够全面掌握其从采购、生产、销售等生产流程的具体信息，并同时实现对存货、固定资产等实物资产的管理。

3. 2006 年 3 月，信息化三期工程——CRM、OA、EAM、AMS 上线运行

锦天化的信息化三期工程主要包括 CRM（客户关系管理）、OA（办公自动化）、EAM（设备资产管理系统）、AMS（电子档案管理系统）、压力管道安全管理系统。

CRM（客户关系管理）、OA（办公自动化）都与锦天化的财务信息化息息相关。客户关系管理（CRM）模块于 2005 年 9 月投入运行，通过系统运行结果看，这一模块改善了锦天化与客户之间的关系，是一种协助锦天化同客户建立持久关系的有效手段，也是其获得、保持和培养价值客户的一种有效途径。这也为锦天化从财务的角度分析客户价值，挖掘潜在客户提供了技术条件和操作环境。在未来的发展中，锦天化可以通过网络实时获取客户信息，通过客户满意度、忠诚度等分析，揭示客户为公司创造的价值，分析可能的未来客户群，甚至从中获得竞争对手的信息，从而为公司价值最大化提供支持。办公自动化（OA）系统的成功上线运行也为锦天化深化财务信息化程度提供了技术条件。合同电子审批、费用报销网上审批、资金使用自动审批等一系列办公自动化行为一方面节省了锦天化在运营方面的等待时间，提高了效率；另一方面也为日后的财务共享服务、财务外包等更先进的财务管理模式提供了技术基础。电子档案管理系统（AMS）可以解决会计档案众多不好存放，或是法律规定的保存期限之外的会计档案无法查询等问题，电子化的会计档案既节省了存放空间，也节约了纸张，在一定程度上降低了锦天化的办公费用，从而实现成本控制，提高效率和利用率。

在锦天化公司的整体信息化战略的指引下，2002~2008 年，锦天化已经基本上完成了信息化三期工程建设，财务信息化作为其中最为重要的组成部分，已经初见成效，为锦天化带来巨大的经济效益和应用效益，也为

锦天化实现企业资源共享、决策优化提供了巨大的支持。

（二）财务信息化取得的成效

1. 财务信息化为企业创造的经济效益

财务信息化的成功实施为锦天化取得了较为明显的经济效益。第一，提高了管理效率，降低了人工成本。ERP系统的成功上线，实现了采购、销售过程公开、透明化，理顺了管理流程，提高了工作效率，降低了管理费用和人工成本，降低人工成本100万元/年。第二，控制采购过程，降低采购成本。实现供应管理信息化，可以有效地控制采购过程的源头和各个环节，通过网上比质比价、系统内的历史查询，降低采购成本和费用，建立起采购计划、采购过程和采购控制等活动流程化、制度化，每年降低采购费用100万元。第三，提高库存管理水平，降低库存资金占用。依靠信息化系统，库存信息公开共享，便于管理部门科学计划，供应部门合理采购、库存，使用单位合理领用，共降低库存资金占用2000万元。第四，强化财务监控，实现了较好的经济效益。依靠统一的账务系统，可以规范财务管理，应收、应付一目了然，及时处理、合理使用资金，每年节约资金200万元。第五，减少了库存盘亏，堵塞了管理漏洞。通过包装计量和路衡检斤系统集成到管理信息系统，减少了库存盘亏，避免物资检斤误差，堵塞管理漏洞，产生了很好的经济效益，堵塞管理漏洞300万元/年。

2. 财务信息化为企业带来的应用效果

（1）通过信息化系统建设，使企业内部人员方便快捷地共享信息，高效地协同工作，实现迅速、全方位的信息采集、信息处理，为企业的管理和决策提供科学的依据；同时通过信息系统规范和完善企业管理部门内部的业务流程、操作模式、管理模式，固化企业内外部资源，提高企业办公管理效率，降低企业运营成本。例如，通过办公自动化（OA）系统、设备资产管理系统（EAM）系统，实现了审批工作电子化，申请人只要在网上提交申请即可，不必再亲自到办公区或是负责人处进行材料提交。审核人也随时可以在网络上完成审批而不必在签字之后再返还给申请人，申请人在审核通过之后直接会收到通知或是在网上直接查询到审核结果，这样一方面减少了双方等待的时间，另一方面也减少了申请材料所需的纸张等物资需求，不但提高了运营效率，还降低了公司管理成本，提升了管理水平。如表7-14所示。

表 7-14   办公自动化（OA）系统和设备资产管理系统（EAM）系统上线前后管理情况对比

应用价值	信息系统上线前	信息系统上线后
降低管理成本	通信、纸张等办公成本和人工成本居高不下	降低人工成本、管理运营成本，办公成本得到控制，并持续减少
减少学习成本	信息分散、缺少管理沉淀，缺乏企业级学习复制手段	易用、实用的信息系统，为企业搭建了知识管理平台，减少培训成本及使用成本 1000 元/人/年
提高检索效率	信息分散，无法快速检索到所需信息	可以提升检索、汇总信息的效率，提升使用效率 30%
提高工作效率	部门间沟通不足，效率低下，对外界的变化需求响应滞缓	通过灵活可变的流程和振荡回复、移动手机事务处理等技术，为企业快速建立一个动态组织，实现对企业的实时管理，提高办公效率
提升管理水平	流程随意，制度执行性差、缺乏保障，交办任务可控性差	流程固化，建立刚性约束机制，工作按规章制度执行。文件审批电子化，保证公文和文件的上传下达，实现信息沟通、事项审批的快捷、可控、透明化管理

（2）通过 ERP 系统的全面实施，实现了物流、资金流、信息流三流合一，提高了资金周转率，降低了采购成本和库存资金占用。通过信息系统的建设，锦天化实现了管理的严细控制，建立了刚性约束机制，降低了企业运营成本，提高了组织效率，增强了竞争力。如表 7-15 所示。

表 7-15   ERP 系统上线前后管理情况对比

应用价值	信息系统上线前	信息系统上线后
降低库存资金占用	库存资金 12373.12 万元	2008 年底库存资金 8229.60 元
降低采购成本	无法实现采购业务的严细管理	透明化管理，降低采购成本 100 万元
强化费用控制	预算管理实施前，计划性不强，费用控制不严，随意增减项目，部门疲于应付	实施后各部门业务严格按计划执行，费用按预算指标严格控制，工程资产按计划实施，业务部门工作有条不紊
提高资金周转率	资金周转周期 86 天	资金周转周期 83 天

（3）全面预算系统的成功运行为锦天化的全面预算的执行提供了保证和技术支持。通过全面预算，锦天化一方面可以了解总公司对其的指标要

求，另一方面通过全面预算系统实现对整个公司的财务监控，整合资金，提高资金的利用率，降低财务风险。锦天化在实施预算管理后，各部门业务严格按计划执行，费用按预算指标严格控制，工程资产按计划实施，业务部门工作有条不紊。同时对于节约预算和超预算进行分析，分析企业运营存在的问题和风险，并给予及时纠正，使企业在预计的轨道上运行，防止偏离方向。具体表现在：首先，预算控制有据可依，可以根据当月实际入库的数量，自动计算出各种费用的可支出金额。如发生的费用金额超过定额，系统会自动提示，需要负责人签字才能入账，保证非生产性的开支得到有效控制。其次，缩短了预算编制的周期，预算编制时间由原来的3个月缩短到1个月。再次，预算编制过程透明化，由于采用自下而上的预算编制，提高了预算指标的现实性与可靠性，激发了下属执行预算的自觉性，同时加强了部门之间信息充分传递。最后，全面预算实现信息化管理，使得锦天化的预算管理系统成为一个具有相应的组织系统、制度系统、财务和管理会计信息系统、反馈系统和奖惩制度的非常完善的财务控制系统，保证了锦天化全面预算体系的真正运行，提高了总公司对其的监控力度，也增强了公司自身的管理效率。

综上所述，为了适应外界竞争环境的变化及公司自身的发展，锦天化引进了先进的 ERP 系统，将办公自动化管理、财务管理、采购管理、成本管理、预算管理等都纳入管理系统中，实现了企业管理由数据电子化向业务流程、决策、资源配置、交易电子化过渡，极大地提高了企业运营效率。值得一提的是，锦天化的财务信息化的过程并不是盲目单一的，而是在企业战略和愿景的指导下，在整个公司信息化战略的基础上实现的。锦天化信息中心主任袁戎以及其他的锦天化高层指出，信息化建设是一个复杂的系统工程，它并不是简单的硬件拼凑、手工电算化过程，而是企业管理流程重组，是企业各方面资源优化整合、信息共享的过程。财务信息化的成功实施以及取得的良好效果在一定程度上得益于锦天化全体相关人员对信息化的清晰认识和正确的指导思想。财务信息化并不是短时间内一蹴而就的，未来的道路还很漫长，锦天化将在已经实现的信息化三期工程的基础上，进一步推进财务信息化建设，利用日益发展的互联网技术和日益完善的软硬件条件，切实推进财务业务一体化进程，以财务管理为核心，以成本控制和扩大效益为重点，做到信息和资源共享，为锦天化乃至总公司的投融资决策、经营管理决策提供支持和服务。锦天化的财务信息化的顺利完成和成功上线为锦天化的发展带来了新的机会和长足的进步。笔者认为,锦天化的财务信息化建设是比较成功的,从长远的发展来看,锦天化可以在以下几个方面寻求持续的改善:

首先,强化公司战略对信息化建设的指导作用。锦天化应该从公司的发展现状以及未来的发展战略规划出发,统筹兼顾自身的当前与长远发展,切实保证后续的财务信息化建设是以战略目标为服务方向,并根据具体的企业竞争环境和现实资源,不断修正和完善信息化建设目标。

其次,不断完善财务管理制度及财务业务流程。财务信息化的成功实施,为公司带来的巨大的经济效果与应用效果;同时,也对企业的财务管理制度提出了更加严格的要求。锦天化在 ERP 系统、全面预算管理、客户关系管理等模块成功上线之后,更应该完善之前的财务制度和相关规定,加强财务信息管理业务流程的标准化、统一化,实现业务信息与财务数据之间的协调统一,从而提高公司的财务管理效率。

再次,提高财务人员的业务水平和工作能力,使之与财务信息化成果相匹配。人员是财务信息化取得成功的关键因素之一,锦天化在后续的财务信息化建设中应重点关注财务人员对于财务信息化的领悟和应用能力,针对 ERP 系统的使用、全面预算的考核与控制、电子审批等内容对财务人员进行定期培训和指导,并制定一系列具体的培训和考核措施,让相关人员有计划、有目标地提高自身的技能。

最后,在整个公司范围内推行"财务信息化"的文化建设,使其融合在锦天化的企业文化当中。财务信息化建设是管理学和 IT 技术同时发展的产物,是对外部竞争环境变化和内部管理需求变化进行适应的手段和方式,应在整个公司范围内形成对信息化建设尤其是财务信息化的重视,从公司高管到下属员工,从供应商到客户,形成纵向和横向的文化氛围,使"财务信息化"的文化植根于锦天化的土壤之中,这将成为财务信息化顺利完成以及后续财务信息化建设的根基。

第八章　锦天化公司信息化管理

一、公司信息化发展概况

锦天化是以海底天然气为原料生产合成氨和尿素化肥的化工流程企业，自 1993 年建成投产，生产过程就采用先进的 DCS、PLC 系统，用于生产过程控制，为生产稳定运行和装置达标、达产、优化生产过程发挥了巨大作用。

随着企业规模的越来越大，仅靠传统的管理方式已不能满足企业发展的要求，也很难实现企业管理水平的提升，锦天化的管理者很早就认识到必须要借助先进的管理软件来提升企业的管理水平和提高生产效率。随着生产装置的稳定运行和市场竞争的加剧，从 2003 年开始，公司启动了大规模信息化建设，从网络基础建设到各个管理系统实施，进行了五年信息化建设，截至 2008 年底，投用了 ERP 系统、CRM 系统、MES 系统、EAM 系统、OA 系统、HR 系统、AMS 系统、压力管道安全管理系统、进出厂物资检斤管理系统、产品包装计数系统、振动监测系统、刷卡考勤管理系统、生产安全管理系统、视频监控系统、市场准入证管理系统、党务管理系统等 22 套系统，企业的方方面面管理全在管理信息系统中进行，从原材料进厂到产成品出厂均实现了全员全过程的信息化管理。这些系统实施和运行，实实在在地提高了公司全面管理水平，降低了成本，提高了经济效益，推动了企业管理进步，巩固了变革管理成果，服务了企业战略实施。

同时，锦天化在找到用信息化的设备和软件来实现生产经营管理科学化、现代化的途径之后，如何"以人为中心"创造更大的企业效益则成为了企业发展又一个当务之急。经过分析发现，作为传统企业，企业员工在知识结构、年龄结构以及计算机普及程度上的差异很大，尤其是普遍存在着计算机应用水平比较薄弱的现象。锦天化开始重新审视，决定要从管理基础开始，通过应用信息化系统，对企业的员工也进行革命性的改造，以使企业的员工也能跟上信息化的步伐，为信息化打造良好的人力环境。

2010年，公司决策实施信息系统集成项目，在前期信息化基础上，充分利用原有的软件、硬件及用户的熟练操作等资源与优势，从实用性出发，以业务和流程梳理、优化为主导，建立了一套整体适应新需求与新技术、高效优化的管理信息系统，搭建了单点登录平台、统一系统消息平台、统一通知公告平台、统一用户安全管理平台、统一信息展现平台、统一数据共享平台、统一数据管理平台、统一接口组态平台、统一编码平台、统一系统管理平台和决策支持平台，使系统应用更加简捷，提高了数据利用率、系统运行效率以及系统安全性，解决了数据在各个系统中冗余等诸多问题，全面实现了数据集成、系统集成以及流程集成，提升了企业管理水平，降低企业运营成本，增强了企业核心竞争力，促进了企业可持续发展。几年来，公司领导非常重视企业的信息化建设，积极探索以信息化带动工业化、以工业化促进信息化、走新型工业化的道路，采用非技术改造手段——信息化实现节能减排，降低消耗，资源循环利用，环境友好，增加效益，使企业在创造财富同时实现社会价值。

通过信息化建设，从系统、流程、业务、数据等多个方面实现了企业管理各个业务和流程无缝连接，打通了操作层、管理层与决策层的业务和管理，建立了适用、快速、高效、灵活、决策、集成的有锦天化特色信息系统管理平台，打造了全局共享的"数字工厂"，实现了企业运营综合自动化。

锦天化的企业信息化建设不断推向深入，2004年、2005年辽宁省科技厅、信息产业厅、发展改革委员会等部门联合在锦天化召开现场会，向全省各企业推广锦天化公司信息化建设经验和成果；在荣获辽宁省百户企业信息化示范单位的同时，2006年，企业信息化通过了信息产业部全电办组织的验收，并获国家倍增计划优秀项目；2005年，锦天化全面信息化建设获得辽宁省管理进步二等奖；2007年，锦天化信息化建设获得全国企业信息化建设500强，同时还获得市科技进步一等奖。

二、公司信息系统应用情况

（一）生产控制自动化

锦天化1992年建成投产，从原材料进厂到产成品出厂，生产控制全部采用DCS和PLC计算机控制系统，2004年投产的6万吨甲醇和1.5万吨DMC也全部采用计算机控制系统。

公司主要有供水、合成氨、尿素、压缩、成品、甲醇、DMC生产装置，供水主要采用西门子的PLC105U控制系统；合成氨、尿素DCS采用FOXBORO公司的I/A控制系统；连锁采用西门子的PLC155H控制系统；压缩采用WOODWARD 505（E）、GE公司MARK Ⅳ控制系统和西门子的PLC135U连锁系统；振动监测3300采用创为实的S8000系统；成品包装采用纽威的控制系统；甲醇采用西亚特的控制系统；DMC采用合利时的控制系统；其他小型的控制系统；生产控制系统共投入资金3000余万元，这些先进的计算机控制系统保证了生产装置的稳定运行，同时与管理网实现系统集成，信息共享。

这些系统提高了装置的生产水平、降低消耗，保证了长周期安全生产、环保达标排放，取得了显著的效果，这同时是提高企业竞争力的一个主要途径。

（二）企业管理信息平台建设

为了实施全面信息化建设，计算机硬件及网络系统必须稳定运行，满足软件系统上线的需要，为此公司对网络系统进行了大规模改造。公司所有办公楼全部实现光缆连接，信息点到达所有的工作岗位，整个网络按电信级配置标准规划，到桌面100M，每个部门分配一个IP地址段，互不干扰，整个网络用路由器和三层交换机、防火墙实现Internet、管理网、DCS控制系统的多网一体，信息共享，整个网络高效、稳定、安全，共投入资金1000余万元，如图8-1所示。

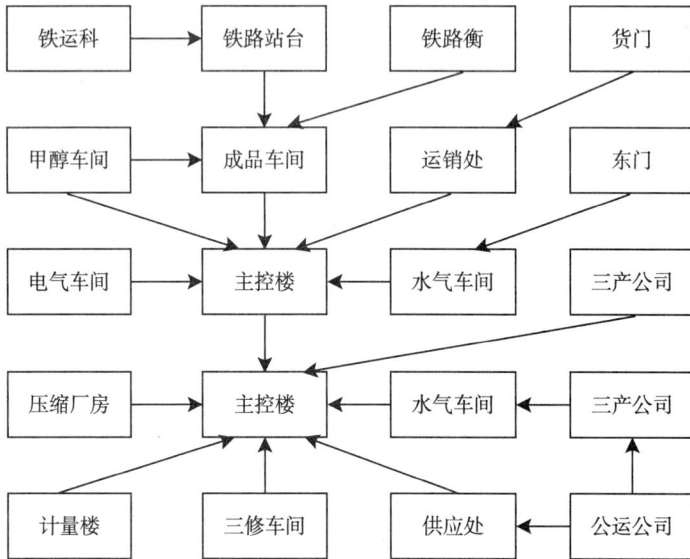

图 8-1 网络位置分布

网络建设情况：①铺设光缆 7 公里。②信息点 1000 个。③用户终端 350 台。④每个二级单位一个网段。⑤主干 100M。⑥到桌面 100M。⑦网络服务器共有 15 台，均为 DELL2650/2850/6650。⑧交换机 70 台，主要为华强 v5124、华为 S5012G、D-LINK。⑨路由器 2 台，华为 2631、1760。⑩防火墙 1 台，NETSCREEN50A。

（三）企业管理网络化

公司在多年信息化的基础上实现了生产控制、管理网、互联网、包装计量、路衡检斤、振动监测、生产监视、企业基础办公、安防监控、ERP 系统、企业外部网站等集成，只要登录企业内部门户，就可以完成企业各方面管理工作，如图 8-2、图 8-3 所示。

这些系统的应用，提高了企业的管理水平和工作效率，是国内大部分企业信息化建设过程中一个不可跨越的环节，为进一步实现企业的信息化管理打下了坚实的基础。锦天化在公司范围内建成了一些信息化基础工程，培养了一支稳定的企业 IT 技术队伍，造就了一些既懂企业管理又掌握 IT 技术的复合型人才。

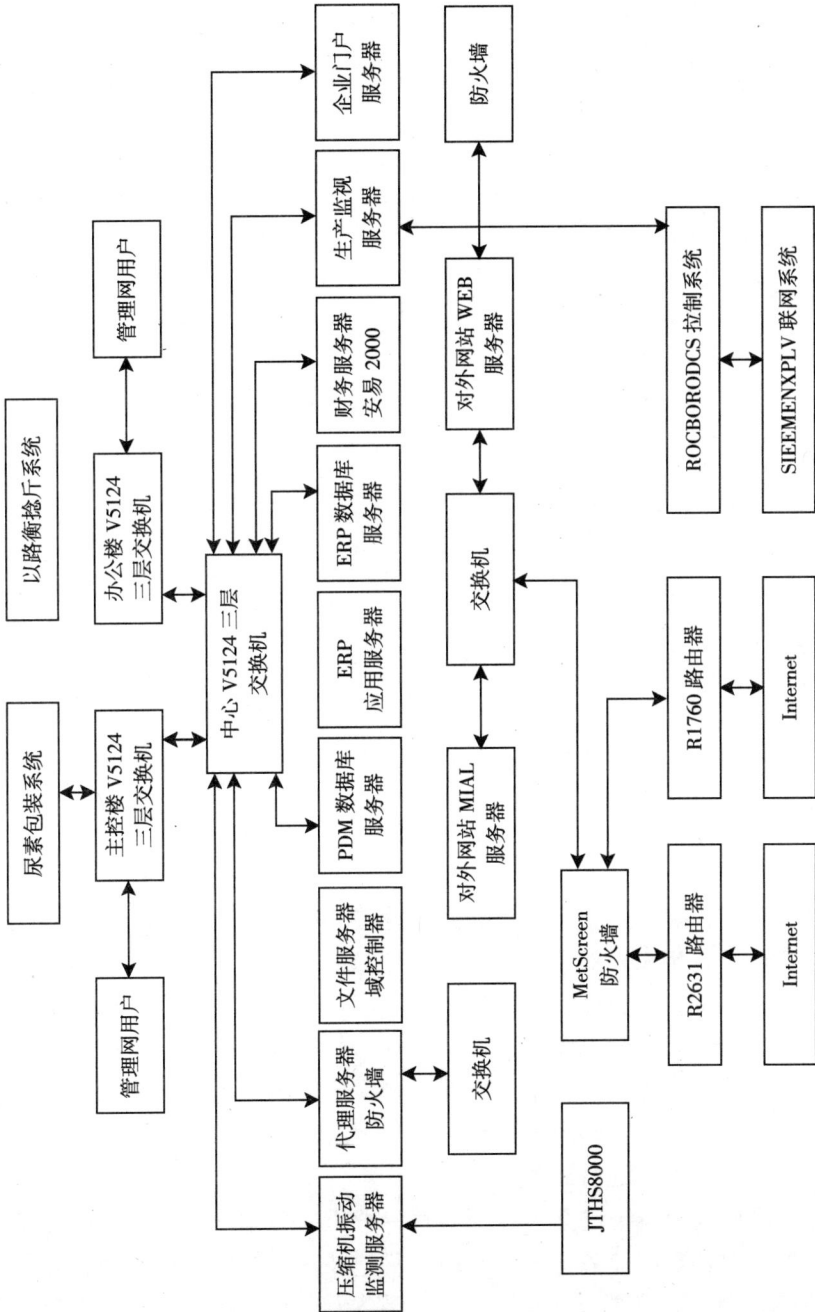

图 8-2 网络物理分布

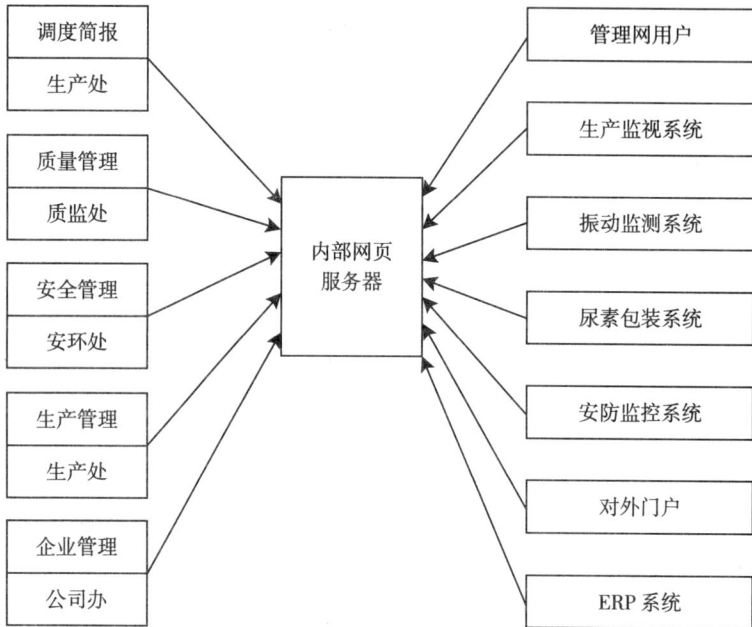

图 8-3　集成原理示意

（四）信息化管理

公司领导层对信息化建设非常重视，经理亲自明确了信息化的建设目标，提出了要在三年内基本建成企业的信息化系统，明确信息化建设要能为企业带来实实在在的效益、要能提升企业核心能力、要通过流程再造实现扁平化管理。近年来，锦天化在信息化方面的投入也比较大，企业把信息化投资作为支持企业长远发展的战略手段。

信息化管理方面，公司成立了以经理为组长的信息化领导小组，全面负责信息化建设的领导工作，审定各系统的实施方案，检查建设进度，决策重大问题（包括合作伙伴的确定和合同的审定、费用审查与批准、管理流程的审定、重要关系的协调等）。

同时，根据应用系统成立了若干项目专业组，分别由公司主管领导担任项目组长，由各部门业务骨干、部门主管、技术人员组成项目组，在信息化领导小组指导下工作，由项目组长协调各专业组的日常工作。项目专业组负责本系统信息化的具体实施，对重大问题提出比较性的方案，供领导小组决策。

观念创新是开展信息化建设的先导，体制创新是开展信息化建设的根本，机制创新是开展信息化建设的保障，信息化建设同时又反作用于企业的创新，彼此间应该形成一种良性的互动。为此，锦天化根据信息化建设需要，进行了一系列管理变革。

信息化建设是一个有始无终的过程，企业在不同发展阶段所要解决的问题不同。企业的外部环境将不断变化，影响企业发展的"瓶颈"也会改变，所以，企业的信息化系统需要不断的优化和深入。

锦天化通过借助咨询公司管理理念与锦天化管理经验的结合，通过引进技术来建设新的管理系统，利用公司业务的数据集中，建成统一的、集成的企业内部资源共享数据平台。

信息化建设的起点要高，锦天化引进的应该是国内一流的技术和产品。在充分调研的基础上，公司引进用友 U860ERP 系统来实现信息系统的建设。

用友 U860ERP 系统仅仅是企业信息化的工具，是支持企业现代化管理的平台，如何应用好这个工具对企业的运作、管理等进行优化，才是管理信息化的根本。进行信息化建设的一个根本问题，是需要认识清楚企业信息化是谁在建议？这个问题认识清楚了，信息化建设就知道如何进行了，所以公司的 IT 人员在项目一开始就与咨询顾问一起进行流程分析和 U860 参数匹配，企业的业务骨干、部门主管形成的项目组积极参与项目实施工作，从而保证了项目按计划上线运行。

在完成信息化前期准备工作的基础上，正式实施了信息化一期工程，以财务管理为核心，采用用友 U860ERP 系统，采取统一架构、统一账套、统一编码，如图 8-4 所示。

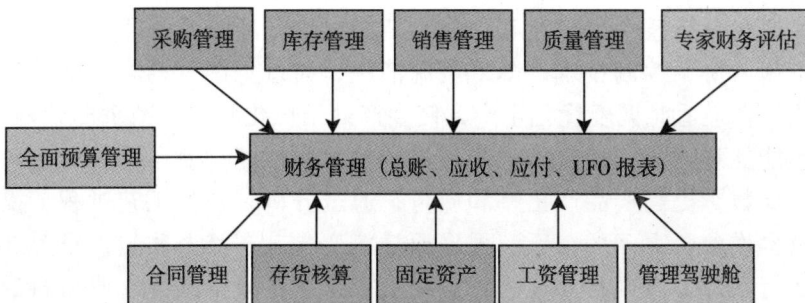

图 8-4　用友系统

三、公司信息系统在生产管理中的
应用效果

化工行业作为高能耗行业，一直是国家要求节能降耗的重点领域，在政府的支持和推动下，锦天化坚持以信息化带动工业化，努力建设资源节约型、环境友好型企业，致力于走出一条科技含量高、经济效益好、资源消耗低、环境污染少、人力资源得到充分发挥的新型工业化道路。经过多年的实施和建设，信息化在推动锦天化节能减排方面取得了显著成效，是实现节能减排的重要工具。通过信息化建设，显著降低了企业生产的单位能耗，并提升了企业制造能力和反应效率，保证生产过程的安稳长满优运行；通过信息化建设，对能源生产、输配和消耗实施动态监控和管理，改进和优化能源平衡，从而实现系统性节能降耗，提高产品的边际效益，增强自身的核心竞争力。

（一）实施企业全面信息化，整合生产和管理资源，促进并提升能源管理

对于化工生产过程而言，化工生产的能源和原材料消耗与装置的工艺水平、操作模式及监控技术是密切相关的，有效的厂级控制不仅能够通过优化操作、减少设备停产次数及不合格产品数量等带来显著的经济效益，还能够促进安全生产、减少环境污染。为此，公司实施了信息化MES系统，通过MES系统优化生产计划和科学排产，实现生产效益最大化；通过分析整个生产流程，找出节能的关键环节，采用能源、物流综合平衡与协调控制技术，降低资源消耗；通过生产计划与调度一体化等方式，合理适时调度优化生产，使生产处于优化状态，减少非计划停车、装置能耗和物耗；通过加强产品生产过程中性能预测与监控，及时调整工艺参数，提高产品产出率和质量；通过分析装置的工艺过程、操作状况及操作参数之间的关系，根据原材料变化、产品及质量需求等寻找最佳运行条件，实现自动化、精确化生产作业，减少能源、原材料的消耗和污染物排放。

1. 加强企业能源基础数据管理，降低资源消耗

利用 MES 系统实现物料和能源班、日、旬、月、年平衡，在每一个平衡周期到来时，通过数据采集及录入模块采集生产统计所需的各类原始数据，如移动数据、装置生产数据和库存数据。在原始数据收集完备的情况下，由统计平衡模块先进行统计原始数据的汇总，然后根据平衡模型，利用人工调量和系统自动平衡两种策略辅助统计员进行平衡处理。平衡完成后得到全厂物料平衡数据，利用此数据生成装置投入产出、原料/半成品/成品等平衡报表。从而实现了生产统计基础数据的自动收集，并自动进行日汇总；实现了全厂物料和能源的统计平衡，实现了统计平衡报表的自动生成。

2. 实时跟踪物流管理，及时地反映生产经营情况

通过信息化 MES 系统的物流管理模块，相关人员可以全程监控从原料进厂、加工过程、半成品产出、再次加工到产出成品的整个过程，并能动态地了解"产、供、销"情况，如图 8-5 所示。2010 年 8 月 23 日，通过数据对比处理，及时发现了水源管线的漏点并对其进行了处理，减少了水资源的损失。数据分析情况如图 8-6 所示。

公司外购水资源来自锦州自来水公司，在外管线的两端加装两块一样的计量水表，在 2010 年 8 月 23 日 0 点对两块表计量数据进行比对时发现水差率为 49.594%，正常情况下偏差为 4%~10%，此数据出现严重异常情况，意味着管线有泄漏，经过巡线发现漏点，公司及时安排相关人员进行了抢修，避免了水资源的浪费，同时避免了因缺水导致的装置停车，减少了公司的经济损失和能源损失。

3. 信息化建设为企业能源数字化管理奠定了坚实的基础

企业能源管理离不开大量的基础数据，而信息化为企业能源管理提供数据支持和管理保障。MES 系统整合了大量的生产运行数据，通过对大量数据的分析、对比、甄别，并与平时工作中积累的大量实际经验相结合，采用预测法指导生产实际，可以有效地控制生产运行指标、排放。公司在此方面不断地摸索，并应用于具体实际中。在氮肥生产中，循环水系统是企业生产公用工程的一个重要组成部分，循环水系统指标控制直接影响到主装置的运行和污水的排放指标情况。通过应用 MES 系统前后同期对比，可以预见 MES 系统对于企业生产发挥着越来越大的作用。具体对比情况如表 8-1 所示。

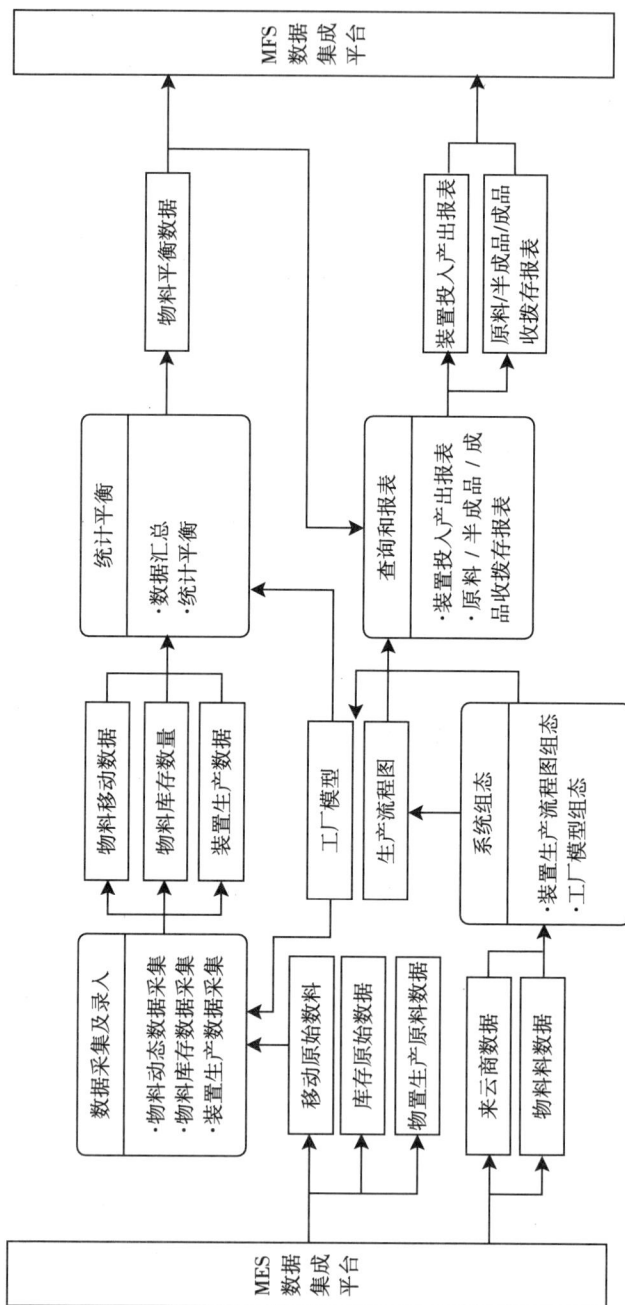

图 8-5　生产统计数据流

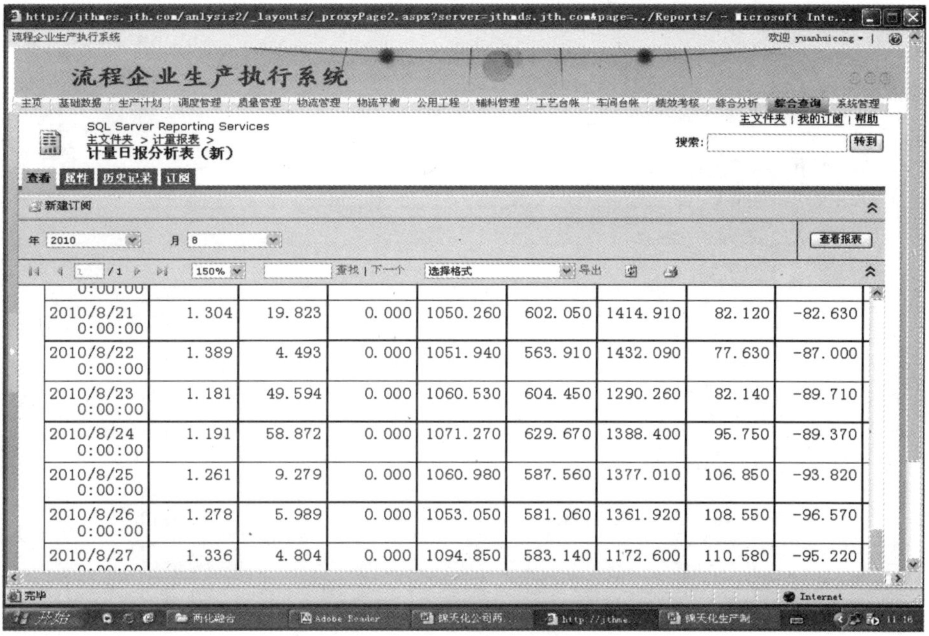

图8-6　计量日报分析

表8-1　厂控工艺指标执行情况

水气车间　　　2008年8月

序号	位号	指标名称	单位	设计值	厂控值	实际运行结果		
						最大值	最小值	平均值
1	520V02	精制水 SiO_2 含量	ppb	<5	<8	6	1	1.54
2	520V02	精制水电导率	us/cm	<0.2	<0.2	0.16	0.05	0.086
3	—	1# 循环水 Ca^{2+}+碱度	ppm	<1000	<1000	832	640	748
4	—	1# 循环水氯根含量	ppm	<300	<400	567	420	496
5	—	1# 循环水总磷	ppm	4.5~7.0	4.5~7.0	9.7	6.7	8.01
6	—	1# 循环水异养菌	个/毫升	<1×105	<1×105	3.0×105	2.0×104	6.21×104
7	—	2# 循环水 Ca^{2+}+碱度	ppm	<1000	<1000	795	675	732
8	—	2# 循环水氯根含量	ppm	<400	<400	301	175	276
9	—	2# 循环水总磷	ppm	4.0~7.0	4.0~7.0	10	6.3	7.78
10	—	2# 循环水异养菌	个/毫升	<1×105	<1×105	4.0×104	2.0×101	3.16×103

图 8-7 厂控工艺指标执行情况

通过数据对比可知，2010 年 8 月的循环水指标好于 2008 年 8 月的循环水指标。查历史数据如下：

2008 年 8 月的数据：

循环水新鲜水补水量：243257+82360+32519=358136 吨；

循环水排污量：89151 吨（其中一循排污量 60383 吨，二循排污量 28768 吨）；

1# 循环水总磷：8.01 ppm；

2# 循环水总磷：7.78 ppm。

2010 年 8 月的数据：

循环水新鲜水补水量：247557+74419+22161=344137 吨；

循环水排污量：74157 吨（其中一循排污量 51975 吨，二循排污量 22182 吨）；

1# 循环水总磷：7.087 ppm；

2# 循环水总磷：7.187 ppm。

通过上述指标对比计算可知：

（1）新鲜水用量2010年8月比2008年8月少用358136–344137=13999吨。

（2）循环水废水排污量减少 89151–74157=14994 吨。

（3）总磷排放量减少 $60383000 \times 8.01 \div 108 + 28768000 \times 7.78 \div 108 - 51975000 \times 7.087 \div 108 - 22182000 \times 7.187 \div 108 = 1.798$ 公斤。

4. 通过能源转换分析，提高能源使用效率

通过建立能源转换系统模块和产品生产系统模块，可以反映能源转换的能源使用效率和投入能源构成，可以反映产品能源使用效率和投入能源构成，如图8-8所示。

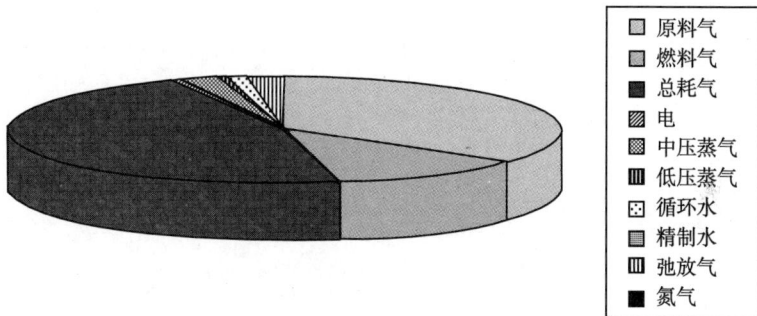

图8-8　合成氨消耗构成（2010年3月）

5. 采用能源定额管理与绩效管理，减少生产能耗

化工行业流程是连续操作，各生产环节基于中间产品的耦合严重，单个生产环节的生产效率与质量会对整个流程产生关联影响。因此，为各生产车间建立基于生产过程关键绩效指标的装置绩效管理体系尤为重要。装置绩效管理的主旨是通过科学、全面的KPI体系设计，凭借计算机信息技术与先进的数学分析方法，针对特定生产周期产生实时的评估及分析结果，使生产者与管理者能够围绕KPIS所指向的共同目标，改进、优化工作方式。装置绩效管理涵盖车间安全生产、操作优化、产品质量、能耗、环境保护等诸多装置生产相关关键指标的考核、监控、反馈等。通过"数据平台"采集指标计算所需的生产实时数据，适时对指标进行计算、反馈、分析、预测，实现生产考核工作的连续性和适时性。最终建立起完备

且功能独立的生产绩效考核体系，辅助装置、车间、管理部门进行生产决策，如图8-9所示。

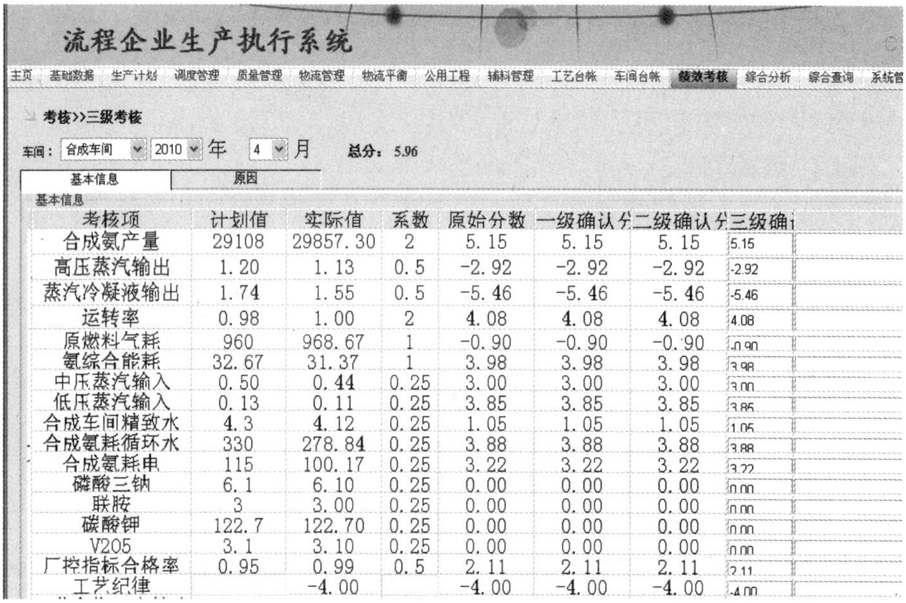

流程企业生产执行系统

主页 基础数据 生产计划 调度管理 质量管理 物流管理 物流平衡 公用工程 辅料管理 工艺台帐 车间台帐 **绩效考核** 综合分析 综合查询 系统管

考核>>三级考核

车间：合成车间 ▼ 2010 ▼ 年 4 ▼ 月　　总分：5.96

| 基本信息 | 原因 |

基本信息

考核项	计划值	实际值	系数	原始分数	一级确认分	二级确认分	三级确认
合成氨产量	29108	29857.30	2	5.15	5.15	5.15	5.15
高压蒸汽输出	1.20	1.13	0.5	-2.92	-2.92	-2.92	-2.92
蒸汽冷凝液输出	1.74	1.55	0.5	-5.46	-5.46	-5.46	-5.46
运转率	0.98	1.00	2	4.08	4.08	4.08	4.08
原燃料气耗	960	968.67	1	-0.90	-0.90	-0.90	-0.90
氨综合能耗	32.67	31.37	1	3.98	3.98	3.98	3.98
中压蒸汽输入	0.50	0.44	0.25	3.00	3.00	3.00	3.00
低压蒸汽输入	0.13	0.11	0.25	3.85	3.85	3.85	3.85
合成车间精致水	4.3	4.12	0.25	1.05	1.05	1.05	1.05
合成氨耗循环水	330	278.84	0.25	3.88	3.88	3.88	3.88
合成氨耗电	115	100.17	0.25	3.22	3.22	3.22	3.22
磷酸三钠	6.1	6.10	0.25	0.00	0.00	0.00	0.00
联胺	3	3.00	0.25	0.00	0.00	0.00	0.00
碳酸钾	122.7	122.70	0.25	0.00	0.00	0.00	0.00
V205	3.1	3.10	0.25	0.00	0.00	0.00	0.00
厂控指标合格率	0.95	0.99	0.5	2.11	2.11	2.11	2.11
工艺纪律		-4.00		-4.00	-4.00	-4.00	-4.00

图8-9　合成车间 KPI 绩效考核结果

6. 实时地监控物料平衡、公用工程系统平衡，及时发现和堵塞"跑、冒、滴、漏"和管理上的漏洞

锦天化现有生产装置较多且关联性较强，从主物料到公用工程系统的水、电、气在信息系统中均未进行有效的整合，一旦物料在移动过程中出现泄漏或管理上的漏洞造成损失，只能通过经验、滞后的报表或大量的核算而在事后发现，往往造成较大的损失，不利于精细化管理的推进。

通过信息技术，可以把从主物料到公用工程系统的水、电、气等物料按物流模块内预置好的算法进行平衡，这一平衡可随时从实是数据库中提取数据进行计算，并且平衡还贯穿于物流从原料进厂到产品出厂的全过程，当某一数据超过设定的上、下限时，系统将自动报警提示。这样，能帮助生产人员及时发现不正常的物料消耗，并依据平衡推算迅速找到问题所在，及早避免物料的损失或设备的进一步损坏；同时，依据物流全过程的、实时的平衡，还可以使相关的管理人员及时发现偷盗等人为造成的损失，为企业堵塞了漏洞，提高了效益。

7. 通过信息化，实现了企业节能分析

通过确定企业的比较基准、比较周期、按实物量还是标准煤进行比较、产品综合能耗，利用 MES 中的企业能源效率分析以及对基准期的比较，可以分析得出企业在统计期的节能量，如表 8-2 所示。

表 8-2　节能量表

企业名称：锦西天然气化工有限责任公司　　　　　　　　　　　　　统计期：2010 年 4 月

项目	综合能耗变化量（tce/t）	产品产量（t）	节能量（tce）
合成氨	-0.053	29857	-1582.42
尿素	-0.019	52106	-990.01
甲醇			
合计			-2572.43

分摊方式：按标准煤分摊。

比较基期：2009 年 4 月。

注：因受经济危机影响，2009 年 4 月甲醇装置停产。

（二）MES 系统应用促进企业节能减排

1. 先进控制（APC）系统的应用给企业带来预期及效果

20 世纪 70 年代末到 80 年代初，国外开始进行先进控制技术的商品化软件的开发和应用，并获得了初步的成功。1995 年，中石化率先在其系统中开展先进控制应用试点，试点项目的投资回收期还不到一年，便获得了良好的经济效益，取得了成功。据国内外有关资料报道，先进控制在众多的大型石化、化工、炼油、钢铁等企业得到成功应用，取得了巨额的经济效益。

先进过程控制是对那些不同于常规单回路控制，并具有比常规 PID 控制更好的控制效果的控制策略的统称，它一般建立在 DCS 基础之上，用来处理那些采用常规控制效果不好，甚至无法控制的复杂工业过程控制的问题。目前，应用得比较成功的先进控制方法有预测控制和自整定控制等。预测控制主要包括三项基本原理：预测模型，它的功能是能根据对象的历史信息和未来输入预测其未来输出；滚动优化，它不是采用一个不变的全局优化目标，而是采用滚动式的有限时段的优化策略；反馈校正，它可以在保持预测模型不变的基础上，对未来的误差作出预测并加以补偿。自整定控制能适应过程特性，整定出较理想的 PID 参数值，保证工艺参数的自调精度。

通过实施先进控制，可以改善动态控制的性能，减少过程变量的波动幅度，使其更接近优化目标值，从而将生产装置推至更接近其约束边界条件下运行，最终达到增强装置运行的稳定性和安全性、保证质量的均匀性、提高目标产品的收率、增加装置处理量、降低运行成本、减少环境污染等的目的。

锦天化的生产过程比较复杂，很多重要参数的系统纯滞后大、耦合性强等，加上可测、不可测的多重扰动存在，常规控制没办法处理各控制作用之间的耦合，常需要靠人工经验的方法加以修正，这正适合先进控制的实施。

锦天化利用实施 MES 这一时机，在 DCS 和实时数据库的基础上，选择几个重点工艺过程，开发、实施先进控制。合成氨回路的氢氮比的控制。氢氮比是合成氨回路的重要控制指标，其直接影响到合成回路的效率及消耗。天然气经过转化、净化处理后，转化为氢氮气作为新鲜气进入到合成回路，新鲜气的主要成分为氢气、氮气及少量的惰性气体，补充新鲜气的量占整个系统的循环量的 1/3~1/4，新鲜气的氢氮比靠深冷净化精馏塔的回流阀 AV102 控制。氢、氮气在高温、高压条件下，通过合成触媒合成氨，依据化学反应氢氮气在合成回路基本是按 3：1 消耗的。为了避免回路惰性气体的积累，保持一定的氢氮比，合成回路要连续排放一定量的气体。由于新鲜气占循环气的比例较小，系统滞后大；再加上转化、净化前系统的波动的影响，以往只能靠人工经验利用常规 PID 控制方式调节。由于系统干扰多、耦合性强不好把握，不仅劳动强度大，而且效果不好，很难把氢氮比控制在最佳值 2.7~2.8 范围内，造成合成回路氢氮比波动幅度较大。为了尽早恢复合适的氢氮比，需要加大排放量，造成大量的氢氮气无谓消耗。如果应用先进控制，可将前系统的变量引进系统并按照多变量模型预测控制等手段对整个系统进行优化，可达到减小氢氮比波动幅度、减少回路排放量及提高回路产能的目的，从而提高经济效益，如图 8-10、图 8-11 所示。

根据 Aspen Tech 的资料，先进控制和过程优化可以增加产量 2%~5%，提高加热炉效率 1%~2%。实施先进控制后，合成回路能减少排放，增加

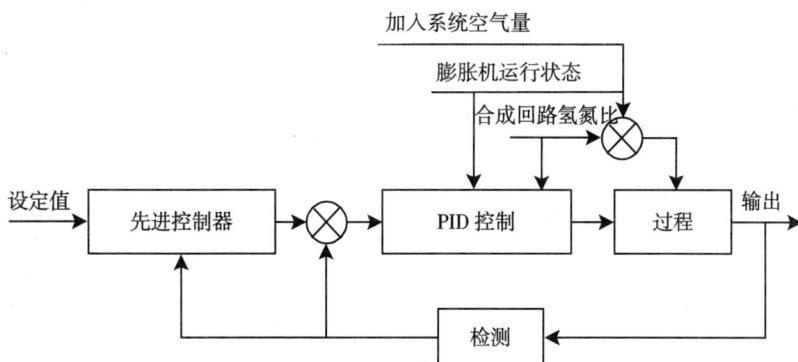

图 8-10　合成回路氢氮比控制系统

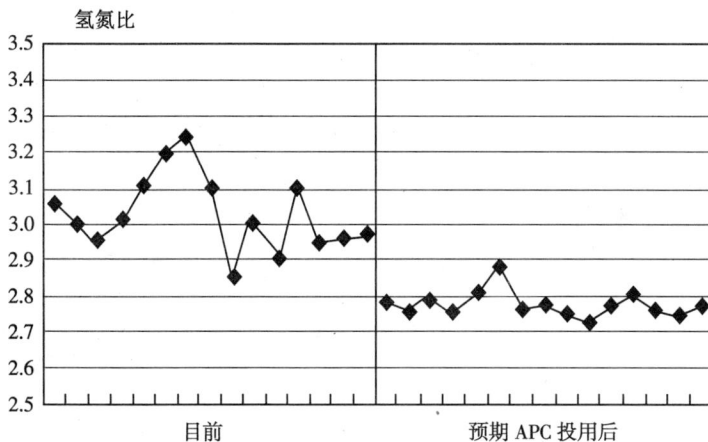

图 8-11　合成回路氢氮比对比

产量 2%，按年产 30 万吨合成氨计算，在其他消耗基本不变的情况下，将增产 0.6 万吨/年合成氨，折合人民币 1200 万元。锦天化还计划逐步在尿素装置的氨碳比控制、合成一段炉燃料气的控制等项目上开展和实施先进控制，把实施先进控制作为生产装置挖潜增效的手段，以提高企业的经济效益，增强企业的市场竞争力。

2. 通过 MES 中数据挖掘功能，实现运行状态分析和装置优化

MES 数据集成平台中的实时数据库从 DCS 中收集了大量生产过程数据，这些数据和人工录入的质量分析数据通过预处理，剔除原始数据中可能存在的严重随机误差和过失误差并进行整合，然后储存到关系数据库

中，这样关系数据库中就储存了大量实时和历史的过程、质量数据。为数据的挖掘和利用奠定了基础，如图 8-12 所示。

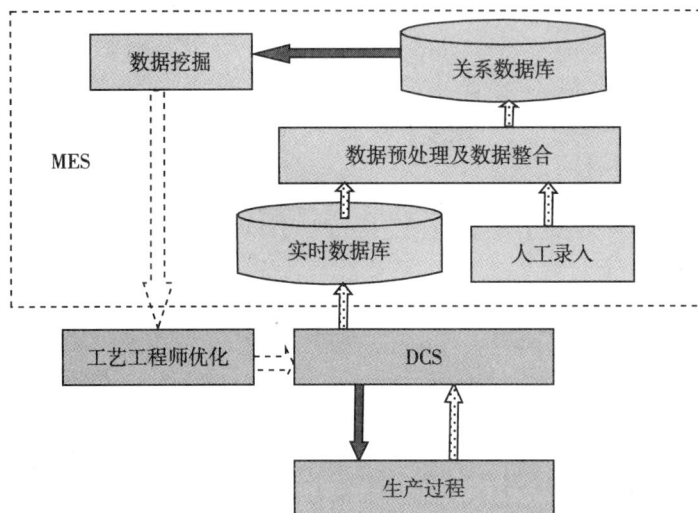

图 8-12　MES 数据挖掘功能架构

在 MES 中通过开发，利用数据挖掘技术，可以很方便地进行同期数据比对、过程指标关系分析甚至建模分析等（分析结果可以以各种图表方式进行表示），进而实现装置优化。改变了以往比对需要翻阅大量的数据报表的状况，利用数据挖掘技术，并且能实现对大量的历史数据进行处理后，抽象出工艺参数间以及工艺参数与质量数据间的规律以指导生产，这是以往靠手工演算无法想象和实现的。

通过 MES 的数据挖掘，主要能实现以下功能：

（1）对生产过程和质量分析数据进行各种方式的比对，并将比对结果形成图表。

（2）将隐含在历史操作数据中的操作人员的操作经验提取出来，用于指导生产，优化操作，提高装置运行效率。

（3）根据当前的生产状况，对操作参数给出实时的、合理的建议，达到提高产品质量的目的。

（4）通过综合分析各个变量与优化目标之间错综复杂的关系，寻找出一组最佳的生产操作参数组合，揭示装置运行的规律。

3. 通过 MES 对企业计划进行动态优化，合理匹配资源，达到最佳用能，使企业效益最大化

在 MES 的生产计划模块中，利用线性规划方法抽象出适用于企业生产系统的线性规划模型的约束条件，从而建立起计划优化模型。这一模型包括一系列的约束方程和约束条件，如加工装置的物料平衡约束方程、物料来源去向的约束、装置加工能力的约束、原料供应量和产品的约束，以及加工成本的计算、原料成本的计算、销售收入的计算。通过优化模型，可以实现以下功能：

（1）求解出最优解，即每个装置加工量为多少，原料如何分配，才能获得的利润最大。

（2）对最优解作灵敏度分析并对结果进行分析研究。对最优解做灵敏度分析，可以得知模型中哪些变量增加（或减少）对目标函数的影响以及这些变量的变化范围。计划人员可根据分析结果对模型中的某些决策变量做适当的调整，使目标向期望的方向变化，从而提高经济效益。灵敏度分析不但可以为计划人员指出能改进目标的变量，也能指出已达到最佳值的变量。

（3）影子价格计算。影子价格表示最优目标值随相应资源数量变化的变化率。影子价格的经济含义：① 影子价格是对现有资源实现最大效益时的一种估价。② 影子价格表明资源增加对总效益产生的影响。

锦天化的生产装置投入和产出关联性强；原料相对不是很充足；不同产品价格波动较大。所以，计划优化的实现，可以避免以往凭经验、"拍脑门"制订生产计划，可根据科学的分析制订生产计划，并进行动态的调整；通过 MES，利用先进控制（APC）系统对局部及生产单元实施优化控制，通过 APC、装置计划优化（利润最大化）和最佳用能三者之间的关系建立数学模型；通过对数学模型的求解，找出最优的能源利用方案。

锦天化通过信息化建设，引进先进的管理理念，实现先进的管理流程，提升管理水平，规范管理行为，提高管理效率，用信息化手段实现管理创新，结合技术创新和制度创新，以解决企业发展、改革、管理等方面的问题，是企业节能减排工作的关键推动力，达到最终实现支持企业可持续发展，增强企业核心竞争力的目的。

四、公司信息系统的经济效益分析

通过建立信息化系统，锦天化取得了在经济上的巨大收益，实际经济效益具体如下：

（1）降低人工成本 100 万元/年。

（2）每年降低采购费用 100 万元/年。

（3）降低库存资金占用约 4000 万元。

（4）节约资金 200 万元/年。

（5）堵塞管理漏洞 300 万元/年。

（6）减少物耗消费 200 万元/年。

（7）降低人力资源成本 100 万元/年。

（8）降低能源消费成本 566.08 万元/年。

（一）通过全方位信息化，提高管理效率，降低管理成本

通过 OA 系统、EAM 系统，实现了采购、销售过程公开、透明化以及审批工作的电子化，理顺了管理流程，提高了工作效率，降低了管理费用和人工成本，提升了管理水平。

系统上线前后情况对比如表 8-3 所示。

表 8-3　OA 系统、EAM 系统上线前后对比

应用价值	信息系统上线前	信息系统上线后
降低管理成本	通信、纸张等办公成本和人工成本居高不下	降低人工成本、管理运营成本，办公成本得到控制，并持续减少
减少学习成本	信息分散、缺少管理沉淀，缺乏企业级学习复制手段	易用、实用的信息系统，为企业搭建了知识管理平台，减少培训成本及使用成本 1000 元/人/年
提高检索效率	信息分散，无法快速检索到所需信息	可以提升检索、汇总信息的效率，提升使用效率 30%
提高工作效率	部门间沟通不足，效率低下，对外界的变化的需求响应滞缓	通过灵活可变的流程和振荡回复、移动手机事务处理等技术，为企业快速建立一个动态组织，实现对企业的实时管理，提高办公效率

应用价值	信息系统上线前	信息系统上线后
提升管理水平	流程随意，制度执行性差、缺乏保障，交办任务可控性差	流程固化，建立刚性约束机制，工作按规章制度执行。文件审批电子化，保证公文和文件的上传下达，实现信息沟通、事项审批的快捷、可控、透明化管理

通过信息化系统建设，使企业内部人员方便、快捷地共享信息，高效地协同工作，实现迅速、全方位的信息采集、信息处理，为企业的管理和决策提供科学的依据；通过信息系统规范和完善企业管理部门内部的业务流程、操作模式、管理模式，固化企业内外部资源，提高企业办公管理效率，降低企业运营成本。

（二）通过信息化建设，实现管理透明化，降低运营成本

通过 ERP 系统的全面实施，实现了物流、资金流、信息流三流合一，使得：

（1）降低采购成本。实现供应管理信息化，可以有效地控制采购过程的源头和各个环节，通过网上比质比价、系统内的历史查询，降低采购费用。

（2）降低库存资金占用。依靠信息化系统，库存信息公开共享，便于管理部门科学计划，供应部门合理采购、库存，使用单位合理领用，降低库存资金占用。

系统上线前后情况对比如表 8-4 所示。

表 8-4　库存系统上线前后对比

应用价值	信息系统上线前	信息系统上线后
降低库存资金占用	库存资金 12373.12 万元	2008 年底库存资金 8229.60 万元
降低采购成本	无法实现采购业务的严细管理	透明化管理，降低采购成本 100 万元
强化费用控制	预算管理实施前，计划性不强，费用控制不严，随意增减项目，部门疲于应付	实施后各部门业务严格按计划执行，费用按预算指标严格控制，工程资产按计划实施，业务部门工作有条不紊
提高资金周转率	资金周转周期 86 天	资金周转周期 83 天

通过信息系统的建设，锦天化实现了管理的严细控制，建立了刚性约束机制，降低了企业运营成本，提高了组织效率，增强了竞争力。

（三）通过信息化建设，降低物耗消费

通过信息系统的建设，通过包装计量和路衡检斤系统集成到管理信息系统，减少了库存盘亏，避免物资检斤误差，堵塞了管理漏洞；同时为锦天化二级库房的取消提供了手段，实现了库存管理统一归口，强化物耗控制，降低了物耗消费，提高了企业资金利用率，产生了很好的经济效益。

系统上线前后情况对比如表 8-5 所示。

表 8-5 包装计量和路衡检斤系统上线前后对比

应用价值	信息系统上线前	信息系统上线后
降低物耗消费	二级库的存在，造成库存过多，使用情况不明，物资外流	取消二级库，降低库存资金占用，实现物资统一采购、统一管理，减少资源浪费200万元/年

（四）通过信息化建设，降低能源消费

发达国家经验表明，虽然以信息化推动工业化将增加30%的投资，但可以提高产品档次和质量，改善生产环境，降低能源和原材料消耗，从而增加85%的经济效益。

锦天化建立了 DCS 信息的集成和调度优化系统，获取了巨大的效益。通过加强对关键设备参数的监控，使生产运行保持平稳，减少了非计划停车，提高经济效益；可以合理调度互供物料，及时保证各生产子系统的平衡，减少装置能耗和物耗，提高经济效益；可以挖掘历史数据，进一步发现生产装置的运行规律，及时调整工艺参数，使生产处于优化状态，提高产品出率和质量，实现经济效益；可以通过对历史数据的挖掘，可以对设备进行预防习惯性检修提供计划依据；等等。锦天化依靠信息化手段，以实现节能减排降耗、实现设计制造管理一体化，实现整个装置安、稳、长、满、优生产为目标，为企业创造经济效益2000万元/年。

系统上线前后情况对比如表 8-6 所示。

通过信息系统的建设，锦天化在购入能源方面节约 566.08 万元，节能8360.42 吨标准煤，降低了能源消费。

表8-6　化工企业能源消耗

能源名称	计算单位	2010年1~8月 购入能源实际消耗量	2008年1~8月 购入能源实际消耗量	能源单价（元）	节约金额（万元）	折标系数	节能折标准煤（吨）
天然气	万立方米	26856.82	27512.8	0.779	511	12.859	8435.25
电	万千瓦时	8218	8128	0.545	−49.05	1.229	−110.61
新鲜水	万吨	354.226	385.47	3.16	98.73	0.86	26.87
汽油	吨	52.026432	60.95	8075	7.2	1.4714	13.13
柴油	吨	48.333977	45.44	6241	−1.8	1.4571	−4.22
总计	—	—	—	—	566.08	—	8360.42

注：比较时将2010年产量折至2008年同期产量。

（五）强化财务监控制，实现经济效益

依靠统一的账务系统，可以规范财务管理，应收、应付一目了然，及时处理、合理使用资金。通过全面预算，实施财务监控，整合资金，提高了资金的利用率，降低了财务风险，实现了较好的经济效益。

五、公司信息系统面临的主要问题及信息系统的集成构建

（一）锦天化信息系统面临的主要问题

锦天化经过多年信息化建设，高效、稳定、集成的网络平台稳定运行，从生产控制PCS系统到生产组织管理MES系统，再到企业管理ERP系统、CRM系统、EAM系统、HR系统、AMS系统、预算管理系统、合同管理系统等实现了企业全面信息化，在国内同行业处于领先状态，公司的管理水平和经济效益稳步提升，核心竞争力增强。

锦天化投用了ERP系统、MES系统、EAM系统、OA系统、CRM系统等管理子系统，从管理信息系统集成角度，已经完成了各个业务内的系统集成，在某个业务领域内都是一个业务集成的管理信息系统。这些系统

是相对独立的，虽然在一定业务范围内实现了局部范围内集成，但对整个企业而言仍是信息孤岛，然而企业管理是一个整体，业务流程和系统间交互是必然存在的，出现了业务、流程、数据在各个管理子系统的重叠和冗余，导致企业工作效率下降，业务和部门协调工作增加，管理工作在不同系统都要完成，增加了工作量，有时系统间相互矛盾，导致工作无法进行，局部优化和完整，从企业管理整体角度讲这并不是最优和最完整的，主要表现在以下四个方面：

（1）不同厂商的 DCS 系统、PLC 系统、APC 系统、RTDB 系统的控制系统的技术标准、接口标准、通信协议不匹配。

（2）不同厂商的 MES 系统、ERP 系统、EAM 系统、CRM 系统等管理系统数据结构各不相同，数据勾稽关系封闭，业务流程逻辑关系各自为政，没有依据企业组织架构的全局流程管理思想。

（3）企业的组织架构和管理流程条块分割，业务执行不是全局协同，执行力和执行效率低下，缺乏过程控制下的协同工作环境，不同过程和阶段的连续性差。

（4）由于多个管理子系统单独运行，在工作过程中，操作层需要进到多个系统，管理层和决策层需要到不同系统看报表、审批业务，工作烦琐，效率低。

面对存在的问题，如何在现有基础上最大限度发挥信息化建设的成果，是现阶段锦天化信息化建设的重点所在。锦天化前期大规模信息化建设，虽然进行了总体规划，但没有一个的厂商的系统能满足企业全面管理需求。企业只能根据总体规划，根据业务需求，实施不同系统，虽然都提供了整合共享接口，但系统相对封闭，实质上集成是不可行的。为此，企业在进行前期信息化后，根据企业的 IT 战略和管理需求，进行各个管理子系统集成是企业的必然选择，是必须要进行的工作，没有现成的路可走。而且要根据企业自身需求，根据运行的管理子系统，进行管理信息系统综合集成。

（二）锦天化信息系统集成构建

1. 信息系统集成的三个层次

从操作层面分析，锦天化信息系统集成可以划分为三个层面，如图 8-13 所示。

图 8-13 集成层次

高层——决策层：企业高层领导依据信息系统掌控企业各方面运营状况；

中层——管理层：企业中层依据信息系统执行企业运营；

低层——操作层：生产岗位和管理岗位依据信息系统进行生产操作和管理工作。

2. 信息系统集成的三个过程从管理过程分析，锦天化管理信息系统集成可以划分为三个过程

（1）企业基础信息化包括 DCS 系统、PLC 系统（生产控制）、现场设备巡检（工艺纪律）、考勤管理（劳动纪律）、生产安全管理（安全纪律）、无盘站（操作纪律）、网络平台（管理支撑）、视频监控（防火防盗）、产品计量、进出厂物资检斤等。

（2）企业信息化包括 ERP 系统、CRM 系统、全面计划预算管理系统、合同管理系统、MES 系统、EAM 系统、OA 系统、RTDB 系统、HR 系统、AMS 系统、压力管道安全管理系统等。

（3）企业集成信息化是指从组织架构优化和业务流程优化重组出发，整合业务和流程，实现数据充分共享，统一门户和平台，集成企业各个子系统。企业在信息化建设时，要夯实中间向两头，即夯实已实施的企业信息化，挖掘实施企业基础信息化，进行信息系统集成。

3. 信息系统集成的内容

根据锦天化管理需求，信息系统集成的内容：

（1）采购全过程信息化。

（2）销售全过程信息化。

（3）生产全过程信息化。

（4）设备全过程信息化。

（5）人力资源全面信息化。

（6）财务全面信息化。

（7）办公全面信息化。

（8）生产安全全面信息化。

（9）党政全面信息化。

（10）决策支持信息化。

（11）IT平台为信息化提供全面支撑。

锦天化信息系统集成的目的是为了在原有系统基础上，建立一个适应新需求与新技术的更加高效的整体系统，原有的系统只是基本立足点。因此，集成的基本原则是充分利用原有的软件、硬件及用户的熟练操作等资源与优势，尽可能使用当前的新技术，从实用性出发，建立一个整体最优的管理信息系统。

企业信息化基本情况如表8-7所示。

表8-7　企业信息化基本概况

年度 项目名称	"十五"末 （2005）	2006	2007	2008	2009
技术研发投入（万元）	2000	2000	2000	2000	2000
信息化投入（万元）	1800	300	300	300	300
企业职工人数（人）	1736	1736	1730	1700	1700
技术人员总数（人）	450	450	450	450	450
从事信息技术人员数（人）	9	9	9	9	9

第九章　锦天化公司企业文化

　　进入 21 世纪后，经济社会的发展呈现了一些崭新的特征：人类社会已进入一个重视智力资源占有、配置和利用的知识经济时代；全球化是当今世界的一场革命，资金、技术、设备等都在全球范围内以前所未有的速度流动和转让，市场的国际化造就了竞争的国际化；信息技术给企业管理带来一场深刻的革命，信息化正逐步深入到生产、经营战略和组织人事等企业管理各个层面，信息时代的多变性、复杂性和快节奏确定了管理创新的主导地位；创新已成为管理的主旋律，企业要生存要发展，首先必须适应这种新的客观环境。

　　知识经济时代，一方面呼唤要加强现代企业文化的建设，一方面呼唤要进行学习型企业创建。那么，如何把创建学习型组织与企业文化建设结合起来？学习型组织与企业文化建设都是科学与先进的管理手段，也是企业未来发展的重要保证，没有文化支持的企业干不成大事，不去创建学习型组织的企业很可能会被时代所淘汰。所以说，一个在学习型组织建设上取得成效的企业，将逐渐形成优秀的企业文化体系。唯有这样，才能将企业文化与学习型组织融合在一起，形成学习型企业文化，共同促进企业的快速发展。因此，把创建学习型组织与企业文化建设有机结合，培育学习型企业文化，有着十分重要的意义。

　　企业文化建设是一项系统工程，可以从广义和狭义两个层次展开。从广义上讲，企业精神是内核，企业制度是框架，硬件设施是基础，员工队伍是主体，鲜明的个性和与时俱进的时代性是活的灵魂。从狭义上讲，优秀的企业文化，是以全体员工认同的企业精神和价值观，以和谐统一的经营战略和管理思想，以员工自觉遵循的行动准则和价值观，以和谐统一的经营战略和管理思想，以员工自觉遵循的行动准则和行为规范，以内外一致的企业形象和品牌声誉，绘制企业的愿景目标，形成企业的战略共识，提升企业的整体素质，增强队伍的凝聚力，进而提高企业的核心竞争力并形成企业的系统竞争力。

何谓企业文化，在锦天化党委书记刘德言看来，企业文化倡导精神现象的背后是对于利润和物质的体现。它是当今世界最前沿的管理理论，具有外彰内聚的特性。正如中国著名经济学家于光远所言：关于发展，三流企业靠生产，二流企业靠营销，一流企业靠文化。文化就是灵魂，就是生产力。锦天化在书记刘德言带领下，以文塑魂，致力于文化治企、文化兴企、文化强企。历经数载的积累与沉淀，凝练出文化之光，服务于发展之中，助推企业走出崛起之路。

作为辽宁省企业文化建设示范单位，近年来，锦天化以文化为基，联动全员，合于心，敏于行，先后荣获"全国化肥行业生产先进单位"、"全国工会工作先进单位"、"全国化肥企业先进单位"等称号，荣获省"重合同守信用企业"、省"300家企业安全文明创建竞赛活动优胜单位"、"全国思想政治工作先进企业"、"全国模范职工之家"等诸多殊荣，并于第二届中国学习型组织大会上摘得"特殊贡献奖"这一桂冠。

一、企业观念形态文化

（一）企业愿景

21世纪是一个更具文化冲击的世纪，企业文化成为决定企业竞争力最核心、最持久的因素之一。锦天化作为我国企业中最早实践循环经济的拓荒者，在30多年的发展历程中形成了一套独特的生态企业文化。锦天化树立了可持续的发展观、资源观、环境观和效益观，形成了"发展循环经济，致力环境保护，实现生态文明"的发展理念和建设"循环经济、生态工业"的先进企业文化。

企业愿景就是全体员工共同希望并创造的企业未来景象，属经营理念的范畴，它建立在共同的价值观和使命的基础上，反映了共同的理想、共同的目标、共同的愿望。它不同于企业具体目标，但包容具体目标，并借助具体目标的阶段性实现而逐步趋近。

概括地说，锦天化的愿景就是实现管理国际化、发展多元化、产品科技化、服务个性化。具体地说，管理国际化就是按照国际惯例管理企业并实现管理创新、制度创新、技术创新，在培育并形成企业核心竞争力的基础上，在世界贸易组织原则下参与国际竞争，将公司融入国际市场，实现内外部资源的对接和有效整合。发展多元化就是在稳固主业的情况下实施相关多元化战略，有选择地进入精细化工领域，以优化产业结构，提高产品附加值，实现产品和技术的升级。尤其是在上游天然气垄断情况下，产品的附加值越来越低，企业发展壮大需要在多元化附加值领域做工作，使公司整体竞争实力不断增强。产品科技化，比如锦天化的绿色尿素，本身就是一个国家"863"课题，确实是高新技术。今后，没有科技含量的产品将失去生命力。科技化意味着我们提供给客户的产品要高质量、低成本，以更高的性价比满足客户需求，这就是提高竞争力。服务个性化，就是针对客户的个性化需求如何让客户满意，以打造品牌的忠诚度。

（二）企业使命与理念

锦天化企业文化的核心含义是理念和精神。作为一种文化氛围，企业文化不是管理方法，而是形成管理方法的理念；不是行为活动，而是产生活动的原因；不是人际关系，而是人际关系所反映的处世哲学；不是工作状态，而是这种状态所蕴含的对工作的感情和责任心；不是服务态度，而是这种态度中所体现出的精神境界。可以这样说，企业文化渗透于企业的一切活动之中，而又流溢于一切企业活动之外。

锦天化的使命陈述是不断创新、追求完美。依托现有能力，培育核心能力，最大限度地利用外部资源，并与内部资源有效整合，专注于化工产品的生产，并倡导环境友好，实现企业利益相关者价值最大化。使命语言要保证所有相关的人都能理解并感到与自身处境有关。使命陈述概括了企业将要遵循的大方向。价值观是一种理念，向企业内外的利益相关者传达组织拥护什么，向何处去？化工行业谈环境色变，锦天化偏偏不怕，锦天化倡导环境友好，造福社会，所以公众形象好。关于企业定位，锦天化依托现有能力，培育核心能力。由于目前的资源与能力不足，所以最大限度地利用外部资源并与内部资源有效整合，即整合资源，这是锦天化天经地义的使命。同时，实现企业利益相关者价值最大化，这三者的重叠才是锦天化的使命构成，如图9-1所示。

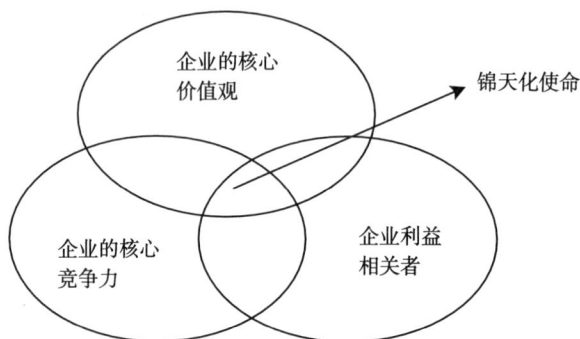

图 9-1　锦天化的使命

（三）企业核心价值观

企业的价值观是企业持久和最根本的信仰，是企业及其每一位成员共同的价值追求、价值评价标准和所崇尚的精神。锦天化的核心价值观包括四个方面：

1. 求实创新——规则导向

求实就是按市场经济规律办事，即实事求是并突出严格和细致，把企业运作当作一门科学来对待；创新，就是不断学习，开拓进取，提高应变、求变能力，更好地适应外部激烈竞争环境的变化。

2. 以人为本——支持导向

尊重人、理解人，营造有利于员工个性创造与价值发挥的空间。

3. 客户满意——市场导向

客户满意是锦天化永远的追求。客户是企业的战略性资产，战略是企业必须长期考虑的，资产是企业用来赚钱的手段，只有达到客户满意，并不断实施客户关怀，实现客户忠诚，企业才不会垮掉。

4. 诚信共赢——利益导向

诚实守信，兼顾企业利益相关者各方的利益。企业的立意要高远，要讲究诚信，要海纳百川，不能只看眼前利益，要讲究多赢和共赢，这样企业才会走得更远。

二、企业制度文化

（一）企业管理制度的文化含义

锦天化十分关注培植企业理念，突出主体性、目的性、实践性和识别性。锦天化以"诚信为本，规范高效，创新业绩，真诚奉献"为指导，突出现代企业的人本管理思想，把人的因素放在首位；要严格执行"诚信规范，科学高效"的经营准则，以诚信建设为重点，树立新的规则意识，使各项工作都走上规范化、标准化和制度化的轨道。同时，严谨求实，科学决策，科学管理，以工作的高效率实现生产经营的高效益。

制度行为文化是观念形态文化的动态反映。加强制度行为文化建设，主要是以健全、完善的制度作为保证，对企业和职工的行为进行规范，并把开展各种载体活动作为弘扬新时期企业精神、培植企业理念的重要措施和有效途径。

（二）锦天化企业行为准则

老子曰：大白若辱，大方无隅，大器晚成，大音希声，大象无形。企业文化作为无形资产，潜移默化于管理的各个环节，是一种积淀，是企业形象最坚固的壁垒，也是员工最基本的行为准则。锦天化党委书记刘德言认为："真正的文化不是写在纸上，挂在墙上，说在嘴上，而是要内化于心，外显于行。"作为企业文化实践者、领导者，他深谙其理。他说，凡是真理都是简单的，简单的东西都是实用的，实用的东西都是深刻的。凡要员工接受的，不仅领导言传身教，更要亲力亲为、深入一线，将文化具体化、实质化，化无形为有形，使其看得见、摸得着、悟得到、用得上，才算切实可行、行之有效。锦天化通过制度化建设把企业文化落实到企业行为准则中，落实到每个员工的行动中，具体包括以下六个方面：

1. 建立与完善员工行为规范

职工良好行为的行程，既要靠教育灌输引导，也要制度进行规范约束。锦天化大力加强党的建设、思想政治工作和精神文明建设，深入贯彻落实《公民道德建设实施纲要》，以新时期企业精神和企业理念及文化核心内涵为指导，根据行业单位特点和工作岗位要求，健全和完善《职工文明公约》《职工道德规范》《职工岗位职责》《居民公约》等制度规定和实施细则。在广大党员干部中，要完善《党风廉政责任制》和实施办法，加强对党员干部的监督和约束。坚持德治和法制一起抓，把道德建设与各项业务工作结合起来，纳入目标管理责任制，规范和约束职工群众的思想行为。突出抓好岗位责任制和职工道德规范的落实，把社会公德、职业道德和家庭美德，变成职工群众普遍认同和自觉遵守的行为准则。

2. 严格执行奖惩制度

锦天化按照利益驱动的原则，把物质奖励与精神奖励相结合，对有突出贡献的科技英才、专业技术拔尖人才、岗位技术能手等实行重奖，以激发调动每个职工的积极性、主动性和创造性，积极投身到企业改革发展的实践中，立足岗位，敬业奉献。

锦天化严格执行集团的奖惩制度，如《集团公司人力资源管理系统奖惩制度》《集团公司员工违反劳动纪律处罚实施细则》《集团绩效考核加分或减分的基本原则》《集团公司劳动模范评选管理办法》等，锦天化的奖惩制度尤其具体体现在精细化管理中，以完善的奖惩制度规定为准绳，执行公平、公开、公正的评价标准，形成了健康的奖惩文化，不断强化了员工的好的行为，为企业的良性发展奠定了坚实的基础。

3. 创建健康向上的学习型组织

锦天化倡导"行动、反思、共享"，通过开展创建学习型企业活动，培养弥漫在整个企业的学习氛围，充分发挥员工的创造性思维能力，建立高效的、柔性的、扁平的、开放的、人性化的可持续发展组织。经过不懈的探索与实践，锦天化已完成了创建学习型企业的理念导入和框架搭建的任务，学习型组织的"三个充分条件"、"四大理念（感恩、善念、包容、快乐）"、"六个文化特征（反思、共享、创新、快乐、学习、速度）"，以及据此总结的锦天化创建学习型企业的"十五个基本特征"已经为广大员工所接受。

锦天化运用"自我超越、改善心智模式、建立共同愿景、团队学习、系统思考"五项修炼，形成"愿景分享、管理变革、提升队伍、知识管理、专家咨询"五个推动力，打造员工的"学习力、思考力、行动力、融合力、冲击力"。由此员工的思维方式及思想观念发生了巨大的变化，这些无疑会对企业的进一步发展提供精神动力支持。"学习工作化，重在创新发展，提升应变能力；工作学习化，重在激发潜能，提升人生价值。"可以说，锦天化所创建的学习型组织，是一个心灵转变的组织，是一个富有凝聚力的组织，是一个快乐的人性化的组织，是一个使员工在创新中活出生命意义的组织。

4. 积极开展各种展示企业形象的活动

锦天化还要求下属各单位要把开展公益、礼仪等活动作为加强企业文化建设的有效载体和展示企业良好形象的重要窗口，作为密切干群关系的重要纽带和加强对外交往的重要手段，建立活动制度，加强内部沟通和对外交往。要开展入厂教育，入团、入党宣誓和各种形式的重礼节、讲礼貌、告别不文明言行等活动，提倡在重要场所和重要活动中升国旗、唱国歌。要积极开展重大节日纪念活动、春节团拜活动、为先进劳模庆功活动、送温暖活动、领导拜访慰问活动和各种社会公益活动，增强企业凝聚力。要开展相对集中的公关活动，联手协作，内外有别，避免和减少重复公关和内部竞争，营造良好的生产经营环境，共同开拓外部市场。

5. 定期开展各种先进评比活动

锦天化要求各单位要将典型培养、选树、宣传工作制度化、规范化、经常化。培养、选树典型的面要宽，内涵要更深化，既要有能体现新时期锦天化精神、展现锦天化形象的重大典型，又要形成锦天化企业文化的品牌资源。发挥先进典型对职工的示范导向作用，在职工队伍中形成学赶先进、争先创优的良好风气。

6. 不断提升员工的精神文明素质

锦天化积极践行了集团建立的《精神文明创建工作制度》，在具体的实施过程中做到了如下六个方面：

（1）精神文明建设要落实责任，要形成主要领导亲自抓、主管领导重点抓、各部门配合共同抓的工作格局。各单位要做到每年对精神文明建设工作有安排、有措施、有检查、有落实。

（2）对各单位精神文明建设情况予以动态监督考核，重点解决部分领导在认识上存在只抓业务工作、不抓精神文明建设，或流于形式与中心结合不紧、不办实事、不解决实际的问题。

（3）精神文明建设要做到三个文明建设一起抓，一起安排部署，一起督查落实。精神文明建设要有投入，要有人管事，有人办事，有人负责。

要通过机制的建立和执行，把精神文明建设工作抓实。

（4）要做好思想动态分析。及时了解职工群众的思想动态和利益要求，掌握职工群众的情绪反应、思想观念的变化，有针对性地开展企业精神文明创建工作。

（5）要坚持调研，认真总结成功经验和不足，探索精神文明创建测评体系，研究改进精神文明建设的规律和办法。

（6）要形成学习、宣传、推广先进典型的新机制。学习先进，弘扬正气，典型引路，整体推进，通过典型引导增强整个职工队伍的内在动力和活力，全面企业精神文明建设水平。

小事成就大事，细致铸就完美。为塑造高品质员工，打造优秀团队，以文化助推企业突破发展瓶颈，实现锦天化跨越式发展。2003 年初，锦天化引入并全面推行 6S 管理，以"员工品质提升与公司发展同步"为推行理念，以"零杂物、零浪费、零事故、零违纪、零缺陷"为推行目标，通过整理、整顿、清扫、清洁、安全和素养来强化基础管理，以思想变革方式塑造一种文明之风，达到规范行为、提升素质、重塑团队、安全生产之目的。

此外，锦天化还广泛开展内容丰富、形式多样的群众性精神文明创建活动。创建文明单位、文明窗口、文明机关、文明社区、文明家庭和争做先进职工等活动，制定了相应的标准和条件，建立了完善的检查评比机制，有计划部署，有落实措施，有检查考核，有表彰奖励，推动创建活动的深入开展，进一步提高企业和职工的精神文明素质。

三、学习型企业建设

（一）企业文化与学习型组织

企业文化的本质是管理。把文化作为一种管理方式成功地引入企业以后，就产生了企业文化，它源于美国，发展于日本，又回到美国等西方国家得到进一步发展提升，以美国、日本、德国为代表，现在被全世界所广泛采用。优秀的企业文化是一个企业的灵魂，是企业发展的无尽动力。企业文化是全体员工共同的价值观念，它对全体员工有一种内在的号召力，能引导全体员工把个人的目标和理想拴系在企业同一的目标和信念上，朝着共同的方向努力。企业文化好似一种黏合剂，能减少企业内部的摩擦和消耗，形成良好的人际关系，增强内聚力，使全体员工团结一致，将精力花在企业的生产经营发展上。企业文化能增强员工的荣誉感和责任感，自觉地维护企业的声誉，激励他们更加努力地为企业工作。

特别是加入世贸组织后，中国企业开展了以增强企业文化底蕴，构成核心竞争力为内容的企业文化建设高潮。越来越多的企业认识到，在日益激烈的市场竞争中，企业的竞争力是外化的产品质量和价格的竞争。实践证明，没有文化的军队是愚蠢的军队，没有文化的企业是短命的企业，没有文化的企业家也是昙花一现的企业家。这种文化来自于学习，来自于创新。企业能否构建成学习型组织，就是一个十分紧迫和现实的选择。由此给我们带来"三个提升"的思考：一是要提升企业产品的文化含量；二是要提升企业的文化品位；三是要提升人才的知识创新能力。

实际上，企业文化就是一种以价值观为核心，对全体员工进行企业意识教育的微观文化体系。大多数企业文化的形成是一定大环境下自然选择的结果，少部分先进企业往往可以做到通过不断自我批判与变革意识，对文化进行自我塑造，进入到一种自由状态，从而形成一种"基业长青"的内部保证。目前，锦天化的企业文化主要包括以下三方面的内容：

（1）建立企业的发展目标，要让企业的发展目标给企业的员工带来自豪感。

（2）建立企业的理念文化，向员工说明企业将如何做事情。这在企业的价值中，回答了什么事情可以做，什么事情不能做；员工必须具备什么素质，必备什么样的能力；等等。作为企业家要具备什么商业素质、职业素质、企业素质，从而才能建立一支团结的、高素质的、敬业的和富于创新的、不断学习的人才队。

（3）建立企业的行为文化。企业文化的根本就是为了企业的生存和发展。20世纪80年代企业文化发展以来，人们越来越认识到文化是一个企业的灵魂，是企业发展的无穷动力。在构成一个企业综合竞争力的各项要素中，文化力是重要的一环，是一个企业竞争优势的核心和基础。企业不仅可以激励士气，使人奋发进取，在企业中营造一种健康进取的氛围，而且可以使员工自觉认同企业的价值理念和发展目标，为企业的发展尽力，从而收到意想不到的效果。但是，优秀的企业文化是不会自发形成的，需要管理者有意识地去引导、去培养、去建设。企业发展到一定的规模，不仅要有一套规章制度方面的"硬"约束，还需要有一套企业文化方面的"软"约来来规范企业的各项运作，使企业所有的经营活动与员工的价值取向整合，把企业中所有员工凝聚力综合为一个高度统一的整体，从而围绕一个既定目标，不断把企业推向前进。成功的企业文化可以把员工的价值观念高度整合在一起，形成具有自己特色、使每一位员工都认同企业的目标和文化，并形成一种心理契约，主动把企业的生存和发展当作自己不可推卸的责任和使命，从而实现自觉工作，自主管理。

企业文化的建设是一个长期的过程。因为文化本身涉及价值观、行为方式、精神状态等各个方面，而这些要素本身都需要通过归纳总结、培训指导、慢慢领悟、逐步运用的过程。

学习型组织与文化建设是一个问题的两个侧面。从最终目的和根本意义上看，两者的宗旨是一致的，均是为了达成共同的愿景，围绕着生产与经营这一个主题，追求企业的可持续发展和人的全面发展，永葆企业恒久而鲜活的生命力。而从建设思想上看，它们倡导的价值观也是一致的，都主张以人为本的核心思想，重视人的价值观力量、精神因素和共同理想；旨在通过变革人的思想、激发人的智慧与活力，以促进企业快速而健康地发展。概括来说，企业文化与学习型组织是一脉相承的，均属于管理范畴与文化范畴；都是为企业提升管理品质及做好生产与经营工作服务的；都是企业对内增强凝聚力，对外增强竞争力的重要武器；它们的建设过程，也都是一个不断学习、不断改进、不断提升的过程。

（二）学习型企业文化

1. 概念理解

虽然彼得·圣吉在《第五项修炼》中并没有直接给出"学习型文化"的定义，但是根据他的共同愿景理论以及所谓的"学习型组织的精神和价值观"等论述，结合企业文化和组织学习的内涵，我们可将学习型企业文化的内涵界定为企业中客观存在着的支持员工学习、合作和知识共享的软环境。通过该内涵透视出，学习型企业文化不仅影响着企业中各个成员的思维模式与行为方式，也决定着企业中学习活动的开展情况与实际效果，反映出了学习型组织的本质特征，如图9-2所示。

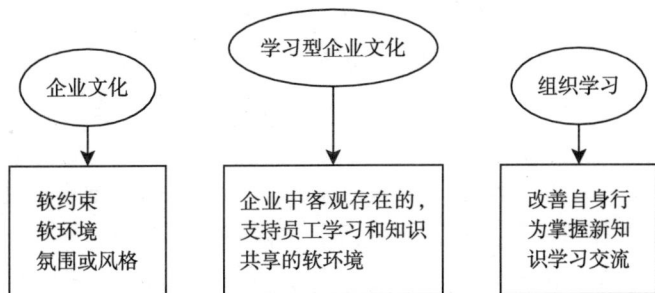

图 9–2　学习型企业文化内涵形成

　　学习型企业文化是对企业文化的创新性延伸和拓展，体现为人本管理的最高层次。学习型企业文化高度重视人的因素，高度重视人的素质的全面提高，高度重视企业和员工的协调发展。希望通过建立共同愿景、形成共同价值观、挖掘团队智慧、激励自我超越、改善心智模式、培养系统思考能力，以学习力提升创新力进而增强员工和组织的竞争力，最终使企业登上学习型组织的高峰。

　　企业文化既是一种理论，也是一种管理方式。当人们认为企业文化是一种管理方式时，使用什么样的"工具"进行管理，反映了不同的管理风格，培育出不同类型的企业文化。当人们以"学习"为工具，把"学习"作为推动企业工作的杠杆并坚持下来时，这个企业的文化就是学习型文化。学习型企业文化建立在企业文化之上，有其独立的理论核心与内涵。其核心是学习型的思维方法，主要是不断学习的观念和系统思维方法。在这种组织文化中，组织已经不存在局限思考，而是习惯于整体的积极主动地思考和承担责任，企业全体员工能够系统地、全局地、发展地思考，认识企业的学习型企业文化。

　　学习型企业文化就是由领导层提倡，在整个组织中形成浓厚的学习氛围，改变员工固有并阻碍企业发展的心智模式，形成以增强企业整体上的灵活适应性为核心的价值体系，以及建立相关的制度文化和物质文化的总和。这里的学习并不是单纯意义上的吸收知识，而是培养如何实现生命中真正想要达成的结果的能力，它是开创性的学习。学习型企业文化是通过弥漫于整个组织的学习气氛，充分发挥员工的创造性思维能力而建立起来的一种有机的、高度柔性的、扁平的、符合人性的、能持续发展的组织。

2. 特征诠释

对于学习型组织来说，它具有区别于传统企业的鲜明特征。戴维·加尔文认为，学习型组织在以下五个主要方面是出类拔萃的：系统地解决问题；采用新的方法进行实验；从自己过去的实践中学习；从他人的经验和优秀实践中学习；在组织中迅速有效地传递知识。学习型企业文化存在于学习型组织之中，它具有如下几方面主要特征：

（1）学习型文化的建立具有较强的目的性。当人类进入 21 世纪，由全球化与技术革命导致的经济环境的广泛变化迫使组织必须对自身进行巨大变革，才能在新世界、新经济中获得生存和发展。那么如何以更快的速度、更低的成本让各个工作地点的员工更有效地进行学习，从而使组织及其成员能够从容应对每天都在发生变化的市场环境造成的前所未有的挑战呢？学习型文化能够解决这个问题。

（2）组织学习是以提高工作绩效为基础，与业务目标紧密相关的。学习是日常工作的一部分，在学习型文化的组织中，学习被视为业务成功的关键要素。在这样一个组织中，学习已成为人们的自觉习惯，也成为企业各项职能中必不可少的一部分。通过鼓励诸如团队合作、自我管理、授权和共享等价值观，这种适应性强的企业文化创造了良好的人际关系，并促进了学习。这与封闭的、僵硬的、官僚气息浓厚的传统文化截然不同。

（3）学习型企业文化的建立具有认同性和普遍性。迈克尔·马奎特认为，为了实现从传统型组织向学习型组织的转变，领导者要改变组织的环境以支持和鼓励学习，将组织文化改造为一个崇尚持续学习和不断进步的文化。在学习型企业文化的组织中，学习是由组织系统这个整体完成的，整个组织就像一个大脑系统，组织成员能充分认识到，持续不断发展的整个企业范围内的学习，对组织当前及未来成功的关键性和重要性。因而"学习不是少数人的特权"而是整个组织都存在着开发知识、提升技能、改善态度的学习机会。不存在没有任何目的的自由学习，每个人都会受到组织提高工作质量、不断进步的动机驱使。这样学习总是和组织所要解决的问题相关联，组织也能够从所需解决的问题出发，来判断哪些知识应该学习，以及是否应该将其结合到组织的知识体系中。同时"组织的氛围"能鼓励、奖励、帮助和促进个人和团队的学习。员工也清楚地知道，在当今社会，持续不断的学习对于他们的生存和取得成功是必不可少的。这样，员工自然就会认同学习型文化建立的真谛，大多数员工就会自觉地进行创造性地学习。

3. 学习型企业文化的建立具有当前性

该文化是员工当前的价值观,即现在而不是过去或未来认同并践履的价值观。在学习型文化的组织中,员工都在进行各种各样的学习,不仅有一般意义上的知识文化和科学技术学习,而且更主要的是在进行修炼式的学习。不仅自己学习,而且是团体学习、组织学习、专职学习、业余学习、培训学习、干中学习,每个人都是热情的学习者,每个人都是老师、辅导员和教练。正如扎波夫所说,除了成为学习型组织,今天的组织可能确实别无选择。因为高度信息化的组织是一个学习机构,它的一个基本目的就是拓展知识,不是学术意义上的知识本身,而是怎样使组织成为更有效率的核心。学习不再是在教室里或者上岗前的孤立活动,也不再只是管理者小团体独享的特权。人们不必撇开工作专门抽出时间来学习;相反,学习就是工作的核心。学习与效率是一项活动的两个方面。简单来说,学习将是劳动的新形式。

4. 学习型企业文化的建立具有引导性

组织中,由于领导者、管理人员和员工都奉行学习这一理念,这使得学习在组织内部具有至高无上的地位。各个层次领导者都是学习型领导,领导者们明确定义愿景与价值观,并充分交流达成共识。这样,就把员工引导到确定的目标上来。他们不仅愿意学习,而且乐于考虑学习,通过提出挑战性的、难以作答的问题,或刺激智力好奇心的办法来鼓励员工学习,用合适的奖励、委托训练和制订发展计划以及建立学习资料中心甚至公司大学等办法使学习制度化。容忍错误,避免指责,摒弃"并非此处首创"的态度和高水平跨学科的、跨职能的整合。鼓励成员积极参加专业团体学习,发展一种从个体学习和团队学习转向组织储存知识和经验的转移机制。倾听员工的心声并与员工交流,从而营造一个相互信任的环境,支持持续改进、促进学习、营造知识共享的良好氛围并增强工作绩效。这样,组织成员从最高领导到普通员工都能系统地、全局地、联系地、动态地思考,认识企业的活动,自觉地将学习转化为员工行为习惯、行为方式和行为准则。

5. 学习型企业文化的建立具有开放性

学习不只是自身的事,知识必须能在整个组织里迅速有效地传播。知识在广泛传播时,因为知识分享价值倍增效应,比仅在少数人手中能产生更强大的作用。学习型组织包含三个截然不同的但又相互关联的学习层次。个人学习指的是通过自学，借助技术的教导和观察，取得技能、洞察力、知识、态度和价值观等方面的改变。团队或团体学习指的是包含团队内部完成的在知识、技能和能力等方面的增长。组织学习指的是通过在组织内部倡导并推动持续改善而获得智慧、能力和生产效率的提升。

首先，学习型企业文化的核心价值观是开放的。员工个人之间以及员工与企业之间的关系上是文化共同体，表现为具有共同的价值观和目标，即具有共同愿景，是你"愿"中有我，我"景"中有你，真正实现了企业是我们的、大家的。其次，由于组织鼓励合作，提倡组织内部的团结，这样在整个组织中推广团队精神，创造一种对所有人而言都有好处的局面。员工为了获取新的技能或技术，不断向周围同事学习、交流、沟通和对话，使整个组织超越了个人学习、团队学习的层次，达到组织学习的层次。最后，学习型组织是一个流线型的、无边界的、扁平状的结构，能够最大限度促进组织内外的联系、信息流动，唤起每个人的责任感，实现紧密协作。因此，个人学习、团队或团体学习相互交融，在整个组织中形成了开放性的学习氛围，促进了组织学习。

（三）学习型企业文化的战略

1. 学习型企业的价值观

有这样一个令人困惑的现象：优秀的强势企业走到一定时候，就开始走下坡路，它们不能对环境的变化做出有效的反应，抵御不住竞争对手新战略、新产品、新技术的冲击，自己的市场在缩小，利润在下降，核心员工在流失。原因在哪里呢？不在于它们不能做出反应，而在于它们不能做出有效的反应。

这里有许多原因，如经营者从朝气蓬勃到懒惰、懈怠，从顽固不化到不够称职，但最重要的原因在于他们有了僵化的观念，一种制约他们的行为习惯。英国企业战略和国际管理学家萨尔认为，这是经理们的战略架构成了他们的障眼物，管理流程变成例行公事，企业赖以生存发展的关系资源变成桎梏，企业的价值观变成教条，令公司当初取得成功的冷静思索被刻板的习惯意识所取代。在市场发生变化后，他们仍按过去的"成功模式"办事，于是导致了失败。

从组织行为学看，组织价值观是指一个组织的基本概念和信仰，它以具体的词语描绘出员工应有的正确行为的方向，并在组织内制定出成功的标准。组织价值观是学习型企业文化的核心或基石。一个组织的价值观越鲜明，即一个组织的信念越强烈，就越能有凝聚力，使大家的力量都集中到组织目标上来；反之，组织的价值观越含糊，则大家的注意力必定分散，"每一个人都或多或少地在做他自己的事"。

企业价值观对企业组织的作用很大。人们之所以更加努力工作，是因为有了明确的目标。正因为企业价值观能起到这么大的作用，所以迪尔·肯尼迪说："我们认为，成功的企业经常是因为它们的职工对组织价值（观）的确认、信奉和实践"，每个"组织事实上从共享价值（观）中获得了强大的力量"。

首先，有引导方向的作用。引导企业员工迈向"完全人"。"完全人"是组织员工在素质上质的飞跃。学者们认为，"完全人"具有如下明显的特征："完全人"不仅努力做好本职工作，还关心整个企业、整个国家，甚至是整个世界的发展；他们不仅考虑目前的处境，也放眼于长远的发展；不断地学习是完全人区别于其他类型的组织员工最首要的特性，他们不仅钻研一门科学，而且也热衷于多门知识的融会贯通，力求把它们统一起来进行应用。因此，"完全人"也许只是企业普通的员工，但是他们思考的问题与组织领导者并无多大的差别。

其次，有指导决策的作用。企业总是要在各种情况下做出选择，而价值观则是决策选择时必不可少的判断标准。通常在做组织决策时，许多理解组织价值观的管理人员往往会付出更多的努力，因为他们懂得什么样的行为对组织和个人更有价值。

最后，有激励斗志的作用。因为价值观决定着在企业中什么样的人最受尊敬，他为所有的职工提供了共同的方向，并指导着他们的日常工作。这样，所有的员工都知道组织的观点，知道自己该坚持什么样的标准，就会从中受到激励。

一个特定的组织价值观念体系，也往往形成了特定的企业文化。企业价值观的作用，主要是指导选择、解决某件事值不值得做，在许多件值得做的事中应该选择哪一件先做的问题。企业文化的作用，主要是决定了一个企业的精神境界和理想追求。

2. 学习型企业文化的战略

企业价值观对企业在一定时期的战略目标的形成有决定性作用，正确的价值观让企业必须始终保持清醒头脑，不断创新管理这一企业发展规律。从建立学习型文化看，需要确立学习驱动、差距驱动、变革驱动和机制拉动四大战略，使企业时刻保持与变化着的内外部环境的动态平衡，使企业的每一个人都时刻充满生机与活力。

（1）学习驱动战略。学习驱动战略是学习核心论在企业建设中的具体体现。在以信息、知识为企业核心资源的新经济时代，企业发展与竞争的根本手段是像彼得·德鲁克说的那样，应对当今变幻莫测的世界，我们必须掌握好三大法宝：反应能力、创新能力和学习能力。而学习能力，则决定着反应能力。创新能力，是别人难以复制的优势。学习驱动战略是使企业获取与保持自己的竞争优势的有效手段，企业只有把学习提高到战略的高度，保证强大的知识获取和更新能力，企业才能基业常青。

所谓学习驱动，是企业建立了鼓励员工学习的环境，企业把学习真正作为企业发展的战略性杠杆，把解决企业一切问题的思想建立在员工学习、企业学习、互动交流之上。管理大师汤姆·彼得斯指出："在产品服务中，增强公司的长远及全球化观念，这一新拓展的视角是被现有公司内在的永不满足的'学习型'企业文化所驱动的。"

学习驱动战略，这是新经济时代企业发展与竞争的核心战略。在知识经济时代，企业的驱动力，一是靠经济手段和行政手段已经落后；二是学习是获取知识的唯一途径；三是由于社会平均文化程度的提高，人们择业竞争和岗位竞争的压力增加了，普遍有提高素质的内在要求。只有把学习作为激励员工、管理企业的手段，用知识管理知识、激活知识，创造出新知识，企业才能留住员工，保持旺盛的竞争力。

团队的学习，是学习驱动战略的基本形式。交流显得非常重要，大家以广泛的观点，在一种宽松的环境和浓郁的氛围中，对学习和工作中的问题进行深层次的、开放性的思考和探讨，碰撞出新的思想火花，形成有价值的沟通成果。以此激发团队成员的内在驱动力，逐步形成或强化企业的学习型价值观。

制定激励全员学习的企业政策，是学习驱动战略的基本手段。把企业政策建立在向每一个员工落实学习责任，给每一位员工公平回报企业绩效的基点上，用企业政策拉动全员学习，强化"不学习就吃亏"的学习激励制度。企业的心理环境——内部经营机制，为鼓励员工学习而建立；企业物质设施，为有助于员工学习而建设；企业岗位环境，为促进员工学习而规划；企业组织结构，为快速反馈学习而设置。

（2）差距驱动战略。差距驱动战略就是提高员工差距意识，增强落后就遭淘汰的危机意识，把差距意识作为教育职工振奋精神、积极面对落后、推动企业持续，快速发展的战略。

差距驱动是时刻不忘自己与竞争对手的差距，具有强烈的危机意识，从而落实赶超措施，争取较短时间内超过对手。差距驱动就是危机意识的驱动，担心长期的差距使企业失去竞争优势，陷入竞争被动之中；差距驱动也是责任意识的驱动，没有责任感的人和企业，很难让其做到承认差距，进而提高素质，超越别人，造福社会；差距驱动还是速度驱动，差距是发展速度造成的，缩短或弥补差距要靠超常规的发展速度。

建立差距理念。例如，警惕差距，严防落后，追求卓越；听任差距，等于向淘汰招手；见贤思齐，敢想人不敢想，敢为人不敢为；每日三省吾身，痛快反思做第一。建立改进机制，改进机制的目标是创建改进文化，主要内容是建立积极改进的制度。一是鼓励批评与自我批评。奖励敢于承认错误，开展自我批评，并大胆批评企业或他人错误的人。二是重处捂着盖着，不敢暴露矛盾和问题，反对推行新思想、新理念、新技术，助长不良风气滋长的人。三是广开言路，增加信息交换渠道，让企业内外高层次的专家学者评头品足。四是将各级组织和企业全员找差距制度化，开展经常性的找差距活动，及时发现问题。五是引进先进的管理思想和方法，追求高标准的企业品质。

（3）变革驱动战略。变革驱动是在观念上确立企业与外部环境是一个整体的大系统，把眼光瞄向未来，认识到企业是一个开放的适应性系统，"人、财、物"，"产、供、销"，时时刻刻都受到外界变动的影响。由于竞争，企业必须维持一个"适者生存、优胜劣汰"的状态，不然则危机四伏。因此，企业要对自己的组织结构、产业产品结构、客户关系结构、管理流程和价值观等不断地进行变革。

我们的时代，是一个重大变动的时代。一些企业利润下滑的原因是只把眼睛盯住内部管理，忽视了对市场和竞争对手的研究。优秀的企业则把内外部看作一个整体，不管采取哪种经营方式，都强调与市场的互动，使内部各系统间协调支持，一致应对外部环境的变化。

端正变革态度，思想是行动的先导，在新的形势任务面前，企业应该确立主动变革观，着眼于未来的持续变革观，具有内外环境大系统观。变革驱动战略，是主动的、积极的、不断创新的变革；变革与否，不完全取决于外部压力，主要来自企业对未来的向往。人都是有惰性的，一种制度模式沿袭久了，人们会形成一种"维模"心理，一些人还会找到钻空子的办法。环境是由企业、政府、社会、生态资源等构成的，是一个动态调整的大系统，一部分企业发展了或衰败了，政府政策调整了，或员工的观念超前了，新的环境氛围也就会随之生成。企业只有对自己的政策进行适应性完善，才能减轻外部压力。抱有被动变革心态的企业，不可能持续发展，一旦它认为没有了压力，变革和发展就都会停止。

坚持创新。创新是未来管理的主旋律，创新就是变革。现代企业的生存发展之道，一是根据客户和市场的需求在产品、技术和服务上不断创新，追求创意经济；二是根据环境的变化对内部流程、组织结构、岗位设置、项目管理、产业布局等进行不断创新，提高组织的活力相适应能力；三是培育创新变革文化，通过营造创新氛围，培养员工的创新意识和创新能力，提高企业创新变革力。

（4）机制拉动战略。机制拉动战略基于这样一个假设：企业制度与员工的心理期望比较接近，员工就会有积极、主动的工作态度。员工与企业相比，处于弱势和被动位置，落后的经营者，利用中国劳动力充足、员工再就业成本高、多数员工维权能力低等现实情况，长期维持"权力+控制"的管理模式，让人们在"委曲求全"中干工作。而机制拉动体现了企业的开明主导精神。

机制拉动是针对中国企业体制、机制落后，不能很好地调动和保护人们的工作积极性这一现状，提出的又一重大文化战略。它是通过建立并不断优化企业市场化的经营管理体制、制度、机制，激发人们的内在动力，向着新的更高、更好的目标不懈奋斗。

（四）学习型企业文化的主要内容

国外很多学者对企业文化的构成要素进行了分析。笔者仅以 2000 年伯歌·纽豪热、佩·本德、科哥·斯特姆斯堡的企业文化同心圆加以阐释，如图 9-3 所示。

由图 9-3 可以看出，企业文化可以描述成三个层次：第一层次是最深层，是企业的共有观念和核心价值观；第二层次是中间层，是企业的具体行为和习惯，即"我们做事的方式"；第三层是最简单、最易见的标志、

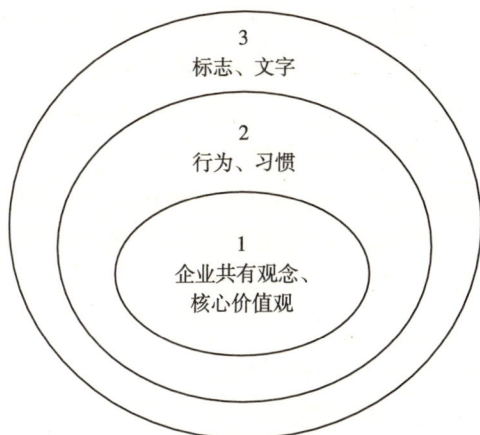

图9-3 企业文化同心圆

文字；等等。一个系统可以有不同的划分，划分方法不同，所得到的要素也不同。由于学习型组织包含着个人学习、团队或团体学习和组织学习三个截然不同的但又相互关联的学习层次，基于此，我们可以将个体的学习态度、部门（团队、小组）的学习氛围、部门（团队、小组）管理者的行为表现以及整个组织支持学习的环境等作为学习型企业文化的结构要素，它们的有机互动是建立学习型企业文化的基础。

理想中的学习型组织令人神往，但现实的境况令人不满意。许多企业都有这样那样的问题：一个问题解决了，另一个问题又冒出来。少数"长寿公司"被人贴上学习型组织的标签，但遗憾的是，它们并不是有意识地创建成为学习型组织，而更多的是一种本能的自然演进，是多种因素共同作用的结果。其成功在很大程度上是独一无二、不可复制的。因此，学习型组织建设如果没有一个系统的、长期的、累积的演进过程，就可能只会"昙花一现"，无法获得长久的生命力。而那些经历了长期的、累积的演进过程的建设过程的企业，将形成自己的独特的学习型企业文化。

从内容上看，学习型企业文化以其独特的内容区别于其他类型的企业文化。这些内容主要表现为共同愿景、畅通的信息渠道、群体互动式的学习方式、知识共享的氛围、有效的激励机制等方面。

1. 共同愿景

所谓共同愿景，就是共同的目标理想和共有价值观，是指建立在组织及其所属员工价值取向一致基础上的能激励人奋发向上的愿望或理想。它是学习型文化的基础、核心和实质，是指导企业和员工行为的哲学。共同愿景作为组织中人们共同持有的意象或景象，创造出众人一体的感觉，并遍布组织活动的全部，使组织的各种不同的活动融为一体。曾经有人说过，推动企业迈向未来的动力不是现金，而是每位员工的热情和智慧。建立了共同愿景，在追求共同目标实现的过程中，所有员工会自然而然地激发出潜能，从而使组织发展产生不竭的动力。建立共同愿景是企业经营者的首要职责，也是企业取得经营成功的法宝。

2. 畅通的信息渠道

在学习型文化的环境中，组织内的部门（团队、小组）和个人获得工作所需的各种信息通过三种渠道得到有效沟通。

纵向信息沟通：沿着组织的指挥链在上下级之间进行的信息沟通。如中、高层管理者之间，组织内部同一部门（团队、小组）的较高层次人员与较低层次人员之间，定期召开会议，将有关信息传递给下属，同时反馈信息。这样使领导同其下属成员之间保持信息畅通。

横向信息沟通：指的是部门（团队、小组）之间，以及部门（团队、小组）内部成员之间同一层次人员间所发生的沟通。如营销部门向生产部门提供市场供求信息，向研发部门提供客户对产品款式、功能等方面的需求情况，以及研发部门向营销部门了解社会对新产品设计质量的反馈意见。其主要是为了使不同系统、部门（团队、小组）之间的协调配合和相互了解。

斜向信息沟通：不同系统、不同层次人员之间的沟通。如质量管理部门、技术部门的领导与生产部门的员工就产品质量、加工技术等方面事项的信息沟通。而及时有效则是指所传递信息恰是接收者工作所需要的信息，信息接收者对信息的理解与信息发出者传递的信息的含义相同或近似。这样使接收者才有可能充分了解当前的情况和今后工作的趋势。

3. 群体互动式的学习

在学习型文化的环境中，员工们深刻认识到群体互动式的学习效率远远优于单个个体的学习效率。因此，组织在个人单向学习的同时，更注重双向学习。学习的基本单位变成团体而不是个人，在团队中，成员根据自己真正的最高愿望和团队追求的共同目标。通过"深度会谈"，个人从其他成员身上能够学到许多知识，包括个人的主要专业知识是通过和同事在一起工作中获得的。因而大多数成员乐于团队工作的氛围，在这样的环境中，共享信息转换成了每个人深层次的知识。学得越多，越觉察到自己的无知。同时，由于员工们有许多知识值得相互间的学习，通过团队学习，个人的知识在隐性知识和显性知识相互转化过程中逐渐上升并扩大为组织的知识，进而提高了知识使用的效率。

4. 知识共享的氛围

在学习型企业文化中，由于知识共享有益于企业和个人发展的观念根植于企业成员心目中，因此公开交流、分享经验、共享知识弥漫着整个组织，他们能够积极地参与业务学习，常常通过非正式方式或场合交流成功的经验，探讨业务技能和创新，互相帮助，去学习所需的新技能。这样，在组织内部形成了动态的知识流。由个体的知识转化为集体的，完成了从隐性知识到隐性知识，隐性知识到显性知识，显性知识到显性知识，显性知识到隐性知识的转化。在转化中不断产生新的知识，实现了知识创新。

5. 有效的激励机制

学习型企业文化的组织中，从上到下都建立、健全评估和激励体系，对组织成员的学习和创新给予支持和奖励。①支持成员的学习，鼓励组织成员分享知识，并把员工将新知识带到部门看成是宝贵的资源和财富。②激发员工创造性思维，激励员工提出新的见解和看法，促进员工对问题的思考，并对员工的意见及时地提供反馈。③由于这种组织中的人们富有冒险的精神，组织提供员工的冒险和实践精神，支持员工进行不懈的尝试，允许员工犯错误，并把错误看成是最好的学习机会。④建立学习行为榜样，通过建立的对员工的评价激励机制，促进组织的学习氛围。由于人的需要是多层次的，因而激励也是多方面的，组织中的管理阶层知道哪些激励对员工的影响微乎其微甚至完全不起作用，从而不断调整激励实践，想办法尽可能地让这种学习氛围、知识共享能够给员工带来自我价值实现的满足感，使之成为员工一种内在的需要，而不是一种外在的要求。

柯莱思、桑德斯在《迈向学习组织的十个步骤》中还提出了"工作学习化，学习工作化"这一学习型组织理论的著名理念。一个成功的学习型组织的特征是"工作学习不可分"。他们指出，"工作学习化"就是将每一项工作视为一个学习的机会，从工作中学习新技能、新方法并促进专业知识的增长；"学习工作化"则是将学习视为一项必要的工作，能每天不断地学习，如同认真工作时一样，全身心投入，要培养终身学习的习惯。如此将学习与工作相融合，体会终生学习即终身工作、终生受益的意义。

柯莱思、桑德斯"工作学习化，学习工作化"的著名观念，透析了学习与工作的关系，把"工作学习不可分"的概念与"十个步骤"的创建流程结合起来建立的新模型叫作"工作学习化、学习工作化"模式法。具体内容是：从组织上层开始，确立工作学习一体化的思想；明晰什么是"工作学习不可分"；建立实现机制；按规划持续推行；形成良好氛围。

（五）锦天化学习型企业建设

锦天化强调企业的效率来源之一就是学习和组织学习，集体学习能力就是竞争力，致力于建设学习型企业。同时，提出学习第一的思想，强调要跟上时代发展的步伐，就必须不断学习，把学习作为掌握知识、增强本领、积累经验、做好工作的重要手段，使之成为一种责任意识，一种精神追求。

锦天化倡导"行动、反思、共享"，通过开展创建学习型企业活动，培养弥漫在整个企业的学习氛围，充分发挥员工的创造性思维能力，建立高效的、柔性的、扁平的、开放的、人性化的可持续发展的组织。经过不懈的探索与实践，锦天化已经完成了创建学习型企业的理念导入和框架搭建任务，学习型组织的三个充分条件、四大理念、六大文化特征，以及据此总结的锦天化创建学习型企业的十五个基本特征已经为广大员工所接受。

锦天化运用"自我超越、改善心智模式、建立共同愿景、团队学习、系统思考"五项修炼，形成"愿景分享、管理变革、提升队伍、知识管理、专家咨询"五个推动力，以打造员工的"学习力、思考力、行动力、融合力、冲击力"。员工的思维方式及思念观念发生了巨大的变化，这些无疑会对企业的进一步发展提供精神动力支持。

"学习工作化重在创新发展，提升应变能力；工作学习化重在激发潜能，提升人生价值"。锦天化创建的学习型组织，是富有凝聚力的组织，是快乐的、人性化的组织，是员工在创新中活出生命意义的组织。

如图9-4所示，以互为借笔的方法，把"学习"演变成"篆书"图案，体现"学而时习之"。外框用4个"人"字围成，表明学习型组织以团队学习为基础；外方内圆的图案设计，寓意学习型组织是对外张扬（文

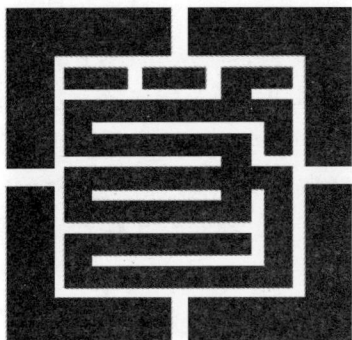

图9-4 锦天化学习型组织标志

化）个性，内部突出网络化、扁平化和柔性的组织。

Learning 与篆书相结合，外框在两个垂直方向断开，寓意学习型组织是洋为中用、古为今用、中西合璧、兼容并蓄的开放性组织。整个图案又似"印"，代表力量和权威，说明学习的结果必然是行为的修正、理念的提升、核心能力的提高和竞争优势的增强。

这样一个富有寓意的 LOGO 设计充分体现了锦天化公司所推行的学习型企业文化的理念。注重营造网络化、扁平化、柔性的和开放的组织环境；注重团队合作；注重以行为修正、理念提升、核心能力提高和竞争优势增强作为学习效果的评估。

四、践行生态文化管理

（一）锦天化生态文化建设的现状

循环经济作为一种发展模式，主要是指以减量化、再利用、资源化为原则，以提高资源和高效利用和循环利用为核心，通过对传统行业的技术改造，最大限度地减少资源消耗和废物排放，以尽可能少的资源消耗和环境成本，实现经济社会可持续发展，使社会经济系统与自然生态系统相和谐。

从企业生态学的理论来看，企业可分为两大类：经济型企业和生命型企业。经济型企业是指始终以追求经济目标为最根本宗旨，把获得投入资本的最高回报率、最高销售额和最大市场占有率作为企业成功的最高标准，结果使其成为一部循环运转的赚钱机器，其寿命会很快枯竭。生命型企业是超越经济利益的生命组织，它是一个有生命的机体，它是为生命意义而发展，而不是只为赚取利润而存在，其生存的能力和发展的潜力将伴随机体的健康成长而不断延续。可见，生命型企业具有持续优势，而经济型企业则容易夭折。

无疑，锦天化属于生命型企业。锦天化生命型企业的塑造，源于生态企业文化的不断强化和积淀。

在社会生态文化建设中，生态文化理念起着先导作用。锦天化生态企业文化将生态文化与企业文化相结合，赋予企业文化新的内容，转变了以人为中心的经济价值观，在企业中形成"人—经济—自然"的整体价值观和生态经济价值观，体现的是人与自然的和谐发展。

20 世纪 90 年代末，锦天化已经形成较为完整的企业生态文化体系。体验锦天化循环经济成就，剖析锦天化循环经济贡献，不能单纯从科技、经济的角度，要从更高的文化层次入手。国家循环经济首先能够在锦天化崛起，有其深厚的历史文化底蕴。锦天化的生态工业模式是现代企业一种崭新的道德、价值观和行为方式，是建立在人类社会文化高度发展的环境科学基础之上的一种新的企业经营理念，不但涵盖了它所创建的生态产业链条，而且也囊括了再生态理念指导下的战略制定、科研创新、产品结构优化升级以及生产经营、员工行为等要素的可持续发展行为。所以，锦天化生态企业文化的产生有其科学性和必然性。

锦西天然气化工有限责任公司树立和落实科学发展观，坚持走高起点、快产出、低投入、高回报的新型工业化发展道路。2012 年上半年，企业生产经营继续保持良好态势，实现销售收入 5 亿元，利润 9200 万元，上交各种税金 7400 万元。

作为国有大型化肥生产企业，锦天化在稳固主业的基础上，创新发展理念，启动"绿色化工"战略，以产品结构调整与技术升级为重点，重点研发高附加值、高品质、环境好的绿色化工产品，全力打造企业与社会全面、协调、可持续发展的"绿色化工"生产基地。

尿素是锦天化的主导产品，缓释尿素的成功研发是提高尿素产品附加值的一项关键技术创新成果，也使国家"863"计划"新型高效肥料研制与产业化"项目取得重大进展。它具有环境好、使用安全的特点，可将肥效期由普通尿素的 40~50 天延长到 110~120 天，氮素利用率提高 30%，作物平均增产 10%以上。不仅肥效高、不追肥，而且减少了资源浪费和环境污染，农业、经济和生态效益都十分明显。

为充分利用辽东湾海域天然气的增量资源，提高装置运行规模和盈利能力，锦天化于 2003 年在原产 3 万吨甲醇装置的基础上，通过增设转化炉等关键技术措施，使甲醇装置提高到 6 万吨/年。同时，为进一步提高甲醇产品的附加值，又启动了甲醇深加工下游产品——年产 1.5 万吨碳酸二甲酯项目，并已经相继建成投产。这一产品被誉为"21 世纪有机合成新基石"，是近年来备受国内外广泛关注的环保型绿色化工产品。

与此同时，锦天化生态科技工业园区建设成为企业提升核心竞争力的必要手段。工业园区以保持产品研发与生产技术的持续改进与创新，力争形成更具竞争力的产业链和产品群，从而实现企业内外部资源的有效整合，加快"绿色化工"战略的实施步伐，早日建成技术含量高、产品附加值高、市场占有率高的绿色化工生产基地，打造一个具有较强竞争优势的生态科技工业园区。

（二）锦天化生态文化管理的特点

1. 持续开展清洁生产，遵循 3R 原则

锦天化始终致力于生态工业、循环经济以及环境保护方面的探索，秉承企业社会责任和环境保护国际标准。通过持续开展清洁生产，严格遵循"减量化、再利用、再循环"的 3R 原则，依靠科技进步将清洁生产不断引向深入，实现减污、降耗、增效的目标，开创经济、社会与环境和谐发展的良好局面。锦天化在生产尿素、甲醇和碳酸二甲酯过程中，引入临近工厂的废弃二氧化碳作为生产原料，实现了资源的合理利用。这一做法受到省、市环保部门的高度评价，并获得欧盟"清洁生产周转金"贷款贴息政策的强有力支持。

2. 以技术创新为支撑，生产生态产品

缓释尿素作为国家"863"计划的产业化项目，是锦天化与中科院沈阳应用生态研究所经过多年合作的重大技术创新成果。自 2004 年 2 月投放市场以来，深受广大农民朋友的欢迎。它的肥效期由普通尿素的 40~50 天延长到 110~120 天，氮素利用率提高了 10 个百分点，等量施肥下增产

效果达 10%以上，等产量下节肥 15%，创造了客观的经济效益和环境效益。缓释尿素的成功研发是氮肥工业的革命，农业发展的里程碑。不仅为传统尿素产品的升级做出了有益的探索，而且为农业发展带来了一次全新的历年突破。2005 年，缓释尿素被列入国家重点参新产品计划，围绕该产品的后续研发课题于同年被列入国家"863"计划引导项目，并获得科技部资金支持。

2004 年，年产 6 万吨甲醇和年产 1.5 万吨碳酸二甲酯装置的相继建成投产，是锦天化发展史上的标志性工程，它表示锦天化"绿色化工"多元化发展战略正式启动，标志着锦天化战略转型的开始。

碳酸二甲酯被誉为"21 世纪有机合成的新基石"，是近年来备受国内外关注的环保型绿色化工产品，不仅可以取代剧毒的光气、硫酸二甲酯等一系列有毒、有害化学品，使化工生产清洁化、绿色化，而且其具有多重反应活性，无毒、无腐蚀性，在众多领域具有广泛的用途。尤其是近几年来，由于碳酸二甲酯深加工的下游产品——碳酸二苯酯、聚碳酸酯、有机溶剂、医药、农药、汽油添加剂、高能电池电解液等市场发展迅速，其市场需求潜力加大，从而对我国精细化工的发展起到了进一步的推动作用。

3. 注重环境与效率双重目标的优化

要用"效率"和"环境"的双重优化目标来审视，改变以"效率"为先的单一的经济结构，改变传统产业只关心降级效益而不关心社会和生态环境质量的思想观念。

生态管理指标涉及系统科学、生态学、环境科学与工程、化学工程与工艺等集合不同学科、不同行业特点，对园区内生态产业链条各节点，从原材料选择、产品生态设计、清洁生产、环境影响评估、产品生命周期评价、销售服务、效益核算、生态文化建设等要素进行系统化生态管理指标设计，在管理对象、目标、任务等方面体现生态与经济的双重性，注重经济、生态和社会指标的融合，强化整体结构与功能协调的生态管理服务网络，实现良好循环经济模式的高效、和谐运行。

生态管理指标设计分为四个层次：一是独立核算单位指标；二是车间责任指标；三是班组责任指标；四是岗位责任指标。每一责任指标不仅包括技术经济指标，还要设立节能减排指标、环境指标。

（三）锦天化生态文化管理的实施效果

锦天化生态企业文化管理创新的实施及社会影响，主要表现在以下几个方面：

（1）促进了社会思想观念、价值取向的转变。①资源观念，环境观念的转变，即人类对自然生成的资源可以进行重复多次的利用，从而使有限的资源构成一个多次生成的过程，而人类环境的保护也同时体现在资源的多次利用和生成过程中。②经济观念和行为观念、从单纯地追求经济目标，向追求经济和生态双重目标转变。③自然观、环境观的转变，新的自然观、环境观以人类生存与发展，自然资源的反复综合利用为价值取向，把人类的精神文明提高到新的水平。

（2）降低了单位产品物资资源消耗，提高了资源利用率，节能效果明显，综合效益提高。

（3）通过生态文化建设进一步提高企业形象，提升了企业在社会中的美誉度，增强了客户对企业的信赖，为企业的发展带来了新的契机。

锦天化循环经济及其生态文化管理实践，作为促进转变传统经济增长方式的中国循环经济的典型范式，被高校和社会广泛研究、传播、借鉴。锦天化碳酸二甲酯生产工艺采用锦天化与华东理工大学联合研制开发的第三代酯交换技术，该技术集成了 9 项最新科研成果，目前已经达到了国际领先水平，是国内同行业中投资最少、单套装置生产能力最大、成本最低、产品品质最好的"绿色化工"生产工艺。该工艺的原料为环氧丙烷、二氧化碳、甲醇，产品除碳酸二甲酯外，每年还联产丙二醇 1.2 万吨，整套装置具有操作运行易于控制、对设备无腐蚀、无"三废"排放等优点。特别是通过将合成氨、甲醇、碳酸二甲酯装置之间的物流、信息流、能量流进行集成和优化配置后，产品成本具有了较强的竞争优势。

第十章 锦天化公司党政社团工作

一、公司党建工作

国有企业的健康可持续发展，是党中央提出的当前和今后一项重要而紧迫的任务。国有企业要搞好，党务工作的作用很关键。推动国有企业科学发展、促进社会和谐，一定要搞好党务班子，加强和改进国有企业党组织建设，是党的先进性在企业领导班子中的具体体现，也是锦天化发展的必然选择。

多年来，锦天化党委一直高度重视党建工作。紧紧围绕安全生产、经营管理、改革发展、队伍稳定这个中心开展工作，把党务工作融入到企业的中心工作之中，同生产经营紧密结合，不断丰富着党务工作的内涵，形成了党政互动，共谋发展，共创和谐的良好局面。

（一）加强党的领导班子建设

在锦天化，党的领导是指引企业顺利发展、成功壮大的关键所在，党的领导班子的建设在这其中发挥着不可替代的重要作用。历经多年发展，锦天化在领导班子的建设工作上，取得了突出的成就。

（1）增强了领导干部的思想政治素质。多年以来，锦天化的领导干部加强政治理论学习，进一步提升班子的政治素养。健全中心组学习制度，及时学习、领会党中央的最新决策、部署，时刻与党中央保持一致，确保党的路线、方针、政策和各项决定在公司得到准确及时有效的贯彻落实。通过认真开展深入学习实践科学发展观等活动，极大地提高了领导干部的政治素养。通过抓好企业班子中心组理论学习为龙头，全面加强各级干部的理论武装工作，努力把党的理论创新成果转化为党员领导干部为党的事业不懈奋斗的坚定信念，转化为观察和解决问题的科学方法和科学思路，转化为发展的实际能力和正确的方针政策，转化为党员、干部、职工的自觉行动。

锦天化党委认为，作为党员领导干部，必须坚定共产主义理想和中国特色社会主义信念，忠诚于党和人民事业，经受住各种各样的诱惑和考验，确保在理想信念上不犹疑、不含糊、不动摇，永葆共产党人的政治本色，永做人民群众的忠实公仆。自觉遵守和执行党纪、政纪、国法，坚持自重、自省、自警、自励，增强党性锻炼和党性修养的自觉性，提高辨别是非、善恶、美丑的能力和自我教育、自我约束的能力，视名利淡如水，看事业重于山，讲操守、重品行，坚决抵制腐朽没落思想观念和生活方式的侵蚀，认真过好权力关、金钱关、美色关、亲情关，始终保持一身正气、一尘不染，始终保持领导干部高尚的情操和气节，以良好的道德风尚和人格魅力影响带动广大党员干部群众。

（2）提高了领导干部的管理水平。通过多年的洗礼，锦天化的领导干部在工作中，牢记职责，熟悉职责，并根据职责要求，把工作标准调整到最高、精神状态调整到最佳、自我要求调整到最严，认认真真、尽心尽力、不折不扣地履行自己的职责。在既定的工作中，领导干部能发扬严谨务实勤勉刻苦的精神，强化时间观念和效率意识，弘扬"立即行动，马上就办"的工作理念，按照职责要求，从小事做起，从点滴做起，确保各项工作落到实处，同时努力营造按程序操作、按制度办事、按制度管人的良好氛围。在此基础上，公司领导敢于严格管理，对一些不良现象和突出问题敢抓、敢管、敢于碰硬，对好的表扬，对差的批评，努力弘扬正气，营造出了奋发向上的良好氛围。在严格执行制度的同时，公司领导干部也注意探寻制度执行和操作中的漏洞，并根据实际情况不断完善各项制度办法，努力防范各类风险发生，在实践中不断提高自身管理水平。如刘德言书记在面对全国铁路提速，对装车速度提出更高要求之时，与运销处的领导同吃同住，不分昼夜，24 小时全程跟踪装车过程，查找制约装车速度的症结所在，并亲自协调运销处与成品车间等关联单位的配合关系，确立了全力保装车这一主线，寻找解决问题的最佳方案。经过近两个星期的运作，减少了 1 次作业时间，降低了空车滞留时间，提高了空车周转率，装车速度提高了 1 倍。运销处由此对原有的流程进行了全面的调整，使流程更趋完美，工作更加细致，分工与责任更加明确，使原本复杂的工作简单化了，实现了一次小的管理变革。各级干部认真而正确地履行职责，坚定不移地执行党的路线方针和政策，做好思想政治工作，搞好企业文化建设，凝聚团结员工，使党组织的核心领导地位、战斗堡垒作用和党建工作的政治优势等，在保证和促进企业健康发展中得到巩固加强和充分发挥。

（3）培养了领导干部的优良作风。锦天化的领导干部通过日常的教育和学习，都能做到以身作则、模范带头，时时处处严格要求自己，以自身的实际行动去影响和带动职工。而领导班子的团结更是干好一切工作的前提。锦天化的党委在这一方面起到了楷模的作用。

第一，"一把手"在团结方面率先垂范。作为党委的"一把手"刘德言书记在凝聚班子方面有着举足轻重的地位，他注意发挥集体智慧，鼓励大家畅所欲言，不搞个人意志和"一言堂"，充分调动大家工作的积极性和主动性。他讲党性、讲原则，凡事注重大局，集中大家意见进行决策，敢于担当，维护企业和职工的切身利益，推进了公司各项工作的顺利开展。

第二，领导干部要以诚取信。锦天化的领导干部彼此相互信任、相互支持、相互谅解，工作互相支持，生活互相关心，及时沟通思想，交流看法，做到能容人、容事、容话。同时，在党组班子里，大家都在努力"扮演"好自身角色，维护班子集体权威。

第三，班子成员经常开展批评与自我批评。锦天化各支部认真落实民主生活会制度，通过民主生活会，使领导干部更加团结。通过开展严肃认真的批评和自我批评，深入查找突出问题，深刻分析原因。党组注重提高班子成员的危机意识、大局意识，注重思考和处理问题的前瞻性，把团结的立足点放在更高层次。党员领导干部严于律己，亮出自己的缺点和问题，诚心诚意听取批评意见，党员才会以领导同志为榜样而认真查找自己的问题。党员领导干部敢于实事求是地指出其他同志的缺点错误，与人为善地帮助同志进步，广大党员就会从中受到党性锻炼、学到正确方法。

（4）形成了富有活力的领导风格。锦天化的党委在刘德言书记的带领下，早早就实现了领导班子的年轻化，保证了锦天化在年轻一代的带领下，更具有活力。同时，刘德言书记要求领导干部不仅是年龄上年轻化，更是要思想上年轻化，要更富有创造性。

第一，解放思想。要认真学习上级文件精神，时刻把握新形势、新变化和新要求，与时俱进、创新思维，绝不能因循守旧、墨守成规。在发展上要有新思路，措施上要有新招数，工作上要有新突破。

第二，勤于实践。要紧紧抓住重点工作，拓宽思路，在工作中总结规律，并不断指导实践。要懂得抓住工作的切入点，勇于探索实现工作目标的新方法、新路子，勇于创造新的业绩。

第三，创新方法。要敢于冲破常规和主观偏见的束缚，在工作中养成勤于思考的良好习惯，从不同角度、不同层次，全方位、全系统地对所存在问题和风险做出科学合理的判断，制定切实可行的措施。绝不能做表面文章，搞形式主义。通过创新力的提高，努力创造实实在在的工作业绩。

（二）加强党组织的基础建设

党的基层组织和党员的发展、管理工作，是党的工作基础，必须抓紧抓好。

1. 加强了基础党组织建设

基层党组织不仅是党团结群众、组织群众、贯彻路线方针政策的"客户端"，而且还是党调查民意、掌握民心、紧密联系群众的桥梁和纽带。基层党组织的重要地位和作用，决定了加强基层党组织建设将成为巩固和发展先进性教育活动成果、永葆党的生机和活力的重要基础。

每一个党支部都是一个战斗的堡垒，以"选配一个好书记、建设一个好班子、带出一支好队伍、完善一套好制度，形成一个好机制"为指导思想的"五好支部"创建活动，在锦天化已经开展了多年。在公司党委的大力支持下，每个支部都制定了自己的"五好支部发展方案"并取得了良好的成果，使建设"五好支部"成为带动基层党组织发展的有效手段。通过在思想上抓认识、组织上抓落实、措施上抓重点、方法上抓结合、标准上重效果，就做好的基层党支部目标管理工作进一步规范化。同时，锦天化的基层党支部积极探索新形势下加强和改进基层党组织建设的新路子，推进基层党组织建设向高层次发展，杜绝了各基层党支部软弱涣散、制度不全的现象。

锦天化依据集团相关规定，全面完善了党员的教育和管理体系。在坚持"三会一课"的基础上，结合本单位的实际，大力开展"党员责任区"、"争先创优"、"改革创新、巩固发展"和立功竞赛等主题实践活动，丰富了党员管理的内容和方法。在每年的装置大修工作中，党支部的堡垒作用和党员的先锋模范作用都得到了充分的体现，为大修工作的顺利完成而提供了最为坚强可靠的组织保障。如质监处在大修中就全面开展党员责任区活动，党支部将 10 余名党员分到 10 个项目组中，每个项目安排 1~2 名党员作为负责人和骨干力量全面负责本项目组的安全、技术、质量和进度。检修前，在全体参检人员的动员会后，又专门召开了党员和积极分子会，详细分工，明确责任。而这样的活动，使党员真正成为一面旗帜，带动了全体职工的干劲。

2. 推进了党员发展和管理工作

锦天化党组织按照"坚持标准、保证质量、改善结构、慎重发展"的原则，做好发展党员的工作，提高工作规范化程度，严格把好入口关。加强党员管理，不断加大对党员干部严格要求、严格教育、严格管理、严格监督的力度。认真做好党员关系的调入调出、换岗、退休的结转工作。

在发展党员方面，坚持支部推荐、群众评议和"推优"制度。发展对象的确定一般先由各支部组织党员讨论，推荐发展对象，经支委会讨论通过，然后党委组织部门到各支部征求群众意见，根据支部和群众的意见由党委集体讨论，确定上报年度发展计划。对在团员和青年中确定的发展对象，还必须经过团组织的"推优"程序。

同时积极推行发展党员公示制。锦天化将发展党员公示制情况列入党建工作的年度考核内容，增强了贯彻落实的力度。在执行发展党员公示制过程中，除按规定进行公示外，部分单位还结合工作实际，拓宽了公示形式、扩大了群众参与度，将组织把关与群众监督落到了实处。

认真抓好培训考核。坚持每年举办两次入党积极分子培训班，每次脱产培训，对入党积极分子进行党的基本知识、基本理论和形势任务教育。学习结束后还要进行考试考核。在培训中，公司领导还亲自授课，与入党积极分子同学习、共勉励。通过强化培训考核，入党积极分子和发展对象在思想上进一步端正了入党动机，坚定了共产主义信念。

锦天化也对加强预备党员的培养考察。坚持预备党员按期汇报思想制度。要求预备党员每季度以书面形式向党组织汇报一次思想、工作和生活情况，同时加强对预备党员在预备期的考察。严格教育、严格质量，不搞迁就照顾。

锦天化积极完善党员管理机制，优化党组织设置，扩大基层党组织覆盖面，做到哪里有党员哪里就有党组织，哪里有党组织哪里就有健全的组织生活，不断增强党组织的影响力、吸引力和号召力。严格党的组织生活，坚持和强化党的组织生活制度。深入开展了党员干部谈心活动，及时掌握党员思想动态，将谈心活动与"三会一课"、党员活动日相结合，做到统筹兼顾。鼓励广大党员坚定信心，立足岗位，开拓进取，确保了党员干部的思想不断提升。

锦天化现有党员 3 万余人，副科级以上干部中 90% 以上的是党员，各级机关 80% 左右的职工是党员。集团公司把学习型党组织（学习型党委、支部、小组）创建作为学习型企业文化创建的关键环节和保证条件。各级党组织要以创建学习型党组织为当前企业党的建设的一项重要内容，将思想政治工作与创建学习型企业有机结合，形成长效机制，切实加强思想、组织、作风和制度建设，弘扬党的先进性，增强党的凝聚力，全面提高党员素质。要树立新的党组织建设理念和党员学习理念，坚持带头学习和联系实际的原则，构建新的党管人才机制，不拘一格使用人才，激励人才成长，为企业发展提供政治保障和人才支持，切实发挥战斗堡垒作用和先锋模范作用。

（三）加强党的宣传思想工作

党的宣传工作是密切党群关系，调节企业关系的重要手段。宣传工作只有保持正确的舆论导向，为现代化建设和改革开放提供有力的舆论和理论支持，才能始终把广大人民群众的注意力集中到现代化建设和改革开放的事业上来，集中到发展社会生产力上来。多年来，锦天化的党委宣传一直做得有声有色。锦天化党委充分利用《锦天化报》、公司内网、政工网页以及社会媒体，大力宣传党和国家的政策、法规以及企业面临的形势，引导员工认清形势，统一思想；积极做好集团公司和市有关部门的情报报送工作，结合公司工作与发展实际，深入进行企业文化宣传；积极树立在生产经营过程中涌现的先进事迹、典型人物，弘扬正气；坚持正确的舆论导向，以正确的舆论引导人、细致的工作感化人、先进的典型激励人，为公司的安全生产与发展营造积极的舆论氛围。

锦天化党委长期以来，按照集团公司的有关要求，扎实开展好主题教育活动。主题教育活动是集团党委为了保证生产经营任务和重点工程项目的顺利完成而开展的一项重要活动。公司的各支部、各单位都给予了高度重视。在"人人爱企业、人人有担子、人人创效益"的主题教育活动中，广大员工明确了爱岗敬业与承担任务、创造效益的关系；明确爱岗敬业、多创效益与企业生存发展的关系，通过主题教育活动树立了紧迫感和机遇感，使全体员工能主动脚踏实地、开拓创新、挖潜增效、节本降耗。

在日常工作中，公司党委认真贯彻宣传党和国家的大政方针及政策，并结合集团公司及企业自身的实际，加强科学发展观的宣传；加强符合时代特征、体现社会进步的思想道德和价值观念的宣传，在企业倡导积极健康向上的良好风尚；加强企业稳定的宣传，引导职工更加珍视团结、维护稳定、顾全大局。同时，对集团和公司的发展精神也积极宣传，使广大职工的机遇意识、发展意识、大局意识、责任意识、忧患意识不断强化，为公司的发展做好思想准备。

（四）切实做好企业维护稳定工作

稳定是企业发展的关键，也是广大职工的根本利益所在。锦天化积极探索新形势下思想政治工作面临的新情况、新问题，探索进一步做好群众工作的方式、方法，综合运用沟通协调、说服教育、示范引导和帮助服务等办法，理顺群众情绪，夯实开展工作的群众基础；着力化解社会矛盾，充分发挥基层党组织情况熟、威信高的优势，把好维稳工作第一道防线，通过不同的工作载体，集中做好矛盾纠纷排查、安全生产隐患排查、信访接待等工作，集中解决群众实际困难，化解不稳定因素；积极应对突发事件，建立完善群体性事件处置机制和突发公共事件应急管理预案，提高基层党组织应对重大不稳定因素和公共危机的能力，确保有力、有序、有效地处理各种突发事件；妥善处置突发事件，着力提高处置突发性群体事件的能力，主要负责人要勇于面对矛盾，主动靠前指挥，面对面与群众对话，防止矛盾激发和升级，切实维护社会稳定和谐。

同时，由于公司党委具有综合协调企业各职能部门的优势，是通过协调沟通实现稳定的核心所在。党委通过对各个职能部门的协调，由他们根据各自的特点，加强对员工的宣传工作，提高员工的遵纪守法意识。各基层支部也积极履行政治责任，充分发挥思想政治工作的优势，深入职工群众之中，耐心细致地宣讲政策、解疑释惑，及时发现不稳定因素，妥善处理，保障企业健康稳步发展。

二、公司领导管理工作

（一）加强学习，增强悟性，提高集团发展战略的执行能力

创建学习型企业文化是锦天化公司在管理创新中的一个重要选择。在公司领导班子的带领下，2002 年，刘德言书记提出了重构企业文化。而锦天化公司在引进新的管理理论中，对学习型组织理论的应用是力度最大、效果最显著、在省内外和行业中起到了示范和推进作用。经过几年的创建，在企业中营造了积极向上、抓机遇、快发展的良好氛围，干部和职工对创建工作的认同十分广泛，从调查问卷的统计来看，企业各个层面对创建学习型企业的认同度为 9.75%。尤其是 2003 年创建学习型企业推进大会、2004 年 6 月管理创新大会后，形成了以"学习是基础，改善心智是关键，创新是核心，持续发展是目的"的具有本企业特色的创建思路。各基层单位领导更为重视，创建的力度明显加大。基层具有创造性的创建模式丰富了企业管理的内涵，学习成为工作中的重要内容，各级组织普遍人气旺盛，职工精神昂扬，创新的氛围浓厚，团队意识增强。改善心智模式，改善行为模式，使各级组织更加具有生机和活力，广大职工的工作观发生了很大变化，"自我超越"和学会"更聪明更有效地工作"成为团队的自觉，"工作着是美丽的"成为广大职工由衷的体验。这些都在锦天化的快速持续高效跨越发展中发挥了重要的作用。概括地说，锦天化公司创建学习型企业的主要特点如下：

1. 不强行推动，没有设定固定模式

公司领导班子始终高度关注创建中的关键问题，在整体把握上不急功近利，而是稳健推进。最初，公司没有对创建工作做出硬性的规定，而是允许各单位在对其意义还没有充分认识时可以不急着去做，当认识到了，有这个愿望了再去做。集团公司几年来持续推进和指导，但是没有为创建制定统一的模式，即使推广"炼钢经验"，也是要求学习"炼钢经验"的实质，而不是照搬炼钢厂的具体做法，要求各单位结合自身的实际具有创造性地开展工作，给创建实践辟出了很大的创新空间，焦化厂的模式不同

于锻压厂，动力部的模式也不同于运输部，创建工作呈现出总的目标一致但又各具特色的局面。

2. 始终与生产经营工作相融合

公司领导班子没有将创建工作定位为一种活动，而是把它作为融入日常管理，推进管理创新，改善组织运行模式，提高企业市场竞争能力和经济效益的一项长期工作，避免了创建与实际工作"两张皮"。领导班子要求各单位从解决自身的实际问题出发找准创建的切入点，而不提倡在中心工作之外搞活动，尤其是引导各单位避免将其作为短期活动、赶时髦，搞短期的部署、实施、总结、评比。实践中，很多单位注重在改进工作提升指标中落实学习型组织理论，将创建与企业的日常工作、目标、愿景紧密结合，运用这个理论改善人的思维模式和行为模式，在创新中寻找更有效的工作方法。而强调的"学习工作化，工作学习化"更是将组织的学习与实际工作有机结合起来。在推进过程中，将企业的发展过程看作是创建过程，创建的过程就是促进企业发展的过程，较好地解决了部分干部中存在的"做这项工作没时间、没精力、工作太忙顾不上"等模糊认识。

3. 推动了管理、技术创新与进步

创建学习型企业成为企业管理、技术创新与进步的动力源。紧紧把握"创新是核心"的创建思路，积极营造鼓励创新的氛围，不断完善创新机制，干部职工的创新意识不断增强。几年来，技术创新成果丰厚，新的技术亮点不断展现出来，在装置深度挖潜和新项目达产、达效方面发挥了重要的作用。在管理方面，部分对学习型组织理论认识深刻的单位，更是善于"学习"，拓展思路，结合自身特点吸收先进的管理思想，勇于实践，创造出很多新的管理方法与手段，推动了企业整体管理水平的提高。这几年来，"创建"是锦天化历史上运用新的管理工具，创新管理方法，开掘管理深度最自觉、最丰富的时期。

4. 重心下移，在基层开花结果

这些年来的创建工作受到外界普遍赞誉的一个重要原因，就是它在基层得到广泛的认同，并被很多基层管理人员所热衷，在广泛的理念导入阶段，基层就在实践中表现出很强的积极性。尽管很多基层管理人员在认识上还不很全面、不很深刻，但却能够看准了一点就去做。公司开展的争创"学习型班组"活动，对基层的创建工作给予了很大的推动作用。多数车间和班组的积极性很高，并且善于结合实际创造性地开展工作，很多基

层管理人员的智慧得到充分的体现，大量好的做法和新鲜经验给人以耳目一新的感觉，充分显示出基层管理的生机与活力，很多闪光点在基层亮出来，这些闪光点丰富了管理创新的内涵。

5. 形成崭新的文化理念体系

企业文化理念系统是伴随着学习型企业创建的深入而形成的。学习型组织理论的引入，首先使广大干部职工自觉地换个眼光看世界，促进了心智模式的改善，进而促进了思想观念甚至工作习惯的改变。广大干部职工在企业发展中表现出来的精神状态成为锦天化宝贵的精神财富，而这样的精神状态正是企业文化的真实体现。客观地评价，近几年来，在创建学习型企业的实践中，收获最大的就是心智模式与思想观念的变化，以此为基础形成了具有锦天化特色的企业文化，这个文化系统有鲜明的"学习型"的特点，它显示出锦天化人做事的风格，"锦天化人"的称谓正在成为具有特色文化内涵的一个概念，给人以深刻的印象。企业文化的很多理念都来自于实践，因此很容易被广大干部职工所认同。

（二）民主管理，依法经营，提高科学决策能力

锦天化领导班子主要通过建立完善领导班子议事规则实现民主管理。在重大问题上，始终坚持"集体领导、民主集中、个别酝酿、会议决定"的原则，严格遵守议事规则和决策程序。党内充分发扬民主，在民主的基础上高度集中；坚持集体决定重大问题，不压制民主、独断专行、搞家长制、一言堂；不准个人超越权限决定重大问题，或改变党的决议；不准各行其是，不准不服从组织决定。重大决策问题，都采取经理办公会形式集体讨论决定，每次会议都形成会议纪要，做到事事有落实，件件有考核。公司经理办公会雷打不动，班子成员轮流主持，既保证了信息交流和政令畅通，又使班子成员都能从公司全局出发谋划和思考各个方面的工作。经理和书记能够做到总揽而不包揽、放手而不甩手、决断而不专断、主演而不独演。既发挥班子的整体功能和作用，又落实了班子的内部监督机制，形成推动企业改革发展的合力。

锦天化领导班子加强了对权力运用、资金使用上监督，特别是重大决策程序执行情况、干部人事任免等敏感性问题，结合厂务公开，接受广大员工的监督。厂务公开的重点在公开，关键在落实，实质是监督，基本的载体是职代会，这项工作我们都落到了实处，不搞形式主义。始终坚持做

到"五公开"：①重大决策公开。②工程招投标公开。③大宗物资采购公开。④资金使用情况公开。⑤管理（可控）费用和班组奖金分配公开。公司对每件信访件都认真调查核实，严肃查办，认真处理。截止到目前，锦天化未发生一例员工越级上访、集体上访及其影响公司稳定的事件，无干部员工严重违纪违规现象，为公司营造了一个稳定的环境。

（三）党政互动，团结协作，提高风险防范能力

公司领导班子把班子作风建设作为创建活动的重要环节来抓，切实做到为民务实清廉。班子带头发扬艰苦奋斗、勤俭节约的优良作风，不图虚名，不搞"花架子"，努力创造经得起实践检验和员工认可的工作业绩，在企业和社会上树立了良好的形象。

党政互动，党政必须做到"一民、三公""五互相""八个字"。"一民、三公"即民主、公开、公平、公正，"一把手"不搞"一言堂"，这是锦天化班子的原则。"五互相"即党政分工不分家，工作中互相通气、互相支持、互相配合、互相补台、互相提醒。"八个字"是"宽容、大度、团结、和谐"。在班子分工上党委两位领导分管行政工作，保证党委领导参与企业管理。党政互动，就会带来和谐生产、和谐经营、和谐发展，为企业带来美好的前景。

公司领导班子要求各级党、工、团组织及广大政工干部，主动转变观念，秉持"先有为后有位、没有为没有位"的理念，主动融入中心工作，为行政"减负"。具体做法是：主动摒弃"边鼓行为"，管纪律、管卫生、做文化、做市场，抓典型、抓管理，融入中心工作，实现党政互动，担负起育人带队伍的使命，促进公司的快速发展。

公司领导班子加强了对权力约束和监督机制，建立健全了教育、制度、监督并重的惩治和预防腐败体系，实施了以构建惩防体系为根本的"廉政工程"，在廉政教育、制度、监督三个环节上下工夫，做到"三到位"：①廉政教育到位，提高教育的针对性和实效性。结合工作实际，大力学习宣传《廉政准则》，营造浓厚的学习氛围并深刻领会，确保各项规定落到实处。②廉政建设责任制和各项制度到位，严格执行民主生活会、述职述廉、三项谈话、报告个人有关事项等制度规定，努力推进源头治理。③廉政监督到位，严格执行各项纪律，积极开展效能监察活动，加大信访举报案件的查处力度。通过构建的信息化管理平台，在人、财、物、

产、供、销这些环节上，做到了事前控制，实现了管理程序化、业务透明化、监控高效化，决策科学化。锦天化领导班子认为，要牢固树立正确的世界观、人生观、价值观、权力观，干净做人、干净做事、干净做官，始终保持公仆本色。特别是要严格按照中纪委"52个不准"的要求，严肃群众工作纪律。任何党员干部都不许与民争利，以权谋私，侵犯人民群众的利益。同时，公司领导班子坚持实事求是的工作原则，做到知实情、干实事、求实效，诚实守信、廉洁自律、严于律己、表里如一，在薄利面前慎微，厚礼面前慎贪，宴请面前慎馋，盛情面前慎软，隐贿面前慎独，私情面前慎迷，洁身自好，一尘不染。公司领导班子把"标尺"交给员工，让员工来评价每个领导班子成员，看班子成员是否起到了"旗帜"的表率作用。在公司纪检工作会上，刘德言书记代表公司党政班子公开承诺要做到"五不"，即不介绍工程、不推荐设备、不做生意、不参股办企业、不做违规违纪的事情。同时对于新提拔的党员干部，都会先给他们上一堂廉政警示教育课，让他们观看诸如《沉重时代》之类的警示片，使之能得到最直接的教导和帮助。

班子成员良好的形象体现在创造一流的工作业绩上，让群众信服；树立一流的党风形象，让员工佩服；保持一流的责任感，让员工折服。这是锦天化领导班子多年来始终坚持的工作思路。这样，才能保持党员干部的良好形象，保持良好的工作风气和企业风尚。

（四）深入群众，调查研究，提高解决问题的能力

领导班子坚持走群众路线，深入基层调查研究，广开言路，坚持问政于民、问需于民、问计于民。建立班子成员包片分管制度，了解基层员工的思想动态，及时发现和解决问题。对一般问题责成有关部门加以解决，重要问题领导班子集体研究后由分管领导组织解决。涉及公司改革与发展的重大问题通过职代会征求和听取群众意见。全方位实行厂务公开，布置工会参与推行厂务公开工作，及时向听取工会的汇报工作，对该项工作予以积极支持，协调党政各有关部门加强联系，密切配合。通过厂务公开，加强企业领导干部与职工群众之间的双向沟通，架起相互理解、相互信任、相互支持的桥梁，进一步密切党群、干群关系，有效地调动干部和职工的积极性，同时也有利于企业劳动关系的协调与稳定。

日常工作中充分利用企业信息化建设成果，全面畅通民意表达渠道，

通过电子邮箱或 OA 协同的方式直接收集员工的意见和建议，开设员工讨论区，随时与员工进行多方面的交流与沟通，加强了相互间的了解和理解，促进了公司各项工作的开展。

积极解决员工关心的问题。领导班子民主生活会对员工提出的意见和建议，逐条落实整改措施、责任领导、责任部门和整改时间，并专门召开情况通报会，反馈整改措施，接受员工监督。对职代会收集到的提案、意见和建议，严格按程序办理，答复率100%。近些年来，还连续推出了员工带薪休假，变更作息时间，实施了职工住宅天然气入户和安全伤害保险，提高职工食堂饭菜档次和刷卡就餐等一系列"民声工程"。

三、公司日常行政工作

行政管理是整个企业运行的中枢神经，它是否合理运行，能否对相关事务依据相关规程做出自身及时合理的反映，能否将相关的信息传达到公司相对应的区域，并有效地对各个部门的反映加以反馈应对，将极大地影响到整个公司的运转效率。一个公司的总体发展趋势，可以在办公室管理中得到最直接的体现。企业行政工作较为繁杂琐碎，其主要职能涵盖"管理"、"协调"和"服务"三个方面，但定位重点应放在服务。虽然行政管理似乎是没有具体量化的考核指标，但它对于整个企业的发展却不可或缺，行政管理的最终目标是辅助整个企业的合理运转，缺少了这一环节，将导致企业发展的不协调和各部门间的冲突。锦天化的行政管理主要包括：

（一）明确相应的岗位职责

行政管理，尤其是办公室管理主要由这样几个方面组成：

（1）相关岗位设计的管理。企业行政管理是依赖行政机构和行政渠道进行的，所以选择和设计符合企业内外特点的组织机构是达到行政管理目标的必要条件。行政组织机构主要是各单位的办公室、综合部等，这些部门在岗位设置和定员管理上要精干有效，提倡一专多能，并力争实行岗位AB角备份，最大限度地提高工作效率。而切忌机构庞杂、人浮于事，使行政管理部门沦落为"养人"部门。但同时，当前不少企业为节约成本，仅设立"综合管理部"来统管行政、人事甚至财务工作。这种捆绑式管理，容易导致部门定位不清，分工不细，只能应付交办事项，没有精力和能力拓展主动性工作思维和做精做细专业工作。由于编制所限，行政人员疲于奔命，结果是"村村起火，处处冒烟"，抓了管理忽略了协调，抓了协调忘了服务，行政成了企业的"救火队"，最终忙了一圈，一件事情都没有做好。这种现象也是行政管理中的大忌。锦天化在行政人员的设置上突出了效率和职责明确的两方面特点，既不养闲人，也不随意模糊各部门间的权责界限，做到人尽其才，人忠其岗，大大提高了办事效率。

（2）日常办公的事务管理，包括日常事务的计划安排、组织实施、信息沟通、协调控制、检查总结以及奖励惩罚等方面的管理工作。这些内容往往与其他部门的工作重叠，需要与其他部门配合共同完成。这些工作总结起来，在锦天化的日常管理中主要体现在四个方面：①工作筹划，即确定管理内容的目标和决定如何达到这些目标。现代企业行政管理必须具有计划性，这是企业实现行政管理科学化和保证行政管理成功的必要条件。②工作组织，企业的各级刑侦管理人员必须明确工作内容，并将其按性质分类，逐级建立自上而下的责权关系，保证行政管理管道畅通无阻。③工作安排，企业行政管理中采取的具体措施，调动和协调各行政管理人员按要求完成各项工作。④工作掌控，对指挥工作的各项措施进行监督、控制与调整，包括建立激励机制、监督系统和制定奖惩条例并认真执行，全面实行工作流程化管理。当然，日常事务的管理工作总是千头万绪，要想实现日常管理的清晰化，许多管理环节需要靠流程图来进行直观的界定和描述。流程图的好处就在于它能够简单明了地说明工作的关键点，做到"分工清晰、责权明确"，使行政的各项工作条理清楚，有利于工作效率和工作质量的提升。通过这四方面的工作，并借助工作流程图，锦天化的行政管理工作基本保障了整个公司顺畅运转，达到了润滑剂的作用。

（3）办公物品的管理，包括办公物品的发放、使用、保管及采购以及相应制度的制定。文书资料管理包括印信管理、公文管理、档案管理、书刊管理。锦天化通过管理，一方面严格控制了不必要费用的增加，实现了办公用品的合理有效地使用，确立了勤俭、环保、高效的办公理念；另一方面，加强了对相关文件的出台和保存的监控，保证了相关文件的内容和效力的严肃性及持续性，避免了出现政令混乱的局面，维护了相关决定和制度的权威性，也确保了相关机密资料的保密性，避免了重要信息的泄露和流失。

（4）会议的管理，包括：会前准备、会中服务、会后工作。会议服务是行政管理工作的另一个重要任务，也是公司内部各部门相互沟通以及公司与外部进行沟通的极为重要的途径，对于信息的交流具有十分重要的意义。因此，该安排哪些会议，各种会议该用何种方式安排，该为相应的会议提供何种服务，如何总结汇总会议取得成果，是行政管理工作需要认真考虑的工作。锦天化作为一个多部门、多工序的生产企业，内部的协调需要相应的平台，同时作为一个具有全国影响的大型国企，与全国相关单位进行交流也十分必要。在多年的工作中，锦天化根据企业的特点，合理安排了企业内部固定的会议交流，并与外部单位进行了适当的交流。在此基础上，形成了对会议室、公车、住宿、招待等一系列的详细规章，使会议的举办、运行都有了具体的依据。在举办会议方面，锦天化举办的"创建学习型组织与企业文化论坛"期间，面对来自全国100多家单位的代表，办公室未雨绸缪，从多角度、多方面考虑，合理调度，精细安排，保障了会议的圆满成功。在参加会议方面，葫芦岛市的"农业新品种、新技术展销会"，常年受到锦天化的冠名支持，行政部门每年对展销会的召开都予以积极支持，从布置产品参展，到安排领导发言，乃至举办抽奖活动，事无巨细，都积极参与其中，得到了市属相关部门领导和公司领导的赞许和认可，也在社会上取得了较好的评价，提高了公司的知名度和美誉度。

（5）其他事务的管理。作为服务于全公司的核心部门，需要面临许多临时性情况，在未能明确相关责任前，往往需要行政管理部门首先负起相应责任，解决问题。锦天化的行政部门在多年的工作中，已经建立了相应的应急机制，多次成功处理和化解了面临的问题，得到了领导和职工的认可和好评。

（二）实现系统内外的沟通

沟通是一个行政管理部门顺利完成任务所必须的条件，主要包括纵向沟通和横向沟通两个方面：

（1）纵向沟通，分为与上级部门沟通和与下级部门沟通。与上级部门沟通主要是要能体会到上级领导的意思，把握住方向，同时将本部门和下级部门的观点很好地向上级传达，这需要行政人员有丰富的对现实的观察理解能力以及较好的表达能力。与下级部门沟通主要是将上级的决定进行传达并加以执行，同时收集整理下级部门各项信息，这就要求具有较强的应变能力和组织能力。

（2）横向沟通包括与公司内部相关部门的交流，以及与企业相关的窗口部门和外界媒体、政府机关进行交流。在进行横向交流时，对沟通技巧的要求更高：在内部，传达领导精神及布置工作任务及协调各部门工作时，要显得真诚且谦逊有礼；与外界沟通时，则需要表现很好的适应能力，以便可以面对各种类型的交流对象，同时还要具有良好的自我控制能力，以完成公司的任务为主，不会因个人情绪而影响任务的成效。

良好的沟通是锦天化行政管理部门的一个突出特点，通过与企业内外部的相关单位、部门的全面交流，实现了信息的互换以及政令的畅通，推动了企业内部的活力，减少了企业外部面临的压力。

（三）注重信息的收集和整理

沟通的顺畅，必然会带来信息的顺畅传达和取得。就锦天化而言，信息包括企业外部信息和内部信息。

（1）外部信息包括：国家政治、法律、经济、政策规定；社会习惯、风俗、时尚变化；市场需求、消费结构、消费层次的变化；竞争企业信息；科学技术发展信息；突发事件等。如在公司召开的全国大化肥企业管理联席会上，行政部门一方面做好会议组织工作；另一方面也积极与会，交流搜集兄弟单位的信息与经验，为公司决策提供支持。

（2）内部信息包括：财务状况；生产状况；产销状况；采购、库存信息；设备的使用和管理；人才资源；等等。

作为一名行政管理人员，重要的是要及时了解企业内部情况发展变化以及国家政府机关相关政策和法律规定的变化。而更为重要的是，在收集这些信息的同时，必须自己主动总结归纳出这些信息的重点以及可能暴露出来的突出问题，并将相关情况及时上报相关领导，协助领导全面把握企业内外部的最新情况，对其解决企业面临的问题提供尽可能的帮助。锦天化的行政管理信息收集在借助已有的信息化系统的基础上，实现了收集信息的全面性与总结信息的综合性，起到了为相关领导提供决策依据的关键作用。

（四）确保决定的执行和落实

对于一个企业来说，有了完善成熟的制度，有了既定目标，并不代表着就能万事大吉了。如何执行、落实这些制度而实现既定目标，才是关键所在。在执行与落实上，相关人员必须要把握住什么事情该做，该怎么做，以及如何更好、更快完成该做的事情，同时运用各方面资源清除落实的障碍。锦天化在自身发展的过程中，行政管理人员积极执行已有政策，全面落实既定目标，逐渐在企业内部形成了执行的制度和文化，让执行影响到每个员工，使每个员工能在以后的工作中，积极主动地配合完成。这种文化氛围的形成，也是锦天化行政管理工作执行的到位的结果，行政管理人员功不可没。

四、公司社团工作

（一）工会工作

新《工会法》明确规定，工会负有组织和教育职工依法行使民主权利，发挥主人翁作用，维护全国人民总体利益，维护职工合法权益，发动和组织职工完成生产任务和工作任务，组织职工参加企业事业的民主管理和民主监督，提高职工思想政治素质和文化技术素质等职责。这些都进一步突出和强调工会维护职工合法权益的职能，进一步保障了工会组织切实发挥作用，有助于调动和保护职工群众的积极性，推动经济的发展和社会的全面进步，建设新型的企业，并构筑全新的企业与工人的关系。

锦天化作为大型国有企业，在发展建设中保留了国企重视工人、爱护工人的优良传统，在工会的建设上更是发挥了主观能动性，使工会组织成为了工人和企业之间信任和互助的桥梁，在促进企业良性发展方面起到了积极的作用，并走出了一条独特的发展道路。

1. 构建合理制度，全面提升工会工作

工会工作是党的群众工作，只有构建了合理的制度，相关的工作运行才能得到保证。在这方面，锦天化建立和完善了有效的工会工作制度，使得工会工作全面铺开到了企业的每一个角落，极大地鼓舞了职工的干劲和士气，凝聚了人心。重点突出表现在：

（1）合理的工会建设制度。加强工会工作规范化建设是工会生存的基础，也是工会工作的重中之重。有很多企业工会建设的失败，其根源在于这些企业将工会建设看作是一种随意性、短期性的行为，不予以重视，更不会将其制度化、长期化，严重忽视了工会的合法地位和积极作用。锦天化在企业建设中，把工会工作放到了一个较高的地位，明确了工会在企业中的重要性，同时通过合理的建设制度，将企业中不同群体的职工组织到工会队伍中来，而且通过各种行之有效的手段，确保了工会会员不流失，工会工作不弱化，工会组织不断层。这一切，都来自于合理的工会建设制度的保障，并取得了丰硕的成果。

（2）健全的民主管理机制。作为工会工作的一项重要内容，推进企业民主管理，是多年来工会工作相对欠缺的地方。锦天化在企业的发展过程中，积极推进工会参与相关的活动，做了很多有益的尝试，取得了极好的成效。总的来说，锦天化的工会组织通过参与企业的决策，进一步完善企事业单位民主管理制度，促进职工代表大会制度规范化，使职工有效参与民主选举、民主决策、民主管理和民主监督；建立、健全了厂务公开工作责任制、责任考核制和责任追究制，落实工作规范和操作规程，保障职工的知情权、参与权、表达权和监督权；扩大了企业民主管理工作覆盖面，通过对企业各工会小组的建立，使推动企业的工会活动渗透到企业的各个层面，极大地推动了企业各项工作的展开，取得了新的突破与进展。锦天化多年来始终坚持以职代会为基本载体的企业民主管理工作，在职代会闭幕期间，职代会主席团和分团长会议也承载着企业的各项民主管理工作。通过工会及职代会的努力，公司管理层在做好"重大决策公开"、"工程招投标公开"、"重大采购公开"等的同时，深化"厂务公开，民主监督"工作，使企业的民主管理不断得到提高，切实维护了企业员工的民主权益。

（3）全面的职工权益保障。在实际工作中，工会是作为职工利益的代表者和维护者出现的。在锦天化的工会工作中，工会相关工作人员按照"组织起来，切实维权"的工作方针，建立起了健全的职工权益保障程序，在如下几个方面积极投入工作：在推进职工与企业签订劳动合同、集体合同以及促进企业搞好劳动保护等方面加大了参与和监管，在涉及职工利益方面的问题上确保了各环节一定有保障程序；高度重视职工的收入分配问题，代表工人对工资收入问题与公司积极协商，促进了职工工资的合理增长；重视职工在劳动安全、卫生等方面的问题，强化对职工身体和精神安全的保障，切实维护职工的劳动经济权益，在谋求企业健康发展的前提下，也积极保障职工的健康与平安，实现企业发展和维护职工权益"双赢"。在公司的薪酬分配方案，干部、管理人员、工人上岗竞聘方案和住房出售方案的"三项制度"改革上，也都是经职代会主席、分团长及部分职工代表会议审议后通过实施的。工会和职代会通过与管理层的积极沟通协调，实现了为广大职工普调工资的要求。

2. 坚持服务大局，积极配合公司发展

国有企业的工会组织依照法律和章程独立自主地开展工作，但同时必须坚持坚持党的领导这一重要前提。工会组织首先要把工会工作放到党委的全局工作中去把握部署。对于锦天化这样的国有企业来说，坚决维护党委的统一领导，坚决为一线生产服务，是其工作的第一要务。与此同时，工会还要做好职工工作，充分发挥职工在推进改革、加快发展、维护稳定中的主力军作用。可以说，锦天化工会起到了党委助手的作用，同时也是党委工作的好参谋、好伙伴。这方面的内容突出表现为：

（1）以和谐谋稳定。舆论宣传阵地是工会组织必须要抢占的"桥头堡"，当今社会变化剧烈，某些不正确的思潮和观念泛滥，给广大职工生产生活带来的冲击和影响。锦天化工会面对这样一种复杂的局面，迎难而上，主动加强形势政策教育，让职工能够冷静应对当前的挑战，辨明是非，把握大局，使职工能鼓起信心和勇气面对各类挑战，保障了职工队伍的团结和社会的和谐稳定。同时，锦天化工会还在结合本公司企业文化的基础上，因地制宜地开展职工喜闻乐见、健康有益的活动，一方面使职工得到身心的愉悦，解除了工作的疲劳；另一方面，主动把党的路线、方针、政策融入到职工文化活动之中，使职工受到潜移默化的教育，不断满足职工群众日益增长的精神文化需求。在这样的条件下，职工既能提高认识，团结一心，又能积极生产，对企业的信任度和依赖度大大提高，保障了企业员工的稳定性，促进了企业的稳定发展。同时，也要让广大职工群众了解工会的发展建设。在两级职代会召开后，锦天化工会都会开展全员答题活动，以贯彻职代会的精神，使全体职工的注意力集中到企业新一轮振兴发展目标上来。真正做到出一份力、尽一份责、生一份成就感。

（2）以创新促发展。在工会工作中，始终要把工人阶级当成是推动先进生产力发展和社会全面进步的根本力量。锦天化工会把激发调动广大职工的积极性、创造性作为一项重要任务，并结合企业实际，开展了多种形式的群众性经济技术创新活动，组织广大职工积极参加合理化建议、技术革新和发明创造，参与产品结构调整，为增强企业自主创新能力、提高企业核心竞争力和抗风险能力贡献智慧和力量。而这些出自企业实际的建议、意见，对于促进企业发展，起到了极好的推进作用，多项建议、发明已经在企业内部采纳实施，极大地提高了生产效率，节约了相关费用。公司工会历年举办的"创效杯"，吸引了大批的职工踊跃参加。该项竞赛在实现最佳经济效益、突出创新求实理念的指导思想下，突出了竞赛的技术性。每年的"创效杯"都能收到大量的技改项目、合理化建议、操作方法，并能在实践中获得运用，取得极大的成效，同时不少车间、班组也在新技术、新方法的实施中获得了新的突破，创造了生产时间与生产数量方面的新纪录。每年的"创效杯"活动都能为公司产生超过2000万元以上的生产经济效益，带来了思想和经济效果的双丰收。通过这一活动，全面落实了"尊重创新愿望，发挥创新才能，肯定创新成果"的企业文化思想，激发了职工"刻苦学习新知识，努力掌握新技能，不断增强新本领"的主动学习意识，是工会推进"学习型"企业文化的经典范例。

（3）以人为本求公平。以人为本是新型企业文化的一个核心点，也是锦天化工会工作的一个突出特点。改善职工生活是工会工作的一个出发点，主要体现在常规工作中和特定工作上。

在常规工作方面，每年生产量大的时期，工会组织多次进行一线服务慰问活动，为职工送去消暑品、劳保品等的慰问品，及时发放相关补贴；同时"六一"儿童节、"三八"妇女节的节日慰问工作也及时开展。公司工会还会为50周岁以上的男职工和48周岁以上的女职工举办生日庆贺活动，赠送生日蛋糕。为老职工配备老花镜，慰问产后女职工，祝福新婚职工也是工会工作的日常业务，使工会的温暖得以充分体现。

在特定工作方面，锦天化工会多次安排先进人物及生产骨干外出调研学习和康复疗养，普通职工也出台了专门的《公司职工培训工作纲要》，从理论到实践，根据培训目的和培训课程特点以不同形式、有针对性地进行培训，确保了一线职工在知识上的不断更新，同时保持身心健康和愉悦，极大地调动了职工的积极性。同时，工会进一步完善了困难职工帮扶机制，构筑了合理的网络，建立定期走访制度，拓宽帮扶渠道，落实帮扶政策，实现了工会帮扶救助和送温暖活动的长期化、经常化、制度化。锦天化工会一直认为工会是职工之家，多为职工解难事、办实事是工会的职责。一方面从日常小事出发关爱职工，如经常邀请医学专家来公司举办健康知识讲座，同时为职工进行身体检查和咨询，从细微处保证职工的身体健康；举办跳绳比赛等老少咸宜的活动，活跃文化生活，增强职工体质。另一方面在关键时刻帮助职工，实施温暖工程，建立互助基金制度，使小事不出班组，大事不出车间，为职工排忧解难提供可靠的保障。如质监处工会曾经组织为患出血热的分析岗位员工捐款，两个小时就筹得 8750 元，解了病人家属治病的燃眉之急，及时救助了病人，使之转危为安，体现了工会的互助友爱的特点。

（4）以活动促建设。职工，尤其是具有突出生产经验的老职工，是企业的一笔宝贵财富，人心齐则泰山移，如何确保职工的工作积极性，一心为厂，考验着工会工作的智慧。工会就此开展了多项活动。开展的名师带高徒活动，使得多对师徒签订了协议，一方面使得有上进心的年轻人可以学习到具有较强实践性的先进知识，另一方面也使得老一辈职工多年积累的知识能顺利传承，这使得企业的新老职工都能产生归宿感，提高他们的干劲。在贯彻省总工会提出的创建"五型班组"和建设"职工之家"的精神方面，公司工会将精神与公司实际相融合，与公司的生产竞赛、星级建家活动有机结合，互利互助、相辅相成。虽然提出的角度不同，活动的形式不同，但由于其内在目的的一致性，通过工会组织的穿针引线，实现了共赢共利。工会组织的这些活动，在带动职工干劲方面都有着极好的实际效果，极大地促进了锦天化的建设事业。

3. 加强与外部的交流，提升企业的社会地位

锦天化工会在积极解决企业内部问题的同时，也大力加强与外部的交流。一方面，锦天化工会与上级工会进行了较好的沟通，积极总结完善的工作思路和方法，并向上级单位进行汇报，以便集团能够推广基层工作的先进典型和经验，促进全集团工会工作整体水平的提升；另一方面，积极加强与兄弟企业的交流学习，互相考察学习，谋求共同进步。工会也积极派人员外出学习，吸收全国乃至国际的先进经验。同时集团工会也积极派遣员工参加各项竞赛。在集团的各项竞赛中，公司总能取得优异的成绩，尤其是在集团员工技能大赛中，在各个技术工种的竞赛中都能名列前茅，

在一些省级竞赛中，也常常力拔头筹，充分显示了锦天化人的素质和能力。

锦天化工会也积极组织参与了各类慈善活动，包括捐赠现金、衣物、书本等在内的各类物资，为需要救助的各类人群送去温暖。这些活动极大地提高了企业在社会上的美誉度，同时也是对工会成员内心情感的一次洗涤和升华。

通过多年的工作和努力，锦天化的工会工作获得了极大的认可，多次获得了包括"全国职工思想政治工作优秀企业"、"全国模范职工之家"、"市模范职工之家标兵单位"等荣誉称号，所属的多个下级工会，如合成车间工会、质监处工会等也都获得了相应的荣誉。辽宁省总工会主席均曾来公司调研，听取了公司工会的汇报，并对相关工作给予了较高的肯定。

（二）团委工作

在锦天化的建设中，团委建设是其中重要的一项。团委紧紧围绕企业的改革、发展与稳定的工作大局，以主动的姿态，服务公司改革发展大局和青年成长成才要求，充分发挥团组织的工作优势，主动承担起青少年的教育、引导和管理工作，发展创新，在探索中前进。这就要求锦天化团委必须始终担负好党联系青年的桥梁和纽带作用，推动建设一支高素质的青年人才队伍，团结和带领广大团员青年为公司的改革发展建功立业。

1. 坚持在党委领导下的团委建设工作。

团组织是我们党的后备军和人才库，团委工作的建设自然也应该在党委的领导下全面展开。锦天化的团委常年来根据人事调整和实际情况，面对单位机构改革、人员重组、团支部变动大的情况，切实抓好团支部的重新组建，配齐配好支部班子，使团组织机构设置始终与党组织机构协调统一。

同时，锦天化的团委非常重视对团员的组织教育工作，强化团员管理和团员意识教育，开展了丰富多彩的学习和主题实践活动，以提高团员的思想政治素质，坚定理想信念。在此基础上，锦天化团委重视培养生产一线的优秀青工推荐入党，提高"推优"质量，发挥了团员在企业文明建设中的先锋模范作用。

在制度建设上，针对党委制度建设不断加强的形式以及公司团组织发展的新形势，公司团委近年来狠抓了制度建设，以适应团组织发展要求。在以往的团支部工作手册及团组织建设工作条例的基础上，出台了一系列的团委建设制度，规范了团委工作的程序，加强了团委管理考核的力度。同时，进一步加强了团委工作的规范性，改变了过去团委工作的局面，对相关资料的整理收集实现了数据化和现代化，规范性大大加强，也有利于掌握每一位团员的基本情况，创新了团组织工作机制。

团干部中的很多人未来都会走向各级领导岗位，锦天化团委通过多年的培养，涌现了一批团组织工作骨干，成为优质的青年干部后备库。在培养人才方面，锦天化团委一方面着力提高团干部们的理论政治修养，坚持相关的政治理论学习，使团干部们学习党组织及团组织的新政策、新理论及新知识，及时把握党和国家最新的思想和理论；另一方面，团委坚持通过政治学习例会、网络团校、送外培训、团干部例会，对团干部进行时事政治、思想品德、业务能力培养，打开了了团干部的眼界，使他们的知识和理论层面达到了新的高度。公司的年轻领导更是获得"葫芦岛市十大青年企业家"称号，当选"市青企协常务"副会长，显示了市团委对锦天化团委工作的认可和支持。

2. 以企业发展工作为核心

企业的发展是企业中所有人发展的前提和基础，团委组织的各类活动必然会以促进企业发展为目的。这些活动包括：

（1）公司青年竞赛活动。通过确定青年竞赛的目标，将企业的各类任务变为竞赛的过程，促使该任务更好、更快地完成。团委通过落实竞赛措施，完善激励机制，把青年立功活动推向了深入，为企业生产的全面超额完成起到了良好的作用。

（2）创"红旗团支部"和"青年文明岗"活动。在公司开展创"红旗团支部"的活动中，各级团委积极努力，通过团委加强对团支部活动的指导，适时组织工作交流，提高相应活动开展水平，努力推动生产任务，带动所有生产人员的干劲，使得"红旗团支部"真正成为一面带领团员前进的红旗。同时进行的还有争创"青年文明岗"活动，多个车间团支部开展培训，提高青年技工技术素质，确保生产高效稳定运行。合成团支部就是在这一活动中涌现出的佼佼者，通过创建"红旗团支部"和"青年文明岗"活动，充分调动了各岗位青工们爱岗敬业的热情，合成装置的主控岗多年被集团公司授予"青年文明岗"的光荣称号，同时还被评为葫芦岛市市级"青年文明岗"；压缩岗也被集团评为优秀青年文明岗；合成团支部更是被葫芦岛市团委授予"红旗团支部"称号。

（3）开展青年科技创新活动。深化科技创新是公司提升核心竞争力的重要途径，而青年是深化企业科技创新的主要力量。公司团委通过对青年技术与管理协会的指导力度，加强与技术部门的沟通协作，设立专项奖励基金，在各重点工程项目中设立攻关课题，组建青年科技攻关小组，积极开展科技创新和技术攻关，力争产生一批行业领先的技术成果，为公司技术进步做出积极努力。

（4）开展"锦天化十佳青年"评选活动。"锦天化十佳青年"的评选工作是团工作的重点工作之一，通过基层推荐、群众投票和评委投票几个阶段严格考核，层层选拔，每年都会评选出具有先进代表性的十位有为青年。通过这一活动，团组织将那些勤于学习、善于创造、甘于奉献、肩负起重担，在各项工作中走在前列、干在实处的年轻人树立为时代先锋，以这些优秀代表为楷模，激励一代代年轻人发展奋斗，超越自我。而被评为"锦天化十佳青年"的很多年轻人，在自己的工作岗位上也都做出了优异的成绩，一大批人分别获得公司劳动模范、"华锦集团青年岗位能手"、"华锦集团十佳青年"、市优秀青年岗位能手、辽宁省技术技能大赛第一名乃至辽宁省五一劳动奖章的荣誉，充分体现了团委工作的价值。

3. 为青年的成长提供全面服务

在市场竞争日益激烈的环境下，企业的发展需要大量具有先进技术和丰富知识的青年人才。但这些需要体现自己的价值青年要想发展，却会遇到许多困难和阻力。作为青年先锋队的共青团组织，在新形势下仅仅依靠一些传统的活动载体、工作手段等已很难吸引青年、凝聚青年，团的组织形式和活动载体必须要创新，才能赢得青年，才能更好地促进企业发展。锦天化的团委面对这样的新挑战，在新的形势下，兼容并蓄，多管其下，做好为青年服务的工作，开创了新的局面。

（1）开展丰富多彩的文化体育活动，服务青年的文化生活。锦天化团委多次组织K歌比赛、郊游、体育比赛等，进行征文、文艺会演、知识竞赛、摄影大赛等活动，极大地激发了青年人的参与热情，为他们一展青春风采搭起了特色舞台，丰富了团员青年的文化生活，提高了他们的文明修养和综合素质。例如，历年举办的羽毛球、乒乓球、排球比赛等，由于组织出色，动员积极，每年都能有意想不到的黑马杀出，极大地增加了比赛的竞争性，使得年轻人的斗志和激情得到了很好的体现。同时，在参加华锦集团主办的历届体育比赛时也取得了不俗的战绩，充分显示了团结奋进的企业文化。

（2）采用现代化的手段加强团委工作的宣传。公司团通过 Photoshop 等软件，使团委的宣传页面和手册显得生动活泼。同时青年人中流行的 QQ 群、微博、微信等也被充分利用，使团委工作通过各个角落渗入青年人的心中。

（3）加强对青年人的辅导和帮助。青年人在现今社会面临着越来越大的压力，团委工作也面临着和以往完全不同的压力，必须在新形势下进一步探索企业共青团工作的新思路，对青年人力资源开发上进行的一些新尝试。锦天化团委加强了对青年人的心理辅导工作，从心理科学的角度为青年人减压、减负，鼓励他们树立良好的生活、工作心态，同时也扬正气，树新风，为他们传递正能量。例如，团委经常组织捐资助学活动，为当地中小学的部分贫困学生提供资助。多位团支部代表在参与了现场助学活动后，都对人生的看法和态度有了新的转变和认识，既感受到了帮人、助人的温暖与快乐，也对自身有了新的评价和定位。团委还在公司全体青年人中开展设计职业规划的活动，通过对青年人的全面测试，对其提出职业生涯规划的建议，帮助青年更好地成长成才。

经过多年的工作与积累，锦天化团委获得了认可，多次获得包括"辽宁省先进团委"在内的多项称号。

五、公司法律及安全环保工作

（一）企业法律工作

在当前的法律社会中，法律已经越来越影响到每个企业的运行。市场经济是法治经济，法律是规范企业一切经营活动的最低行为准则，法律风险防范已成为企业运营和发展过程中所面临的重大课题。大型国企为建立健全、国有企业法律风险防范机制，促进国有企业依法决策、依法经营管理，进一步加强企业国有资产的监督管理，依法维护企业国有资产所有者和企业的合法权益，一般都设立了相应的法律部门，锦天化也不例外。锦天化的法律和审计部门是合并在一个部门里的，合称法律审计处（以下简称"法审处"），本章只讨论其相关的法律业务运行状况。

1. 公司法律事务部门的主要职责

作为锦天化主要负责法律事务的相关部门，法审处在法律方面主要具有以下职责：

（1）负责公司法律事务的管理工作，制定相应的管理制度。

（2）负责国家法律法规在公司内的正确贯彻实施，促进公司依法经营和管理。

（3）参与公司重大生产经营立项研究、签约谈判，为公司的生产经营决策提供法律意见。

（4）承办公司合同管理、工商事务、商标专利、企业商业秘密保护等专业法律事务。

（5）参与公司招投标活动，负责有关法律方面的审查。

（6）代表公司主持内部经济纠纷调解、代理公司进行仲裁、诉讼、行政复议活动，依法维护公司的合法权益。

（7）开展法制宣传教育，普及法律知识，提高本公司的管理人员、员工的法律意识。

2. 公司法律事务部门的工作成效

锦天化公司的法律部门以促进企业长远发展为目标，从完善企业法律风险防范机制着眼，以制度建设为基础，以严谨基础管理为手段，突出制度建设，强化合同管理，使公司法律事务管理工作又上了一个新的台阶。

（1）加强组织机构建设。锦天化与2011年正式颁布《公司法律事务管理规定》，并根据企业实际配备了专职法律事务工作人员。同时，为了强化法律事务工作，公司还聘请专业律师为常年法律顾问。

（2）严格制度执行。制度建设是企业规范运作和健康发展的保证，提高制度执行力是企业制度建设的关键，也是将工作向纵深推进的重要形式。法审处在企业运行中，对于在合同等方面中出现的程序不规范、手续不完善的现象，要求必须做到限期整改，加强相关的法律监管。

（3）强化合同管理。合同管理已成为预防经营管理风险工作的重中之重，强化合同管理力度，可以有效预防由合同产生的纠纷。锦天化的法审处进一步完善了合同专项管理、审查、会签和审批制度，把合同管理列入制度建设之内，从上到下都严格执行，从而从源头上规避了法律风险，为企业避免了经济损失。法审处进一步理顺了合同签订的审批程序，执行合同审核制度，规范了常用合同文本。

（4）建立健全企业法律风险防范体系。在日常工作中依据法律法规，特别强调了制度的执行力，真正做到了"事先防范"。公司设置专门的法律审核机构，配备专业的法律工作人员，高度重视依法决策、依规办事、依理说话，重要合同签订之前和重要决策之前，都会查找相关隐患、制定相关对策，切实起到了事前防范的功能，达到了事半功倍的效果。通过"管好印鉴、用好权利"的原则，从本质上降低企业的风险，大力强调制度的执行力。合同管控措施，完善了风险防范机制，并将风险管控渗透到经营管理的各个环节。通过这一系列措施，法审处"事前参与、事中控制、事后补救"职能得到了有效发挥，法律事务工作规范化、效能化目标得以实现。

（5）加强法律法规的培训。法审处结合企业实际，努力提高企业人员的整体法律素质。一方面，积极组织职工学习《劳动法》、《劳动合同法》等相关法律知识，让他们明确自己的合法权益，并对职工有疑问的法律问题提供进一步的咨询解答，以便深入保障职工的合法权益，增强企业的凝聚力；另一方面，也对各职能部门的领导进行与其权利有关的法律知识的培训和解答，使其能更加合法地履行其权利。

（二）企业安全环保工作

作为化工生产企业，锦天化的生产工作中，安全工作是极为重要的一环。安全生产是企业一切生产经营活动的前提和基础，唯有把安全生产放在第一位，才能保证企业的可持续发展。在发展生产、提高效益的同时，作为一个国有现代化大型企业，必须要担负起相应的企业社会责任，而对环境保护的责任，既涉及企业所有职工的利益，更涉及全市乃至全省人民的健康与安全。环境保护已经成为锦天化工作的又一核心，为全公司所关注。

1. 安全生产工作

对于安全生产，锦天化人有着极为深刻的记忆和教训。2005 年 12 月 31 日，锦天化合成主控监视器全部失电，合成装置主停车，生产被迫中断。这是由于当班操作员在用电话联系天然气压力时，电话线碰翻操作台上的水杯，导致操作台电源短路，空气开关跳闸合成仪表自身开关没有跳闸，电气供合成 DCS 电源越级跳闸，DCS 系统失电，合成装置连锁动作主停车。

这一小小的安全事故给企业的生产造成了巨大的经济损失。为了弥补这一损失，企业和职工都付出了巨大的牺牲和努力，开展了紧急抢修活动，很多部门放弃了新年的休假，在公司领导的带领下，连续数天奋战在抢修第一线，以确保将其带来的影响降到最小。虽然历经四天半的艰苦努力，抢修工作圆满完成，但带来的损失已经是无法挽回了。痛定思痛，锦天化全面提高、加强了企业的安全工作，将之视为企业生产的基础保障，为企业发展构建起安全的长城。

经过这些年的努力，锦天化的安全工作已经提升到了一个全新的水平，有了崭新的面貌。

（1）加强了各级人员的安全意识。安全文化是企业员工行为方式的选择和行为结果的统一，是一个潜移默化的过程。许多安全文件的颁布执行时间已久，但常常被忽略乃至无视。前面所说的一杯水带来的安全事故如果严格执行安全规定，是绝不可能发生的，这突出表现出了工作人员安全意识的淡薄。经历了这一次事故后，全公司都提高了对安全生产工作的认识，把安全生产工作置于企业一切生产经营活动的前提和基础地位，并基于此去谋划、决策日常生产经营工作。各级干部、职工也通过这一次事件，从中吸取教训，做到警钟长鸣，要时刻提醒大家绷紧安全生产这根弦。因为安全生产不但关乎企业的生存与发展，甚至可能关系到每一个家庭的幸福和安全。有的检修人员能够在液氮泄漏的情况下安全撤离，就是在于他们有这较高的安全意识，不怕麻烦，按照检修要求戴上了防毒面具，才避免了不幸的惨剧。

要强化安全意识，就要加强安全教育工作，除经常化、制度化的培训与教育外，公司还定期组织公司领导、中层干部、技术骨干、一线班组长学习相关安全法规法律，对新入厂员工进行教育宣传，并对老员工也进行考核和复查，使他们能长久保持安全意识。同时将过往的案例汇编，深刻剖析，举一反三，从中吸取教训。尤其是在每年的大修工作中，公司都会针对历年来在检修工作存在的安全与隐患，结合每年检修的特点、重点、关键，制订详细的大修培训计划，分工种、分批次采用不同方式对所有的参检人员进行轮训，以保证检修过程的安全，并保障检修质量，为日后的安全生产打下坚实的基础。即使在外用工方面，也丝毫不放松要求，培训、考试、讲评到办证，每个环节都严格把关，既有理论学习，也有现场指导，大大增强了外来参检人员的安全意识和自我保护能力。

（2）重新完善健全了安全体系。锦天化在合并入集团后，成立了专门的部门——安全环保部，负责全公司的安全管理工作，各车间厂房又配备了专职安全员，负责本单位内部安全工作。另外，还重新明确了领导层的负责范围，构建了涵盖公司整个生产经营活动的安全体系。针对现场工艺及设备变化情况，公司及时制定出了新的一系列文件，涉及面广，规定细致明确，对规范操作、提高安全意识、避免事故、保障职工健康都起到了应有的作用。通过这些安全体系的构建，为安全生产提供了良好的前提保障。例如，厂区内专项禁烟活动的全面开展，就有效地避免了由于吸烟带来的安全隐患。

（3）加强了安检及事故奖惩工作。在安全检查工作方面，锦天化已形成了制度，车间的专职安全员、安环部安全员每天都要对分管的区域进行综合性检查。如在合成车间，巡检就采取了多人次、分点、24小时全方位密集式的方法，让多人采用多种不同的思维方式，从各个视角更加全面地及时发现隐患。同时，公司总部也会进行相应的全面大检查，平时针对专门问题进行专项检查，对于检查出的问题，下发整改通知书，并由专人负责督查存在问题的单位具体落实整改。在加强日常检查的同时，还增加了专项检查和突击抽查，以求安全生产的标准能时刻得到履行。例如，在检查合成界区时，检查人员就发现过一些爬梯护栏高度不够、尿素低压泵房多数电机罩腐蚀严重、甲醛泵房吊车停放在装置上方、高压线下方存放装有易燃物的桶等大大小小近30项问题。这些检查既紧盯大的生产问题，也着眼于日常工作，不放过任何细小问题，从各个方面杜绝事故发生的可能。

同时，对于企业日常生产经营中发生的每一个事故，不论大小，锦天化都进行了严肃处理，以儆效尤，使警钟长鸣。在企业内部，通过制定各类事故管理制度以及相关的安全生产奖惩办法，对事故处理做了详尽规范。哪一类事故归口哪个管理部门，事故损失如何确定，事故报告程序以及对责任人的处罚依据等都有明确规定。

（4）加大了安全工作的投入。多年来，公司投入了大量资金进行技术改造，多数用在了设备更新及安全技改措施方面。每年度，公司都会安排各车间的安全技改计划，提高了设备安全性能，优化了现场生产工艺，改善了员工操作环境，有效地保障了企业的安全生产。在认真学习同类型企业先进经验基础上，制定出台了事故处理与应急救援预案，并在一定范围内进行了演练，做到了有备无患。锦天化除了配合市安监局举办较大规模的应急预案演习外，各个车间也会举办有自身特点的应急演习，如水气车间会进行氯气泄漏的小型应急演习，以确保员工能受到实际的安全教育。

（5）营造了安全生产的良好氛围。近几年来，除了从制度、措施、监管入手加强企业安全管理工作之外，还利用广播、电视、内部刊物等多种形式开展了安全生产方面的舆论宣传工作，在企业内部刊物《锦天化报》上定期刊出安全政策法规、事故案例教育职工；每年的"安全月"生产期间都举办主题演讲及征文活动；定时举办本企业事故案例图片展览；在生产区重要位置张贴安全警示标志、标语，悬挂安全生产宣传图画；等等。这些工作的有效开展，在全公司上下营造出了人人注意安全、人人关爱生命的良好舆论氛围。每年公司都会积极部署安全生产月的活动，配合市安监局举办诸如氨罐泄漏为场景的危化品泄漏应急预案演练，配合各家新闻媒体的采访报道，使安全意识不仅常驻公司员工的心中，也能在市民中得到普及。

通过对安全生产工作的常抓不懈，锦天化的安全生产已经提升到了新的阶段，工作得到了多方认可，多年来均顺利通过了省安全生产许可证的审查。省、市安全生产监督局以及省国资委安全生产督查小组的领导多次来公司视察，并对公司的工作给予了肯定。公司还连续多年获得了"市安全生产先进单位"的荣誉称号。

2. 环保工作

作为大型化工企业，环境保护工作的重要性是不言而喻的。锦天化在日常生产中，环保工作是考核的必要条件。对于环保工作，上至领导干部，下至普通职工，都能牢记心中。锦天化的环保工作取得了很多成绩，为社会各方面所认可。

（1）构建完善的环境保护体系。在过去，环境保护问题普遍会被经济发展、企业扩张、解决就业等问题所掩盖，未能得到应有的重视，由此也带来了许多严重的后果。锦天化的管理层很早就认识到了这个问题，通过多年的努力，已经从制度和管理方面构筑了合理的环保体系，保障了环保工作的顺利进行。一方面，公司陆续出台了大量关于环保的规章制度，并不断完善，使得环保工作能有章可循，有据可依；另一方面，成立安环处专项处理环保事宜，同时公司副经理担任节能领导小组组长，各二级单位也相应成立以主要领导为组长的能源管理与节能小组，使环保工作有了专职的处理人员，为节能减排工作的顺利开展提供了强有力的组织保障。

（2）开展节能减排工作。清洁生产是企业环保工作中的核心内容，而实现这一目标的关键在于节能减排。在节能方面，公司采取了风机、水泵变频改造、蒸气梯级利用、绿色照明、余热回收等多项节能措施，这些措施的实施在节能的同时，也带来了良好的经济效益。在减排方面，相关要求也被严格执行。如在废水的排放方面，水气车间就严格执行公司要求，对脱盐水、精制水的再生废水和循环水的排污水这两部分，严格执行不同的处理方法，并不断优化系统工艺，延长脱盐水、精制水的运行周期，尽量减少再生次数，减少废水的排放。一些新的工艺也被投入运用，例如，甲醇车间启用了二氧化碳回收装置，装置采用了改良 MEA 技术，对 75 吨/小时快锅烟道气中的二氧化碳进行回收，回收的二氧化碳用作尿素、甲醇、碳酸二甲酯的生产原料，在解决了企业生产过程中的二氧化碳供应不足的问题的同时，也实现了温室气体减排，社会效益和经济效益均十分明显。

（3）开展环保监测检查。锦天化积极从自身出发，主动加强对环境的监测，在资金紧张的情况下，依然购买了大气采样仪、粉尘采样仪等分析仪器，提高了分析的及时性和准确性。分析人员也不断拓宽知识面，在熟练掌握原有知识的前提下，还积极掌握了合成尿素、甲醇等新的分析知识，使环保监测工作上了一个台阶。公司也委托其他监测公司对企业的环保情况进行检测分析，使自己能更为全面地了解公司的环保状况。

（4）维修生产设施，改进环保技术。生产设施的状况，会影响到耗能的高低以及排放物的数量，所以保证生产设施的正常运转是环保工作中极为普通却重要的一环。锦天化每年都会对设备展开检修，从基础上做好环保工作。在此基础上，各部门还会提出合理化环保建议，提高设备的功能。例如，甲醇车间的员工们主动对安装现场的动、静装置和管线进行排查，梳理出可能带来环境问题的因素，并加以分析。通过一个月的努力，整理出了《甲醇装置区重要环境因素清单》，提出了"预塔尾气排放"等十三项危险因素，并为这些危险因素配置了相关的控制文件、管理方案和应急预案，有力地保障了甲醇装置的清洁生产、环保生产。

（5）做好环保知识的普及培训工作。环保概念被人重视的时间并不长，如何唤起更多人的环保意识是一项并不轻松的任务。锦天化在每年新职工入职培训和老职工强化培训中，都会进行相关环保思想的教育，每年还通过各种宣传媒介、知识竞赛、文艺演出等方式，寓教于乐，将环保观念植入每个人心中，使之能潜移默化地渗入到每个人的工作和生活中。

通过这一系列的工作，锦天化在环保工作上的成绩可圈可点。锦天化多年来巩固了企业清洁生产的成果，完成了公司与市政府、市环保局签订的持续清洁生产责任状，通过了省清洁生产的审核，得到了社会的肯定和认可。

锦天化安全生产及环保相关规定名单

（1）安全生产责任制。

（2）安全、职业健康教育培训管理规定。

（3）工艺操作安全管理制度。

（4）重大危险源管理制度。

（5）厂区内禁止吸烟管理规定。

（6）危险化学品管理规定。

（7）安全生产举报制度。

（8）安全设施、设备安全管理规定。

（9）气防监护管理规定。

（10）作业安全许可证管理规定。

（11）安全生产检查管理规定。

（12）事故管理规定。

（13）安全技术措施管理规定。

（14）新建、改建、扩建工程"三同时"管理规定。

（15）安全作业证管理规定。

（16）动火作业管理规定。

（17）进入受限空间作业安全管理规定。

（18）高处作业管理规定。

（19）防护器材管理规定。

（20）职业卫生管理规定。

（21）劳动保护用品管理规定。

（22）保健津贴管理规定。

（23）有毒物品管理规定。

（24）事故隐患管理规定。

（25）危险化学品装卸安全管理规定。

（26）安全生产奖惩制度。

（27）放射源防护管理规定。

（28）固体废弃物污染防治管理实施细则。

（29）水污染防治管理规定。

（30）大气污染防治管理规定。

（31）环境监测管理规定。

（32）设备检修环保管理规定。

（33）建设项目环境保护管理规定。

（34）噪声污染防治管理规定。

（35）环境污染事故管理规定。

（36）放射工作人员培训计划管理规定。

（37）放射环境监测管理规定。

（38）放射工作台账管理制度。

（39）密封源液位计管理、使用、维护管理规定。

（40）安全活动管理规定。

（41）安全标准化运行自评制度。

（42）安委会会议管理规定。

（43）风险管理规定。

（44）从业人员职业健康监护档案管理规定。

（45）关键装置和重点部位安全管理规定。

（46）事故应急救援管理规定。

（47）职业危害防护设施维护检修规定。

（48）职业危害防治责任制。

（49）职业危害告知规定。

（50）职业危害申报规定。

（51）职业危害因素检测管理规定。

参考文献

［1］锦西天然气化工有限责任公司：《规章制度汇编》（1）。

［2］锦西天然气化工有限责任公司：《规章制度汇编》（2）。

［3］锦西天然气化工有限责任公司：《锦天化报》合订本（2006～2008）。

［4］锦西天然气化工有限责任公司：《尿素车间操作流程》JTH/J01-02。

［5］锦西天然气化工有限责任公司：《甲醇车间操作流程》JTH/J01-03。

［6］锦西天然气化工有限责任公司：《合成车间操作流程》（上、下）JTH/J01-01。

［7］锦西天然气化工有限责任公司：《水气车间操作流程》JTH/J01-05。

［8］锦西天然气化工有限责任公司：《成品车间操作流程》JTH/J01-04。

［9］锦西天然气化工有限责任公司：《锦天化精益生产精细化管理考核体系和考核办法》（2012）。

［10］刘德言：《锦天化公司人力资源状况和需求分析》，2012年。

［11］锦西天然气化工有限责任公司：《全面预算管理规定》。

［12］锦西天然气化工有限责任公司：《统计工作管理规定》。

［13］锦西天然气化工有限责任公司：《财务管理规定》。

［14］锦西天然气化工有限责任公司：《生产经营计划管理规定》。

［15］锦西天然气化工有限责任公司：《资金管理实施细则》。

［16］锦西天然气化工有限责任公司：《资金支付控制办公例会管理规定》。

［17］锦西天然气化工有限责任公司：《会计档案管理规定》。

［18］锦西天然气化工有限责任公司：《经济活动分析管理规定》。

［19］锦西天然气化工有限责任公司：《公司工作授权的管理规定》。

［20］锦西天然气化工有限责任公司：《电子文件的管理规定》。

［21］锦西天然气化工有限责任公司：《物资出入厂管理规定》。

［22］锦西天然气化工有限责任公司：《班组设置管理规定》。

［23］锦西天然气化工有限责任公司：《标识、图板、标语管理规定》。

［24］锦西天然气化工有限责任公司：《产成品入出库管理规定》。

［25］锦西天然气化工有限责任公司：《液体原料进厂管理规定》。

［26］锦西天然气化工有限责任公司：《办公设施管理规定》。

［27］锦西天然气化工有限责任公司：《介绍信使用管理规定》。

［28］锦西天然气化工有限责任公司：《办公固定电话管理规定》。

［29］锦西天然气化工有限责任公司：《保密管理规定》。

［30］锦西天然气化工有限责任公司：《行政公文发布管理规定》。

［31］锦西天然气化工有限责任公司：《产品质量监督检验管理规定》。

［32］锦西天然气化工有限责任公司：《进厂原材料质量监督规定》。

［33］锦西天然气化工有限责任公司：《不合格品管理规定》。

［34］锦西天然气化工有限责任公司：《尿素包装检验管理规定》。

［35］锦西天然气化工有限责任公司：《尿素包装袋印制、使用、保管、销毁管理规定》。

［36］锦西天然气化工有限责任公司：《产品运输管理规定》。

［37］锦西天然气化工有限责任公司：《产品销售管理规定》。

［38］锦西天然气化工有限责任公司：《客户服务管理规定》。

［39］锦西天然气化工有限责任公司：《销售信息管理规定》。

［40］锦西天然气化工有限责任公司：《市场调查管理规定》。

［41］锦西天然气化工有限责任公司：《计算机网络管理规定》。

［42］锦西天然气化工有限责任公司：《物资供应管理规定》。

［43］锦西天然气化工有限责任公司：《物资订货采购管理规定》。

［44］锦西天然气化工有限责任公司：《物资入库检验管理规定》。

［45］锦西天然气化工有限责任公司：《积压物资处理管理规定》。

［46］锦西天然气化工有限责任公司：《关于化学原料及液体物资入库（含罐区）检验管理规定》。

［47］锦西天然气化工有限责任公司：《易制毒化学品管理制度》。

［48］锦西天然气化工有限责任公司：《关于对公司内部调动、转岗、新入厂职工试岗工资执行的暂行规定》。

［49］锦西天然气化工有限责任公司：《锦天化员工调配管理规定》。

［50］锦西天然气化工有限责任公司：《生产调度管理规定》。

［51］锦西天然气化工有限责任公司：《生产岗位记录管理规定》。

[52] 锦西天然气化工有限责任公司：《生产控制室管理规定》。

[53] 锦西天然气化工有限责任公司：《生产设备、管道标示管理规定》。

[54] 锦西天然气化工有限责任公司：《化工生产操作规程（岗位操作法）管理规定》。

[55] 锦西天然气化工有限责任公司：《厂控工艺指标管理规定》。

[56] 锦西天然气化工有限责任公司：《科技进步奖励管理办法》。

[57] 锦西天然气化工有限责任公司：《档案管理规定》。

[58] 锦西天然气化工有限责任公司：《技术改造管理规定》。

[59] 锦西天然气化工有限责任公司：《新项目开发管理规定》。

[60] 锦西天然气化工有限责任公司：《总图管理规定》。

[61] 锦西天然气化工有限责任公司：《设计管理规定》。

[62] 锦西天然气化工有限责任公司：《环境卫生管理规定》。

[63] 锦西天然气化工有限责任公司：《环境绿化管理规定》。

[64] 锦西天然气化工有限责任公司：《安全生产责任制》。

[65] 锦西天然气化工有限责任公司：《党组织工作管理规定》。

[66] 锦西天然气化工有限责任公司：《党员管理制度》。

[67] 锦西天然气化工有限责任公司：《党委中心组学习制度》。

[68] 锦西天然气化工有限责任公司：《党的会议管理规定》。

[66] 锦西天然气化工有限责任公司：《职工代表大会组织工作管理规定》。

[70] 锦西天然气化工有限责任公司：《6S 实用手册 2011》。

[71] 锦西天然气化工有限责任公司：《企业信息化管理》。

[72] 锦西天然气化工有限责任公司：《锦天化公司两化融合促进节能减排试点示范企业复评申报材料》。

[73]【美】罗伯特·M·格兰特：《现代战略分析——概念、技术和应用》，中国人民大学出版社，2005 年版。

[74] 金碚：《新编工业经济学》，经济管理出版社，2005 年版。

[75] 袁戎：《基于业务流程重组的锦天化管理信息系统集成研究》，海南大学硕士学位论文，2009 年。

后　记

　　本书是我和刘德言同志主持的 2012 年度中国社会科学院国情调研项目——"锦西天然气化工公司考察"的最终成果。该项目是中国社会科学院国情调研课题"中国企业调研"的一个子课题。"中国企业调研"项目是中国社会科学院经济学部组织的重大国情调研项目之一，项目的总负责人是陈佳贵研究员和黄群慧研究员。

　　锦西天然气化工有限责任公司党委书记，"全国五一劳动奖章"获得者刘德言同志非常重视本次调研。他两次亲自接受调研组访谈，详细介绍了锦西天然气化工有限责任公司的发展历程、科学管理和创新理念，并从创建企业学习型组织、推进企业文化建设、推动企业精细化管理以及实施 6S 管理等不同视角解答了调研组提出的问题。锦西天然气化工有限责任公司费建民总经理为本次国情调研给予了极大的支持，锦西天然气化工有限责任公司党委书记刘德言同志作为调研负责人，为本次国情调研的顺利进行提供了极为有利的条件。

　　赴锦西天然气化工有限责任公司调研之前，调研组根据项目负责人中国社会科学院黄群慧研究员的要求，结合院里统一制定的企业国情调研大纲，进行了充分的准备。调研组查阅了锦西天然气化工有限责任公司生产、经营及管理的相关资料，拟定调研具体题目和拟收集的书面资料，并将调研题目和资料清单提前发给锦西天然气化工有限责任公司。这样，不仅调研组每个人对锦西天然气化工有限责任公司都有初步了解，而且锦西天然气化工有限责任公司的相关部门在调研组到达之前就了解了本次调研的目的，并准备了书面资料。

　　调研组于 2012 年 5 月和 7 月两次赴锦西天然气化工有限责任公司调研，累计时间 16 天。调研组在本次调研中主要采取资料查阅、实地考察、专题座谈、个别访谈相结合的方法。到达锦西天然气化工有限责任公司后，调研组在公司党委办公室的安排下，考察了企业生产及生活环境，通过实地考察使课题组成员获取了对锦西天然气化工有限责任公司的感性认识。接下来的调研主要采取专题座谈和个别访谈交叉进行的方式。专题座谈是以小型会议的形式，就重点问题和某些特定主题进行集体讨论、集思广益，在较短时间内获取大量信息。调研组对于需要深入了解的问题通过个别访谈，采集受访者对某一问题的动机、态度、感受等深层次信息。与专题座谈不同，个别访谈使受访者由面对面地坐在一起座谈讨论改为背对背地独立发表意见，有利于受访者真实、自由地发表看法。

锦西天然气化工有限责任公司为本次调研做了充分准备，参加座谈和访谈的人员基本能够全面、客观、真实地讲情况、摆问题，调研组获得了许多有价值的资料和信息。调研组每2~3天利用晚间召开一次内部研讨交流会，总结座谈、访谈收获和体会，理清思路，明确下一步调研领域和重点问题。

调研课题研究工作大致可分五个阶段进行：第一阶段是2012年2~3月的启动期，课题组初步提出了研究计划和研究大纲，与企业方面进行了沟通和研讨；第二阶段是2012年6~8月的调研期，在实施调研的过程中，课题组累计走访了企业的职能部门，对企业的高层管理者进行了访谈；第三阶段是2012年9~12月的初稿写作期；第四阶段是2012年10月至2013年4月的报告修改期，首先由课题组负责人审议了各章初稿，并提出修改意见、补充调研计划和补充资料清单，经此轮修改后，再提交课题组内部讨论，并根据讨论意见进行修改，然后提交企业并根据企业各部门反馈意见做进一步修改；第五阶段是2013年5~6月的终审定稿期。

参加本国情调研课题的成员包括：中国社会科学院工业经济研究所的杨世伟、陈力、范美琴；北京邮电大学的何瑛、李娇、孔静敏、黄洁；经济管理出版社的曹靖、解淑青、杨雪；锦西天然气化工有限责任公司的刘德言、郑野；等等。

本书是课题组集体研究的最终成果。从写作提纲的拟定、各章节的任务分工到具体的写作和修改，全体课题组成员经历了多次反复讨论和修改。各章作者如下：第一章、第二章由杨世伟、陈力、范美琴、李娇执笔；第三章、第四章、第五章由杨雪执笔；第六章、第九章由解淑青执笔；第七章由何瑛、李娇、孔静敏、黄洁执笔；第八章、第十章由曹靖执笔。全书由杨世伟负责进行审阅、修改和定稿。在书稿的写作过程中，作者参考和引用了锦西天然气化工有限责任公司提供的书面资料。

初稿完成后，中国社会科学院工业经济所党委书记黄群慧研究员，经济管理出版社总编辑沈志渔研究员、社长张世贤研究员等专家提出了宝贵意见。调研组再次赴锦西天然气化工有限责任公司听取了部分高级管理人员和职能部门负责人的意见，并进行了补充调研。在充分吸纳锦西天然气化工有限责任公司方面意见和审稿专家意见的基础上，作者对初稿进行了修改。最后，由杨世伟和曹靖博士对全书进行了修改和补充。

在本书即将付梓之际，我们要衷心感谢锦西天然气化工有限责任公司刘德言书记、费建民总经理的信任以及对此项调查研究工作的大力支持。感谢人力资源处、生产处、机动处、供应处、运销处、质监处、总工办、设计处、计划财务处、信息化管理部、党委工作部、公司办、企管处、工会、法律审计处、纪委、保卫处等部门和机构的领导和员工们在资料收集、调研访谈和审阅报告等方面给予的大力支持和悉心帮助。我们还要特别感谢信息宣传处的同志们在过去一年里对课题组的研究工作给予的全力配合和帮助，他们提供的宝贵资料为课题研究工作的顺利进行提供了保障。

本次调研成果入选中国国情调研丛书，使调研组成员备受鞭策和鼓励。限于我们的研究水平和对实际情况的了解，本次调研难免管窥蠡测，挂一漏万，书中如有偏颇和错漏等不周之处，恳请读者批评指正。

杨世伟

2013 年 5 月 21 日

图书在版编目（CIP）数据

锦西天然气化工公司考察/杨世伟，刘德言等编著. —北京：经济管理出版社，2013.8
ISBN 978-7-5096-2595-8

Ⅰ.①锦…　Ⅱ.①杨…②刘…　Ⅲ.①天然气化工—化工企业—企业发展—考察报告—葫芦岛市　Ⅳ.①F426.22

中国版本图书馆 CIP 数据核字（2013）第 188353 号

组稿编辑：陈　力
责任编辑：张瑞军
责任印制：杨国强
责任校对：蒋　方

出版发行：经济管理出版社
　　　　　（北京市海淀区北蜂窝 8 号中雅大厦 A 座 11 层　100038）
网　　　址：www.E-mp.com.cn
电　　　话：(010) 51915602
印　　　刷：北京广益印刷有限公司
经　　　销：新华书店
开　　　本：720mm×1000mm/16
印　　　张：18.75
字　　　数：308 千字
版　　　次：2013 年 8 月第 1 版　　2013 年 8 月第 1 次印刷
书　　　号：ISBN 978-7-5096-2595-8
定　　　价：48.00 元